法律学の森

イギリス労働法

小宮文人
著

はしがき

　本書は，イギリス労働法の全般を体系的に論じようとするものである。しかし，労働法は，実際的かつ日常的な労使関係を規制対象とする法律であり，しかも，今日の経済のグローバル化を考えると，単に学術的であるばかりではなく，実務的な観点も重視する必要があることはいうまでもない。したがって，本書は，中心的読者層として，一応，労働法関係の研究者と大学院生を想定するものではあるが，法律の実務家，会社の法務，人事，労務担当者，特にイギリスの日系企業の実務担当者の方々の閲読にも堪える書となることを期している。

　さて，イギリスは，世界で最初に産業革命を経験し，かつては「世界の工場」といわれるほどに強大な工業国家を誇った国である。また，今日，世界経済におけるその地位は著しく低下したとはいえ，ヨーロッパの代表的な先進経済国の一つであることは疑いのない事実である。このような先進経済国としての長い歴史と経済状況の変化とを反映し，イギリス労働（雇用）法は，労働法を学ぶ者のみならず，労働に関する社会学や経済学を学ぶ者にも，深い興味と関心を抱かせる魅力を持つ歴史と内容を有しているように思われる。

　また，イギリスは，欧州共同体・欧州連合において，その社会政策に関して何かと他の加盟国との対立的な立場を維持してきたが，1998年春の総選挙で政権に復帰した労働党のブレア首相は，アムステルダム首脳会議で欧州連合の社会政策協定への参加を表明し，欧州連合の社会政策に対する消極的態度を改めむしろその方向性についてイニシャチブをとる姿勢に転じた。このように，イギリス労働法は，欧州連合の労働法との関わり合いにおいても興味深いものを包含しているといえる。

　さらに指摘すべきことは，イギリスは，欧州連合の中で，もっとも多くの日本企業が進出して，事業活動を展開している国であるという事実である。このため，イギリスで労使関係の日本化という言葉を耳にし，また，ホテルや列車の注意書きに日本語を見出すこともあたり

はしがき

まえとなった。このような状況のもとで，多くの企業人や労働者もイギリスを訪れており，また，イギリスの労使関係に関心を有する人々も多いと考えられる。現に，本書の出版を勧めて下さった方々の中には，日系のイギリス企業に関係する方々がおられた。

イギリス労働（雇用）法は，判例法と制定法の相克の長い歴史を有する。また，近年に至っては，労働党と保守党の政権交代の都度，制定法による労働法の大小の変更があった。ことに1979年にサッチャー首相が政権に就いて以降は，漸進的なかたちで自由主義・個人主義的観点から組合の規制と雇用関係の規制緩和が進められてきたが，1997年に労働党が政権に返り咲いて以来，ブレア首相によって柔軟な労働市場を維持しつつ正義と公正の観点を重視した最低労働条件の確保を目的とした労働法の大幅な改正が行われつつある。このため，長い間イギリス労働（雇用）法の研究に従事してきた者にとってさえ，現行労働法の全容を捉えるのが極めて困難になってきている。

本書は，こうした事情を踏まえてイギリス労働法を理解するための不可欠の前提として，労働法の歴史および労使関係の実態についても概説する。しかし，本書の考察の中心はあくまでも現行のイギリス労働法の制定法および判例法の理論，解釈および運用であることはいうまでもない。ところで，本書は，もともと『イギリス労働法入門』（信山社出版，1996年）の改訂版として企図されたものであり，その章の編成および記述の体裁も改訂版としての性格を有する。しかし，この改訂作業のなかで，1996年以降の法改正，判例の動きはもとより，前書に欠けていた基本的な概念の説明やその他必要な事項の補充を行い，イギリス労働法全体をほぼカバーする内容にすることができた。本書のタイトルを『イギリス労働法』としたのはこのためである。

筆者は，1978年から約2年間および1987年から1990年の間に約1年間イギリスのロンドン大学（ロンドン・スクール・オブ・エコノミックス）に留学したが，最初に師事した労使関係学部の故キース・サーレー教授には特にお世話になった。教授は，筆者に同大法学部の博士課程進学を勧め，また，同大労使関係学部の専任講師への就任を勧めて下さったこともあった。同教授が他界されてすでに9年の歳月が経っている

はしがき

が，同教授の冥福を心から祈りつつ本書を同教授に捧げたい。
　最後に，すでに2冊の図書の出版を援助して下さり，この度また本書の出版を快諾して下さった信山社出版の渡辺左近氏のご協力に深く感謝するものである。

2001年7月

小 宮 文 人

目　次

第1章　労働立法と雇用契約の歴史 …… 1

第1節　1349年以降 …… 1
(1) 労働者規制法 …… 1
(2) 職人規制法 …… 2
(3) 主従法（Master and Servant Acts） …… 3
(4) 雇用契約法の形成 …… 4
(5) 団結禁止法 …… 6
(6) 工　場　法 …… 7

第2節　1824年以降 …… 8
(1) 団結禁止法の廃止 …… 8
(2) 1871年労働組合法（Trade Union Act 1871） …… 9
(3) 1875年不法共謀・財産保護法（Conspiracy and Protection of Property Act 1875） …… 10
(4) 1906年労働争議法（Trade Disputes Act 1906） …… 10
(5) 1913年労働組合法（Trade Union Act 1913） …… 11
(6) 1918年産業委員会法（Trade Board Act 1918） …… 12
(7) 1946年労働争議労働組合法（Trade Disputes and Trade Unions Act 1946） …… 13
(8) 1948年以降の所得政策 …… 14

第3節　1960年以降 …… 15
(1) コレクティヴ・レッセフェール …… 15
(2) 1960年から1970年まで …… 17
(3) 1971年労使関係法 …… 18

　　　　(4) 1980年以降の法律……………………………………21

　　　　(5) 1980年代の雇用・職業訓練政策……………………22

　　　　(6) 1980年代における欧州共同体の労働立法への対応
　　　　　　　……………………………………………………24

　　　　(7) 1990年以降の法律……………………………………25

　第4節　1997年以降 ……………………………………………28

第2章　労働関係を規制する法的装置 ……………32

　序　説 ……………………………………………………………32

　第1節　労働法の法源 …………………………………………32

　　[1]　国内法など………………………………………………32

　　　　(1) コモン・ロー…………………………………………32

　　　　(2) 制定法＝法律（statute）……………………………36

　　　　(3) 規則（regulation）・命令（order）（これらを総称して
　　　　　　Statutory Instruments）……………………………37

　　　　(4) 行為準則（Code of Practice）………………………38

　　　　(5) 労 働 協 約……………………………………………40

　　　　(6) 労働慣行（custom and practice）…………………41

　　　　(7) 制定法に基づく労働条件記述書（Written Statement）
　　　　　　……………………………………………………41

　　　　(8) 就業規則（works rules, company handbooks, etc.）
　　　　　　……………………………………………………43

　　[2]　国際法など………………………………………………43

　　　　(1) 欧州共同体の法（European Community Law）……43

　　　　(2) 欧州共同体の判例……………………………………45

　　　　(3) 国際労働基準…………………………………………45

目 次

第 2 節　裁 判 所 …………………………………………46
　　(1)　普通裁判所………………………………………46
　　(2)　雇用審判所（Employment Tribunal）………46
　　(3)　雇用控訴審判所（Employment Appeal Tribunal）……48

第 3 節　その他の法律運用機関 …………………………49
　　(1)　助言斡旋仲裁局（Advisory, Consoliation and Arbitration Service＝ACAS）………………………………49
　　(2)　中央仲裁委員会（CAC）………………………51
　　(3)　認証官（Certification Officer）………………52
　　(4)　機会平等委員会（Equal Opportunities Commission＝EOC），人種平等委員会（Commission for Racial Equality＝CRE）および障害者権利委員会（Disability Rights Commission）………………………………53
　　(5)　安全衛生委員会（Health and Safety Commission）…53

第 3 章　個別的労働関係法 ………………………………54

第 1 節　労働契約（contract of employment）…………54
　　［1］　定　義…………………………………………54
　　［2］　各種の労働者・被用者………………………57
　　(1)　児童および年少者………………………………57
　　(2)　自営業者（independent contractors or self-employed）………………………………………………58
　　　　(A)　業務請負人…………………………………58
　　　　(B)　家内労働者…………………………………58
　　(3)　派遣労働者（temporary workers）……………59
　　(4)　借出し被用者（borrowed employees）………60

(5) 短時間被用者……………………………………61

　　　(6) 有期被用者………………………………………61

　　　(7) 公的部門の労働者………………………………61

　　　　(A) 国家公務員 …………………………………62

　　　　(B) 軍　人 ………………………………………63

　　　　(C) 国会職員 ……………………………………63

　　　　(D) 警察官 ………………………………………63

[3] 労働契約の締結……………………………………64

　　　(1) 契約様式の自由…………………………………64

　　　(2) 労働者選択の自由………………………………64

　　　(3) 契約内容の自由…………………………………64

　　　(4) 契約内容変更の自由……………………………65

　　　(5) 契約終了の自由…………………………………66

[4] 労働契約の内容……………………………………66

　　　(1) 明示的契約条項と黙示的契約条項……………66

　　　(2) コモン・ロー上の黙示的義務条項……………68

　　　　(A) 被用者の義務 ………………………………68

　　　　　(a) 協力義務 …………………………………68

　　　　　(b) 適法な命令に従う義務 …………………69

　　　　　(c) 合理的注意と技術を用いる義務 ………70

　　　　　(d) 賄賂などを受け取らない義務 …………70

　　　　　(e) 使用者の秘密（confidential）情報を開示・使用し
　　　　　　ない義務……………………………………70

　　　　　(f) 競業避止義務 ……………………………72

　　　　　(g) 雇用期間中の発明を開示しその権利を放棄する
　　　　　　義務…………………………………………72

　　　　(B) 使用者の義務 ………………………………73

目　次

    (a)　仕事を与える義務 ……………………………73
    (b)　賃金支払義務 ………………………………73
    (c)　信頼関係を維持する義務……………………74
    (d)　安全注意義務 ………………………………75
     (i)　安全な作業場 …………………………77
     (ii)　安全な設備と用具 ……………………77
     (iii)　安全な仕事の仕方 ……………………78
     (iv)　安全な被用者の配備 …………………78
     (v)　使用者の代位責任（vicarious liability）…………78

第2節　賃　金 ………………………………………………79
 ［1］　賃金明細書……………………………………………79
 ［2］　賃　金　控　除………………………………………80
 ［3］　最　低　賃　金………………………………………82
  (1)　は　じ　め　に………………………………………82
  (2)　適用対象者……………………………………………83
  (3)　最　低　賃　率………………………………………83
  (4)　書面の記録と賃金明細書……………………………84
  (5)　最低賃金の支払不履行………………………………84
   (A)　労働者の訴訟 ……………………………………84
   (B)　国による強制手段 ………………………………85
 ［4］　保障手当（Guarantee payment）……………………85
 ［5］　傷病休職手当（Medical suspension payment）……86
 ［6］　母性休職手当（Maternity suspension payment）……87
 ［7］　法定母性手当（Statutory maternity payment）……87
 ［8］　傷病手当（Statutory sick pay）………………………88

第3節　労働時間等 …………………………………………89

　　　　[１] 労働時間・年次休暇……………………………………89
　　　　　　(1) はじめに………………………………………………89
　　　　　　(2) 1998年労働時間規則……………………………………90
　　　　　　　　(A) 適用範囲……………………………………………90
　　　　　　　　(B) 労働時間の定義……………………………………91
　　　　　　　　(C) 労働時間数…………………………………………91
　　　　　　　　(D) 深夜労働……………………………………………92
　　　　　　　　(E) 日ごとの休息期間および週ごとの休息期間（すなわち休日）………………………………………………93
　　　　　　　　(F) 休憩時間（rest breaks）…………………………93
　　　　　　　　(G) 年次休暇……………………………………………93
　　　　　　　　(H) 適用制限……………………………………………94
　　　　　　　　(I) 記録の保存…………………………………………95
　　　　　　　　(J) 労働時間規則の実効性の確保……………………96
　　　　[２] 日曜労働………………………………………………………96
　　　　[３] 母性および育児休暇…………………………………………97
　　　　　　(1) 1999年母性および育児等休暇規則……………………97
　　　　　　(2) 母性休暇………………………………………………98
　　　　　　(3) 育児休暇………………………………………………99
　　　　[４] タイム・オフ…………………………………………………99
　第4節　雇用差別……………………………………………………………101
　　　　[１] 序…………………………………………………………………101
　　　　[２] 平等賃金法………………………………………………………101
　　　　　　(1) 男女平等賃金の原則……………………………………101
　　　　　　(2) 1970年法の規制対象……………………………………103
　　　　　　(3) 平等条項の効果…………………………………………103

目　次

　　(4) 比較の対象としての男性 ……………………104
　　(5) 類似の仕事など ………………………………104
　　(6) 真正な実質的要因（genuine material factor）………105
　　(7) 平等条項違反の訴え …………………………106
　　(8) 欧州共同体法の直接執行性 …………………106
　[３] 性差別禁止法 ……………………………………108
　　(1) 欧州共同体への加盟と性差別禁止法 ………108
　　(2) 除 外 事 由 ……………………………………108
　　(3) 雇 用 差 別 ……………………………………109
　　(4) その他の違法な差別と責任主体 ……………109
　　(5) 差別の概念 ……………………………………110
　　　(a) 直 接 差 別 ………………………………110
　　　(b) 間 接 差 別 ………………………………114
　　(6) 「真正職業資格」（genuine occupational qualification）
　　　　　……………………………………………………116
　　(7) 差別の救済手段 ………………………………117
　[４] 人種関係法 ………………………………………119
　[５] 障害者差別禁止法 ………………………………120
　　(1) 障害者差別禁止法の進展 ……………………120
　　(2) 障害者差別の要件 ……………………………121
　　(3) 「障害 (disability)」および「障害者 (disabled person)」
　　　　　……………………………………………………121
　　(4) 間接差別規定の不存在 ………………………122
　　(5) 使用者の調整義務 ……………………………122
　　(6) 救 済 方 法 ……………………………………123
　[６] パートタイム労働者差別禁止 …………………124

［7］　年齢差別 …………………………………………125
第5節　労働者の個人情報の保護 ……………………………126
　　　［1］　序 ………………………………………………126
　　　［2］　1998年個人情報保護法 ………………………127
　　　　　　(1)　規制対象としての情報 …………………127
　　　　　　(2)　情報処理の原則 …………………………127
　　　　　　(3)　「センシティブな個人情報」……………128
　　　　　　(4)　執行機関と救済方法 ……………………129
　　　［3］　その他の制定法 …………………………………130
第6節　安全衛生に関する制定法 ……………………………130
　　　［1］　概　説 …………………………………………130
　　　［2］　一般的義務 ……………………………………131
　　　　　　(1)　はじめに …………………………………131
　　　　　　(2)　使用者の義務 ……………………………132
　　　　　　(3)　使用者と自営業者の業務 ………………134
　　　　　　(4)　不動産を支配する者（occupiers）の義務 ……134
　　　　　　(5)　製造者等の義務 …………………………134
　　　　　　(6)　被用者の義務 ……………………………134
　　　［3］　その他の義務 …………………………………135
　　　［4］　安全衛生委員会および執行局 ………………135
　　　　　　(1)　組織・任務 ………………………………135
　　　　　　(2)　安全衛生に関する行為準則 ……………135
　　　［5］　執行手続 ………………………………………136
　　　　　　(1)　執行権限 …………………………………136
　　　　　　(2)　是正通告（improvement notice）………136
　　　　　　(3)　禁止通告（prohibition notice）…………137

目　次

　　[6] 刑事・民事訴訟 …………………………………………137
第 7 節　労働災害補償 …………………………………………138
　　[1] 労働災害の法制 …………………………………………138
　　[2] 業務災害 (industrial accidents) …………………………139
　　　　(1) 身体的負傷 (personal injury) …………………………139
　　　　(2) 事故 (accident) …………………………………………140
　　　　(3) 業務遂行性と業務起因性 ……………………………141
　　[3] 指定疾病 (prescribed desease)＝職業病 ………………143
　　[4] 労災補償給付 …………………………………………143
第 8 節　規律処分 (disciplinary action) ………………………144
　　[1] 規律処分の権限 ………………………………………144
　　　　(1) はじめに …………………………………………144
　　　　(2) 減　給 …………………………………………144
　　　　(3) 停職（無給）…………………………………………145
　　　　(4) 降　格 …………………………………………145
　　　　(5) 解　雇 …………………………………………146
　　　　(6) その他の処分 …………………………………………146
　　[2] 規 律 手 続 …………………………………………146
第 9 節　解雇以外の不利益取扱い (detrimental treatment) …147
第10節　雇用の終了 ……………………………………………151
　　　　(1) 雇用の終了の形態 ……………………………………151
　　　　(2) 当事者の変更・消滅 …………………………………151
　　　　(3) フラストレーション (frustration) ……………………152
　　　　(4) 合 意 解 約 …………………………………………154
　　　　(5) 辞　職 …………………………………………155

xii

目次

第11節　違法解雇法 …………………………………155
　[1]　違 法 解 雇 ………………………………155
　[2]　違法解雇の救済 …………………………157

第12節　不公正解雇法 ………………………………160
　[1]　解雇の定義 ………………………………160
　[2]　不公正解雇 ………………………………161
　[3]　不公正解雇の救済 ………………………166

第13節　剰員整理と営業譲渡 ………………………171
　[1]　剰 員 整 理 ………………………………171
　　(1)　剰員整理解雇の定義 …………………171
　　(2)　剰員整理手当 …………………………171
　　(3)　不公正剰員整理解雇 …………………172
　　(4)　レイ・オフ期間中の法定保障手当 …173
　　(5)　レイ・オフおよびショート・タイム期間と剰員整
　　　　　理手当 …………………………………173
　[2]　営業譲渡（transfers of undertakings） ……174
　　(1)　営業譲渡の法的効果 …………………174
　　(2)　「営業（undertakings）」および「譲渡（transfer）」の
　　　　　意味 ………………………………………175
　　(3)　労働契約上の権利・責任の承継 ……177
　　(4)　営業譲渡と不公正解雇 ………………178

第14節　元被用者の義務――営業制限約款 ………179
　　(1)　営業制限約款の効力 …………………179
　　(2)　当事者間における合理性 ……………181
　　(3)　公共の利益における合理性 …………182

xiii

(4) 営業制限約款の履行強制 …………………………183
第15節　未払賃金の確保 ……………………………………184
　[１] 序 ……………………………………………………184
　[２] 支払不能者法と賃金の優先順位 …………………184
　[３] 未払賃金立替制度 …………………………………187
第16節　失業給付金制度 ……………………………………189
　[１] 1995年求職者手当法の制定 ………………………189
　[２] 求職者手当 …………………………………………190
　　(1) 受給要件 ……………………………………………190
　　(2) 資格喪失・給付額減額 ……………………………191
　　(3) 労働争議（trade dispute） ………………………191
　　(4) 再就職奨励制度（back to work schemes） ……192

第４章　集団的労働関係法 …………………………………193

第１節　集団的労働関係の実態 ……………………………193
　[１] 序 ……………………………………………………193
　[２] 労働組合の発展と構造 ……………………………193
　　(1) 発展と規模 …………………………………………193
　　(2) 職場における複数組合の存在 ……………………195
　　(3) 組合連合体 …………………………………………196
　　(4) 労働組合会議 ………………………………………196
　　(5) 組合間紛争の自主的解決のための取決め ………197
　　(6) 組合の職場組織 ……………………………………199
　　(7) 労働組合と労働党の関係 …………………………200
　　(8) 組合の組織率 ………………………………………201
　[３] 労働組合の財政 ……………………………………203

［4］労働組合の機構 …………………………205
　　　　(1) 組 合 支 部 ………………………………205
　　　　(2) 地 方 組 織 ………………………………206
　　　　(3) 組 合 本 部 ………………………………206
　　　　(4) 組 合 大 会 ………………………………206
　　　　(5) 全国執行委員会（National Executive Council）……206
　　　　(6) 組合専従幹部 ……………………………207
　　　　(7) ショップ・スチュワード ………………………207
　　［5］主な労働組合 ……………………………208
　　［6］団体交渉の形態 …………………………210
　　［7］争議行為の規模・頻度 …………………212
　第2節　労 働 組 合 ……………………………213
　　［1］労働組合の定義 …………………………213
　　［2］労働組合の法的地位 ……………………216
　　［3］任 意 登 録 ………………………………216
　　［4］自主的労働組合 …………………………217
　　［5］労働組合の承認 …………………………219
　　　　(1) 承 認 の 目 的 ……………………………219
　　　　(2) 法定承認手続 ……………………………220
　　　　(3) 承認宣言の効果 …………………………224
　　　　(4) 「法定の任意的承認」と「純粋に任意的な承認」
　　　　　　………………………………………………225
　　　　(5) 交渉単位の変更 …………………………226
　　　　(6) 労働者に対する不利益取扱い ……………227
　　［6］政治基金（political fund）………………228
　　［7］労働組合の会計 …………………………231

目　次

　　　　［8］　組合規約（rule-book） ………………………………232
　　　　［9］　組 合 選 挙 ……………………………………………235
　　　　［10］　組合間紛争 ……………………………………………236
　　　　［11］　組合の合同 ……………………………………………238
　　第3節　労働組合と組合員 …………………………………………239
　　　　［1］　組合規約と組合員 ……………………………………239
　　　　［2］　加入不許可と除名 ……………………………………240
　　　　　　(1)　コモン・ローの原則 ………………………………240
　　　　　　　　(A)　「労働権」の概念 ………………………………240
　　　　　　　　(B)　規 約 違 反 ………………………………………242
　　　　　　　　(C)　自然的正義の原則 ………………………………244
　　　　　　(2)　制定法上の規制 ……………………………………245
　　　　　　(3)　その他の統制処分 …………………………………246
　　第4節　組合員と使用者 ……………………………………………248
　　　　［1］　チェック・オフ ………………………………………248
　　　　［2］　クローズド・ショップ ………………………………249
　　　　［3］　組合員資格・組合活動を理由とする解雇その他の不利
　　　　　　　益取扱い ………………………………………………250
　　第5節　団体交渉・労働協約 ………………………………………255
　　　　［1］　序 ……………………………………………………255
　　　　［2］　団体交渉のための情報開示 …………………………256
　　　　［3］　営業譲渡に関する規定 ………………………………258
　　　　　　(1)　譲受人の組合承認義務 ……………………………258
　　　　　　(2)　譲渡人および譲受人の情報開示協議義務 ………258
　　　　［4］　剰員整理に関する規定 ………………………………259
　　　　［5］　労働協約の効力 ………………………………………260

第 6 節　従業員参加 ··· 261
[1]　序 ·· 261
[2]　欧州労使協議会制度 ·· 262
[3]　その他の制度 ·· 264

第 7 節　争 議 行 為 ··· 265
[1]　序 ·· 265
[2]　コモン・ロー上の契約違反の法理 ··· 265
　　(1)　怠業（go-slow） ·· 265
　　(2)　遵法闘争（work-to-rule） ·· 265
　　(3)　時間外労働拒否闘争（overtime ban） ···································· 266
　　(4)　ブラッキング（blacking） ·· 266
　　(5)　予告なきストライキ ·· 266
　　(6)　予告を伴うストライキ ··· 266
[3]　コモン・ロー上の不法行為の法理 ··· 267
　　(1)　契約違反の誘致行為 ·· 267
　　(2)　契約の履行不能をもたらす行為 ··· 267
　　(3)　脅迫（intimidation） ·· 268
　　(4)　共謀（conspiracy） ·· 268
　　(5)　違法な手段による営業妨害（interference with trade
　　　　　or business） ··· 268
[4]　1992年法上の免責 ··· 269
[5]　「労働争議」 ·· 269
[6]　「企図または推進」 ··· 271
[7]　二次的争議行為（secondary action）の規制 ······························ 271
[8]　組合員資格または組合承認を押しつける圧力行為 ······· 272
[9]　非公認争議行為参加者の解雇に反対する争議行為 ······· 273

目　次

  ［10］　争議行為のための投票 ……………………………274
  ［11］　使用者の救済 ………………………………………276
  ［12］　争議行為と不公正解雇 ……………………………277
    (1)　非公認争議行為と不公正解雇 ……………………277
    (2)　公認争議行為と不公正解雇 ………………………278
    (3)　保護される争議行為 ………………………………278
  ［13］　組合員の争議投票の権利 …………………………279
  ［14］　第三者に対する救済 ………………………………279
  ［15］　ピケッティング ……………………………………280
    (1)　不法行為責任からの免責 …………………………280
    (2)　ピケッティングと二次的争議行為 ………………281
    (3)　ピケッティングに関する行為準則 ………………281
    (4)　使用者の救済 ………………………………………281

参　考　文　献 …………………………………………………283
事　項　索　引 …………………………………………………291

第 1 章　労働立法と雇用契約の歴史

第 1 節　1349年以降

(1) 労働者規制法

　イギリス労働法の歴史を語る場合，国王エドワード 3 世の時代に制定された「労働者勅令（Ordinance of Labourers）」(1349年)およびそれに続く1351年以降議会を通過し59年までに逐年交付実施された法律,すなわち「労働者規制法（Statutes of Labourers）」から始めるのが適当と思われる。それは，これらの法律が契約を雇用関係の基礎として認知したことを示しているとみることができるからである[1]。

　「労働者規制法」の概要は次のようなものであった。すなわち，(i)60歳以下で他に生計の手段を持たない労働能力のある男女は就労を要求する者の請求により1346～47年（またはその 5 , 6 年前）に制定された賃率で就労しなければならないこと,(ii)領主は自己の保有農民に対して優先的請求権を有すること,(iii)日雇いは禁止され，年期雇用が強制され，就労場所が限定されること,(iv)一定の農業労働者の契約満了前の労務放棄は投獄をもって強制されること,(v)慣習的賃金より高い賃金の支払い・受領は禁止され，違反者は超過額の倍額の罰金を課せられること。

　ところで，労働者規制法が制定された時期は，フランスとの間で，いわゆる百年戦争が勃発して10余年が経過し，戦費のための課税負担が増大し農民の労働力が衰弱しつつあった。しかも，1349年といえば，前年 8 月に始まり 2 年以上も猛烈に流行したペスト（黒死病）のさなかにあり，農業労

---

(1) 石田眞『近代雇用契約法の形成』（日本評論社，1994年）26頁。

働者の労働力，賃労働者の労働力の不足が特に深刻となりつつある時期であった。この時期までは，イギリスの人口は増大し，農村の過剰人口の一部は領主の領地から逃れて都市の自由民になっていった。労働者規制法は，急激な農業労働力不足の状況の下で，隷農の移動を禁止するとともに，賃労働者を安価に確保するために賃金を固定化しようとする目的を有していたといわれる[2]。

(2) 職人規制法

イギリスの労働法制史上，次に重大な労働立法は，エリザベス一世の時代の1563年に制定された「職人規制法 (Statute of Artificers and Apprentices)」である。これは，右の労働者規制法を起点とする在来の労働立法を集大成する絶対王政下の「唯一のもっとも包括的な産業規制法」であったとされる。すなわち，この法律は，工業，商業，農業のすべての産業を体系的に関連させる統一的立法であった[3]。

同法は，徒弟条項，移動禁止・強制就労条項，賃金条項等をその内容としている。まず，強制就労条項は，(i) 3 年以上特定職種の手工業に従事し，またはその訓練を受けた者で，一定の価値ある土地・動産を有しない30歳以下の未婚の職人が農業を営まない場合には，その従来の職種の営業主の請求により就労を強制されること，(ii)右の職種に従事する手工業労働者の雇用は最低 1 年とすること，(iii)12歳から60歳までの他に生計の手段を持たない労働能力のある者で，かつ一定の価値ある土地・動産を有しない者は，年期で農業労働を強制されること，(iv)農業の収穫期には，治安判事の判断で，刈入れ，搬入等の労働に適するすべての職人その他の労働能力のある者を日雇いで強制就労させ得ること，(v)合法的な契約解除後の他地域移動に際しては，出立地からの身分証明書を必要とし，これに反する者は一定期間投獄の後，浮浪者とみなし鞭打ちされること，(vi)雇用期間内に労働者が労務を離脱し，あるいは雇主が解雇するためには治安判事の許可を必要とし，また，契約期間満了時の契約解除の場合にも 3 カ月の事前の予告が

---

(2) 武居良昭『イギリス封建制の解体過程』（未来社，1964年）159頁。
(3) 田中豊治『イギリス絶対王政期の産業構造』（岩波書店，1968年）13頁。

必要とされること，(vii)右の義務に違反する雇主は40シリングの罰金，労働者は収監・雇用復帰または解雇・投獄をもって処断されること，等が定められている(4)。

次に賃金条項は，治安判事等にその年ごとに各職種の労働者の賃金を裁定する権利を与え，その裁定賃金額を上回る賃金を支払う雇主およびその賃金を得る労働者を投獄する権限を与えた。また，徒弟条項は，全産業のすべての職人につき最低7年の徒弟修業を強制し，徒弟となる資格および徒弟を採用する資格たる親方資格を細かく定めた。特に貿易商人や毛織の商人・製造者等に関する徒弟資格は都市の営業者の子弟に優先的に認め，農村では一定規模以上の土地所有者の子弟に限って認めた(5)。

以上のような内容を定める職人規制法の目的は，輸出貿易商人および輸出産業たる毛織物産業の組織者を頂点とし，農業従事者を底辺とした序列化された職業的身分固定化および農村の都市への従属化にあったといわれる。都市に必要とされる労働者を都市に確保させ，浮浪ないし失業者を農村に押し込めて農業労働力を確保するというかたちで「全国民必労の労働体制」を設定しようとしたものである(6)。こうした目的は，絶対王政の経済政策としての重商主義の推進と結び付けることができよう。しかし，職人規制法の目的は，むしろ絶対王政による危機的な封建的土地所有の防衛にあったと捉える見解がある(7)。

(3) 主従法（Master and Servant Acts）

職人規制法に続く労働立法は，18世紀中葉から19世紀後半までに制定・施行された主従法である。その最初のものが1720年の法律である。これは，仕立て職人の雇用期間ないし仕事完成前の労務放棄および法定または裁定賃金によって就労することの拒否に，治安判事が理由ありとしない限り，有罪として2カ月以下の懲治監での重労働を科するとするものである。そ

---

(4) 田中・前掲書22〜25頁，石田・前掲書27，28頁。
(5) 田中・前掲書15〜21頁および51〜53頁。
(6) 同書24頁。
(7) 石田・前掲書28〜29頁。

の後の主従法は，雇用関係のない者への就労強制条項は含まないが，雇用関係にある労働者の契約期間満了前の労務放棄その他の非行を行う場合，または仕事完成前に他の雇主に雇用されることにより履行を怠る場合に懲治監での重労働などの刑事罰を科することを主な内容とするものであった。反対に，労働者規制法と職人規制法にみられた雇主の解雇規制は法定されなかった[8]。

しかし，19世紀後半に入ると，こうした主従法も当時，経済闘争から政治闘争へと方向転換を行い，合法的で強固な地位を築こうとしつつあった労働組合の立法闘争の対象となり，従来の主従法を大幅に修正する法律（1867年主従法）が成立せしめられた。この法律は，雇用契約違反に対する救済を労使に平等にしたが，金銭的補償その他の救済が不適当と思われる場合には治安判事は，違反者を3カ月以下の自由刑に処することを認めた。そして，主従法の完全な廃止は，後述する1875年共謀罪および財産保護法の成立を待たなければならなかった。

(4) 雇用契約法の形成

18世紀の中葉の初期の主従法においては，雇用契約といっても，請負契約などの労務供給契約のほとんどすべてを含む概念として使用されていた。主従法が工場制の下での「従属労働」を対象とする雇用契約（contract to serve）を規制対象とするようになるのは，1823年法に至ってからである[9]。しかし，雇用契約の内容のほとんどが上記のような制定法によって規制されている間は，契約法理としてのコモン・ロー上の雇用契約法理が判例上発展するはずがない。したがって，同法理の発展は，主に，1823年法の適用を除外された家事奉公人と事務員に関して発展していったといわれる[10]。

しかし，コモン・ロー裁判所が全く独自の法理を創造した訳ではない。むしろ，その法理の形成自体が，それまでに存した制定法に影響を受けた

---

[8] 同書32〜45頁。

[9] 同書67〜106頁。

[10] 同書149頁以下。

のはいうまでもない。とりわけ，雇用契約の期間についてはそうである。それは，救貧法の立法に属する1651年定住法（Act of Settlement）に強い影響を受けている。同法は，一定の教区に救貧救済を受ける定住権（settlement）を得るためには1年の雇用を必要とするというものであり，1700年代の判例の中には，期間の不定な雇用は1年の雇用と推定されるとする法理を見出すことができる。おそらく，この年雇の推定自体は，前記職人規制法の年雇の規定の影響を受けているものと思われる。しかし，定住法における年間雇用の推定は，少なくとも1800年代のはじめには，農業労働者ばかりでなく家事奉公人その他の労働者にも適用されていた。そのころには，すでに農業地帯の教区と工業地帯の教区の間における救貧法救済責任の争いが生じていたからだといわれている[11]。したがって，コモン・ロー裁判所も1824年のHuttman v. Boulnois事件で，「期間不定の雇用は，1年雇用であるという法理は，農業労働者のみにその適用が限定される訳ではなく，家事その他の労働者にも適用される。」と述べたのである。しかし，こうした年間雇用の推定法理は，19世紀の急速な工業化に伴い，その妥当性が急激に奪われていった。すでに，1844年のBaxten v. Nurse事件では，判事Cresswellが「不特定期間雇用は1年雇用だと判示されてきたが，もし他の諸事実，例えば，賃金週払いの事実が示されれば，年間雇用の推定は破られ得るのである」と述べるに至っている。その後，19世紀後半になると，職業別の慣行的予告期間を考慮する判例が増加してくる。1882年のBuckingham v. Surrey & Hamts Canel Co.事件で，判事Groveは「（1年雇用推定の）原則は，その雇用の取決めが一方の当事者の予告により終了できるという明示条項または慣行により黙示的に定まる条項が存する事案には適用されない」と述べている。ここで注目すべきは，短期の予告の慣行の形成が景気変動への対応というもっぱら使用者の利益にのみによるのではなく，労働組合の利益にもかなう側面があったということである。すなわち，主従法が労働者の雇用契約違反を刑事上の犯罪として使用者またはジェントルマンからなる治安判事により，証拠提出権も否定されたままの即決判決に服せしめたため，この法制の存続期間に，労働組合がストライ

---

[11]　同書154頁。

キに対する刑事責任を回避する目的で，予告期間を短くするための努力をしたといわれる。そして，19世紀の末までには，たとえ慣行的予告期間がなくとも合理的と思われる予告期間を置くことにより雇用契約は一方的に終了されることができるとの法理が形成されるのである[12]。

(5) 団結禁止法

さて，すでにみた労働者規制法，職人規制法および主従法は，いずれも労働者(もっとも，少なくても前2法の場合，現代的意味での雇用契約上の労働者と同一ではない。本文前掲(4)参照。)の賃金を規制する目的を有しており，それ故にまた労働者が労働条件の改善のために団結することを阻止する効果を有するものである。しかし，これに加えて，1360年以降，刑罰をもって労働条件変更のための団結を禁止する法律が数多く制定された。しかし，これらは特定の業種における団結の禁止にとどまっていた。こうした団結禁止法は，ことに，職人規制法による賃金に対する国家規制が死文と化したとされる18世紀の半ばころになるとますますその数を増したといわれる。例えば，前記の1720年の主従法は，明示的な団結禁止条項を有しており，団結禁止法のひとつにも分類されるといわれる[13]。そして，労働組合の結成が顕著に増加するに伴い団結禁止は次第に包括的なものとなり，ついに1799年に一般的なかたちの「団結禁止法（Conbination Act）」が制定され，その後1800年の法律で若干の修正を加えられた[14]。これとの関連で，言及しておかなければならないのは，現代的な意味での労働組合(雇い主に対する賃金労働者の永続的で自主独立の団結体)がいつ出現したのかという点である。ウェッブの研究によれば，17世紀の後半には，秘密に恒常的な存在を維持していた。それ以前の職人の団体は，現代的な労働組合とは似て非なるクラフト・ギルド（親方職人を中心とする同業組合）であったとされる[15]。

---

[12] 小宮文人『英米解雇法制の研究』（1992年，信山社）89〜92頁。

[13] 石田・前掲書40頁。

[14] 荒畑寒村監訳『ウェッブ・労働組合運動の歴史上・下巻』（日本労働協会，1975年）26頁。

[15] 片岡昇『英国労働法理論史』（有斐閣，1956年）65〜83頁。

ところで，1800年法は，極めて徹底したものであって，使用者の雇用や営業に介入する目的のある契約と団結，ストライキやその誘導・実行補助手段，ストライキに関する援助金の禁止，およびこれらの目的のために集められた金員の没収等を規定していた。こうした抑圧の中で，一部の労働者は生死すれすれの賃金を維持しようとしてしばしば暴徒と化した（例えば，機械を破壊して回るラダイト騒動（Luddite）など）。また，労働者の階級闘争意識の高まりをみたのである。

(6) 工 場 法

以上のような労働者の団結の禁止は，労働者の賃上げの手段を奪う結果をもたらした。賃金はますます引き下げられ，成年男子労働者に対する婦人年少者の代用が広まっていった。こうした労働者の悲惨な状態のなかで，工場主ロバート・オーエンの実験的労務管理に基づいて行った提案を源として，年少労働者の労働時間・就業規制を内容とする一連の工場法（Factory Acts）が制定された。これらの工場法の制定は，人道主義的観点からなされたといわれるが，ある意味では，団結禁止法などの抑圧的法律と対をなす労働運動対応手段としての意味をもっていたことは疑いない。1819年，25年，29年と一連の工場法（「連合王国の工場の児童，年少者の労働を規制する法律」）が制定され，1833年に一般的なかたちの工場法が完成されるに至ったのである。もっとも，イギリスの最初の工場法は，1802年の法律であるとされるが，1802年の工場法は，教区徒弟の悪疫からの保護を中心的な目的とする多分に救貧法的性格を残していたのに対し，それ以降の工場法は，経済的自由放任を前提とした上での工場労働者の労働条件規制という性格を持つに至ったのである[16]。工場法は，1833年以降も，頻繁に制定・改正され，1961年の工場法に至っているが，現在は，1974年の職場安全衛生法が基本的な法律となっている。このことから明らかなように，イギリスの工場法の特徴は，その規制の趣旨が工場・職場における安全・衛生の確保にあるのであって，わが国の労働基準法のように広く労働条件の最低基準を設定するものではないということである。また，その規制の対象が，主

---

[16] 戸塚秀夫『イギリス工場法成立史』（未来社，1966年）24～29頁。

に婦人・年少者に限定されて来たことである。もっとも，それらの規制の多くは，すでに廃止されている。しかし，最近では，安全・衛生に関しての欧州連合の労働法制に基づく法令の発展が著しくなっており，例えば，1998年には成人男子をも含む労働者一般の労働時間規制が導入された。その詳細は後に譲り，ここでは，とりあえず，1833年の工場法の主な規定を記しておこう。それは，9歳未満の幼児労働を禁止し，13歳未満の児童労働時間を1日9時間・週48時間に制限し，18歳未満の労働時間を1日12時間・週69時間に制限し，その午後8時半から午前5時半までの夜業の禁止し，4名の工場監督官の設置を定めていた。

第2節　1824年以降

(1)　団結禁止法の廃止

　団結禁止法は，意外にも，ロンドンのテーラーであったフランシス・プレースと急進主義的国会議員ジョセフ・ヒュームの個人的信念と努力によって1924年にあっけなく廃止されてしまった。彼らは，労働組合は団結に対する弾圧の反動として生まれたものであるから，労働組合運動は団結の自由が認められればまもなく消滅するであろうと主張した。しかし，現実には，おりからの好況とあいまって，至るところでストライキが起こり，政府は団結禁止法の再制定に着手したが，結局，プレースとヒュームの策術と勢いづいた労働者たちの声に押されて妥協せざるを得なかった。このため，1825年に再制定された法律は，一方で賃金および労働時間の変更を目的とする労働者の団結を規制の対象から外すとともに，他方で暴行，脅迫，威嚇，妨害を含む広範な行為を犯罪として禁止するものとなった。

　こうした状況の下で，労働者の刑罰による迫害は続いたが，にもかかわらず労働組合の大同団結が進行した。ロバート・オーエンによる全国労働組合大連合の試みは失敗したが，「労働貴族」を形成した熟練労働者の協会が作り出した「共済手当制度」が全国労働組合を発展される基盤となった。しかも，こうして発展した全国労働組合は，執行部がストライキおよびスト手当を強力に統制する中央集権的な管理システムをとったのである。組合内部の統制力の集中は，組合間の協同行動を促進し，1868年には労働組

合会議(TUC)が結成されることになった。このような組合の動きに脅威を感じた使用者側は，1867年，労働者住宅での火薬缶の爆発に端を発したシェフィールド暴行事件で，刑法により労働組合を抑制するために，王立調査委員会を利用しようとした。しかし，当時の労働組合の有給役員で組織する小集団「ジャンタ」の活躍で組合側が，有能な著述家や法律家の援助を得た結果，調査報告は，労働組合の地位を改悪する勧告を含まないものとなった。また，ジャンタと提携して行動した地方の指導者らの活躍により，従来から団結禁止法と同様にストライキに参加した労働者に刑罰を科す道具として使用されてきた主従法の改正がもたらされたのも1867年のことであった。この改正により，従来の主従法に定められていた不平等性と不当性が相当改善された。すなわち，使用者に訴えられた労働者も自己のために証言できることになり，単純な雇用契約違反の制裁は刑事から民事に移され，手続の開始も逮捕令状から召喚令状に変更されたのである[17]。

(2) **1871年労働組合法（Trade Union Act 1871）**

こうした状況の下でも，ストライキに伴う暴行，脅迫，威嚇，妨害などの広範な行為が刑罰の対象となっており，実際に，穏やかにストライキの通告をしたり，通告のプラカードを掲げたり，団結してピケットすることだけで，脅迫や妨害に当たるとの判決が下されていた[18]。労働組合は，1859年には，賃金率決定のための協定をなし，協定賃金率，労働時間の変更のために平穏かつ合理的方法で他人に対して労働の中止を説得するにとどまる場合には，脅迫妨害の罪に服せしめられないとする労働者妨害法を獲得していたが，1871年には，使用者などの要求により1859年法以前へ逆行する刑法修正法が成立せしめられた。しかし，他方，同年には，労働組合が単にその目的が取引きの制限にあるとの理由で違法とはみなされないこと，組合内部規則は契約としての強制力を有しないこと，および，税法その他の利益のため友愛協会登録官により登録することができることなどを定め

---

[17] 石田真『近代雇用契約法の形成』（日本評論社，1994年）210〜33頁。
[18] 荒畑寒村監訳『ウェッブ・労働組合運動の歴史上・下巻』（日本労働協会，1975年）313〜6頁。

る労働組合法が成立している。同法の結果，労働組合の基金は法律上の保護を受けられることになり，組合内部問題については，法律上の規制を受けなくなった。しかし何よりも，重要なのは，1871年労働組合法は団結が取引の自由，すなわち，労働の自由を制限することを正面から認めたことである[19]。

(3) 1875年不法共謀・財産保護法（Conspiracy and Protection of Property Act 1875）

1871年修正刑法（Criminal Law Amendment Act 1871）は，違法な手段により合法的行動を行う団結も共謀として罰せられるとしており，合法的行動に用いられた手段が使用者を威圧するように計画されたものである場合には違法な手段であるとされた。このため，1872年には，労働の一斉停止を準備したかどでロンドンのガス給炭夫たちの12カ月の投獄判決が下されるという事件を契機として，労働組合による激しい修正刑法撤廃運動が起こった。そして，ジャンタを中心とする組合の指導者らによる執拗な政治運動により，ついに1875年不法共謀・財産保護法により1871年修正刑法は廃止された。この労働組合側の勝利の裏には，都市労働者の大部分を有権者とする1867年の第二次選挙法改正が大きな影響を与えていたことは想像に難くないであろう。なお，1884年の第三次選挙法改正では，農村労働者もその大部分が有権者となるに至った。1875年法は，個人が単独で行っても犯罪とならない行為は，労働争議を企図・促進する目的で複数の者が行っても犯罪とならないという原則を確立した。また，同法は，平和的ピケッティングを合法化した。なお，翌年には，1876年労働組合修正法が成立し，1871年の労働組合法の組合の内部組織に関する技術的な欠陥や不備な点が補完された。

(4) 1906年労働争議法（Trade Disputes Act 1906）

1901年，鉄道会社が不法行為を理由にストライキによって被った損害に関し，その賠償を個々の組合員ではなく，組合自体に求めた事件で，裁判

---

[19] 片岡曻・前掲書152～178頁。

所は，1871年法に基づき登録された組合は法人と同様その登録名で訴えられ，それ以外の組合も団体として賠償責任を負い，執行委員または受託者の名前で訴えられ，損害賠償は組合財産から回復されるとの判決を下した（タフヴェール判決）。この事件は，不法共謀・財産法により刑法上の共謀の概念を利用できなくなった使用者が今度は民事責任の追及のために共謀の概念を持ち出して組合攻撃をし，裁判所がこれを認めたものである。タフヴェール判決により争議行為による組合の財産的崩壊を恐れた労働組合は，同判決を否定する立法に向けて全勢力を費やす動きにでたのである。実は，この当時，前述の第二次選挙法改正の下で，1874年の選挙で労働議員選出連盟が2名の候補者を当選させていたが，1900年には労働組合と社会主義政治団体が労働者代表委員会を設立し，1906年のはじめに行われた総選挙では，同委員会所属の29名が上位当選し，その後名称も労働党となった。タフヴェール判決は，1902年から1903年までに，労働党加盟組合数を一挙に倍にしたといわれる[20]。こうして，労働者は労働運動擁護のために行使できる選挙力により，1906年の労働争議法を勝ち取った。同法は，争議行為が民事上合法であること，不法行為に関し労働組合は民事上免責されること，情報提供・平和的説得にとどまるピケッティング，争議に付随する雇用契約破棄の勧誘行為は自由であることなどを定めた。

(5) 1913年労働組合法（Trade Union Act 1913）

1906年法の結果，労働党はますますその勢力を伸ばし，選挙活動の拡大を企図していた。このための資金は，ほとんど組合によりまかなわれていた。ところが，1908年に，1人の合同鉄道従業員組合が，労働党ないし議員維持のために組合員に拠出を義務づけ，政治的目的のために組合の基金を費やすことは，認められないとの訴えを提起し，貴族院（わが国の最高裁に相当する）がこれを認容する事件がおこった（オスボーン判決）。判決は，国会議員に対する俸給および選挙費の支給などの政治活動は，1876年法に定められている労働組合の目的に該当しないので，組合規約，組合員全体の合意を根拠としても，適法とすることはできないとするものである。し

---

[20] ウェッブ・前掲書703頁。

かし，このことは，労働党以外の多くの議員が会社等の法人から俸給などを受けることが慣行となっていたことと明らかに矛盾していた。そして，問題は結局，1913年の労働組合法の制定により解決がはかられたのである。同法は，労働組合の政治活動は次の条件を満たす限り適法であるとした。すなわち，組合員の平等，機会均等，秘密投票による多数決に基づいて政治活動を組合の目的とし，これに関する登録官の認可を受けることである。そして，認可の要件として，政治活動の独立の基金を設け，組合員に基金への拠出を拒絶する権利を与え，拠出拒絶を理由とする差別的取扱いや拠出を組合加入要件としないことを定めた。

(6) 1918年産業委員会法（Trade Board Act 1918）

以上のように労働組合は，社会における独立的構成団体としての承認を勝ち取ったのであるが，第一次世界大戦中は，戦争終結時に戦前の労働組合の諸条件を回復するとの条件の下で，組合は戦争の遂行に協力した。実際，多くの組合は，1915年，1916年，1917年の軍需品条例を支持し，生産に対する制限的職場慣行の停止や争議の強制仲裁などに同意した。また同時に，戦時下における労働力不足のため労働組合の交渉上の地位は著しく改善された。しかし，他方で，労働者委員会(workers' committee)，ショップ・スチュワード委員会，工場自警団委員会（vigilance committee）などの非公認の機関ないし指導者による非公認ストライキが頻発した。これらの運動には戦前からあったサンディカリズムのいわゆる「労働者管理」の影響がみられた[21]。こうした状況の下で，1917年に政府は労使関係に関する「ホイットレー委員会」を設置し，その報告書は労使から好意的に受けとめられたのであるが，報告書にあった全国，地区，および事業所レベルの労使合同委員会設置の提案は，ことに労使から好意的に受けとめられた。また，ホイットレー委員会の報告は，1918年産業委員会法の成立を促した。1909年には同名の法律により設けられていた賃金の特に低い産業部門の賃金審議のための三者構成の委員会を設けていたが，1918年法はその権限を拡大し，交渉機構の未発達な部門の賃金，労働時間，その他の雇用条件の

---

[21] 西岡孝夫訳『A・フランダース・労働組合論』（未来社，1974年）28頁。

決定権限を与えることとなった。

(7) 1946年労働争議労働組合法 (Trade Disputes and Trade Unions Act 1946)

　第一次大戦は1918年に終結するが，労働組合の諸条件回復の約束は，不完全にしか実行されなかった。また，1920年には不況が訪れ，1921年には150万もの失業者がでた。こうした中で，1922年の総選挙で労働党は第二党となり，1923年の総選挙の翌年，第三党の自由党の支持を受けて第一次労働党内閣が成立するに至ったが，政権は7カ月の短命だった。政権に戻った保守党は，金本位への復帰を宣言し，当時輸出市場に依存していた石炭産業の賃金引下げ・労働時間延長の動きをもたらした。炭鉱労働者たちは，労働組合会議の支持を求め，同会議が他組合に支持を呼びかけ，ゼネラル・ストライキが敢行された[22]。1926年の労働損失日数は，1億6,200万日を超えたと言われるが，その大半はゼネスト自体ではなく，100万人を超える炭鉱労働者に対するロックアウトによるものであったとされる[23]。しかし，ゼネストは，使用者や政府（第二次ボールドウィン保守党政府）による国民の政治的危機感の醸成と穏健派切り崩しにあって失敗し，反対に，ゼネストを非合法とし，同情ストを違法とする1927年労働争議・労働組合法が制定された。しかし，同法は，第二次大戦後，アトリー労働党政府のもとで制定された1946年労働争議労働組合法により廃止されるに至った。

　他方，1930年代後半には，前記のホイットレー委員会の提案に基づいて，団体交渉機構の不十分だった産業に多く設立された労使合同委員会の多くが全国的賃率設定を行わなくなり，その数も減少した。しかし，1939年から1945年までの第二次世界大戦の間に状況は一変した。政府（チャーチルの挙国一致内閣）は，1940年に雇用条件・全国仲裁令 (Conditions of Employment and National Arbitration Order 1940) を発して，強制仲裁による全国協約

---

[22] P. Davis & M. Freedland, Labour Legislation and Public Policy, p. 88 (Clarendon Press, 1993).

[23] E. Wigham, Strikes and the Government 1893-1974, p. 66 (MacMillan, 1975).

の強制適用を実施したからである。同命令は労働大臣が全国仲裁審判所（National Arbitration Tribunal）に付託することによって労働争議を解決するという措置をとることを条件としてストライキを禁止した。そして，同審判所の裁定は関係被用者の雇用契約の黙示条項になるという意味で労使を拘束した。雇用条件全国仲裁令は，ストライキ以外の争議行為を禁止せず，ストライキを行うことのみが違法とされ（ストライキを組織することは，一般原則に従いコモン・ロー上の不法行為となる），それに対する制裁は刑事罰である，という点に特徴があった[24]。同命令は，労働組合会議の戦時体制下の臨時的措置であるとの了解のもとに維持されたのであったが，同命令には，組合を承認しない使用者を審判所に出頭させ強制可能な裁定が得られるというメリットがあった。このため，同命令は，戦争終結後の1951年まで維持され，ストライキ規制を外したかたちで1951年労働争議令（Industrial Disputes Order 1951）に継承された。なお，1918年産業委員会法の最低賃金などを決める仕組みは，戦争終結後，1945年の賃金審議会法（Wages Councils Act 1945）がこれを引き継ぐとともに，その適用範囲を賃金，労働時間のみならず有給休暇まで対象し，三者構成の賃金審議会がカバーする労働者の数も350万人にも及ぶことになった。だが，この賃金審議会も1993年には農業部門を除き全廃されることになった[25]。

(8) 1948年以降の所得政策

1948年から79年までは，労働，保守の各両党が賃金インフレーションを抑えるためにとった所得政策が団体交渉および労使関係に大きな影響を及ぼした時期である。まず，1948年から50年まで労働党政府が低賃金，生産性向上，既得賃金差の維持を例外とするゼロ基準所得政策を導入した。そして，1956年から57年までは，保守党政府が自主的賃金抑制政策を促進した。1961年から62年までは，公共部門および賃金審議会を通してのゼロ基準達成政策，その後，2〜2.5％，そして3〜3.5％の賃上げガイドライン

---

[24] Davis & Freedland, op. cit., at p. 89.

[25] S. Deakin & G.S. Morris, Labour Law, pp. 151-8 (Butterworths, 1995).

を設定した。労働党政府は，1964年から70年までの間により直接的賃金抑制政策を行った。特に，1966年には，物価・所得法による賃金凍結を試みた。また，保守党政府も1970年から74年まで法律により賃金凍結を実施しようとした。この反動から，1974年から79年までの労働党政府は，労働組合会議との間に社会契約 (Social Contract) を結び，これに基づいて，労働組合総評議会が自主的な賃金抑制を指導するように約束せしめた。この社会契約は，反対に，政府は労働組合会議に物価・住居費の改善，社会福祉や雇用条件の改善，産業民主化，所得再分配などの立法的措置を講ずることを約束した。しかし，このような所得・賃金抑制政策は，1979年の保守党サッチャー政権の誕生により終結することになった。サッチャーは，所得政策とそれに基づく労働協約への直接介入を止め，労働法の改正による組合の「独占力」を切り崩す経済政策に乗り出した[26]。

第3節　1960年以降

(1) コレクティヴ・レッセフェール

1960年以降の労働政策・労働立法の動きについて記述する前に，ここで，イギリスの労働政策の特徴として，繰り返し指摘されてきたコレクティヴ・レッセフェールの概念について触れておきたい。この概念は，1950年代までのイギリスの労使関係と法の関係に関する故オットー・カーン・フロイントの分析を基礎としている[27]。カーン・フロイントによれば，「世界の主要国家の中で，イギリスほど，労使関係の形成において法が重要な役割を演じていない国はない。今日，イギリスでは，他国に比して，法と法律家は労使関係に関与する度が低い。イギリスの労使関係は，主に，労使自治の形をとって発展してきた。この自治の観念は，基本的なものであり，立法および行政慣行に反映されてきた。それは，労使が自らの行為準則を

---

[26] Ibid., at pp. 29-31.

[27] O. Kahn-Freund, 'Legal Framework', in A. Flanders and H. Clegg (ed.), The Systm of Industrial Relations in Great Britain, ch. 2 (Oxford, 1954).

形成し，その自治の範囲内でその準則を施行する機構を創り，書面の約束も合意も権利も義務も，一般的にいえば，法的な性格を有しないのである[28]。」

このカーン・フロイントの意味するイギリス労働政策・労働立法のコレクティヴ・レッセフェールをその後継者と目されるポール・デーヴィスおよびマーク・フリードランド両氏の解釈により辿ってみると，それは，単に法的規制が存在しなかったというだけにとどまらず，個人間の平等の概念に支えられたコモン・ローの集団的労使関係への介入(例えば，タフヴェール判決参照)を労働立法(例えば，1906年労働争議法参照)をもって規制するという意味での負の法的規制が存したということである。すなわち，「多くのイギリスの労使関係法の歴史の動因は，裁判所がコモン・ローの原則として宣言するものと議会が良好な社会政策の原則として宣言したものとの衝突，実際には2つの政策の衝突なのである[29]。」しかし，立法は，それを超えて，積極的に団体交渉制度に介入しなかった。これに関し，1950年代までの立法について，デーヴィスおよびフリードランドは，次の点を指摘している。(i)最低賃金などを決める仕組みを定める法は，団体交渉機構の整備した産業分野の既存の慣行を追認したものに過ぎず，北米などのような特別な団体交渉制度の法律ではない。(ii)ヨーロッパにおけるような法的な労働者代表制も導入されなかった。(iii)被用者の団結の自由も法定されていなかった。(iv)労働協約は法的強制力を与えられず，したがって平和義務もなかった。(v)労使紛争の実体的処理のための強制的解決手段も争議行為自体の規制も行われなかった。(vi)組合員が労働組合に公正に代表されるような法的仕組みが創られず，クローズド・ショップも法的規制に晒されなかった。(vii)労働者保護のための雇用契約の法的規制も行われず，保護は労働協約に委ねられた。

---

[28] Ibid., at p. 44.
[29] P. Davis & M. Freedland, Kahn-Freund's Labour and the Law (3rd. ed.), p. 12 (Sevens, London, 1983).

(2) 1960年から1970年まで

　1951年からチャーチル，イーデン，マクミラン，ヒューム内閣と4代にわたった保守党政権に代わって，1964年にウィルソンが労働党内閣を発足させた。この時期には，労働法に関して，3つの注目すべき展開があった。まず，1つは，迅速な産業・技術変革に必要とされる労働力の産業間移動を促進するための流動化政策が積極的に推進されたことである。もう1つは，1965年の労働争議法の制定である。この法律は，貴族院が1963年に下したルークス判決の効果を否定し，1906年労働争議法を回復するものである。そして，最後に，労使の利益を増進し，国の社会経済的利益を促進する目的で労使関係を考察するための王立委員会（「ドノヴァン委員会」）が設けられ，1968年にその報告書が公表されたことである。まず，労働流動政策についていえば，保守党政権の下で，1960年地方雇用法(地方への企業進出の促進に必要な財政援助の権限を商務省に付与し，労働者の移動促進のための移住費等の支給権限を労働省に付与する法律)，1963年地方雇用法（工場設備・機械購入に補助を与えることにより地方での雇用を促進する法律），1963年雇用契約法(解雇に必要な最低予告期間を法定し，その期間中の賃金を保障することにより生産方式の改善および技術導入に必要な基盤の設定に寄与する法律)，1964年産業訓練法(企業から賦課金を徴収し，その産業が必要とする職業訓練の開発にあたることを任とする産業訓練委員会を設立する法律)が制定され，労働党政権の下で1965年剰員整理手当法（剰員の整理を目的とする解雇に関して労働者に一定の手当の支払いをなす義務を使用者に課する法律），1966年選択的雇用税法(すべての使用者から一定の雇用税を徴収し，製造業の使用者に多額の払戻しをする法律) が制定された。また，1965年法の成立をもたらしたルークス判決について付言すると，この判決は，非組合員を解雇しなければストライキを行うというショップ・スチュワードの脅しは，契約違反をもって脅迫するものであるから不法行為を構成するとしたものである。

　ところで，1963年雇用契約法および1965年剰員整理手当法の制定は，イギリスの労働政策上，重要な意味を有する。なぜなら，これらの立法は，従来，政府がとってきた，前記のコレクティヴ・レッセフェールに抵触する性質を帯有するものだからである。したがって，これらの法律をもって，コレクティヴ・レッセフェールの見直しの兆候とみることも可能であろう。

しかし，もっと重要なのは，最後のドノヴァン委員会の報告である。同委員会の報告書は，その後のイギリスの労働立法に多大の影響を与えたことで特筆に値するものである。ドノヴァン報告の内容を要約すると次のようになる。報告書は，既存のコレクティヴ・レッセフェールの維持の妥当性を確認した。特に，一定の手続を踏まずにストライキを行わないという平和手続義務を定める労働協約の法的強制の考えを排斥した。しかし，他方で，報告書は，公式の産業レベルの交渉手続がますます形骸化していることを指摘し，企業レベルまたは事業所レベルで行われている非公式的な交渉手続を公式なものにすることを勧告した。それは，後者の職場交渉が労働組合や経営者および使用者団体のコントロールの外にあり，口頭の約束や慣行に依拠して無秩序・無責任なかたちで非公式に行われることにより，全国レベルの交渉による労働協約が実質的な規制力を失っており，他方，職場交渉が秩序ある有効な制度として発展し得ない原因は，全国レベルの交渉制度を公式なものとしていることにあるからだとした。しかし，報告書は，交渉制度への直接的な法的介入を嫌った。労使が自主的に公式な労働協約の締結の努力をすることと，一定規模以上の企業に協約を雇用・生産省に登録させ，これに関する紛争の解決のために労使関係委員会を設けることを勧告した。また，報告書は，労働審判所 (labour tribunal) による不当な解雇の法的規制を勧告したのである。これは，解雇と規律処分を原因とする産業レベルの公式的な承認を経ないストライキ (山猫スト) を減少させる目的を有していた[30]。

(3) 1971年労使関係法

しかし，この報告を受けた労働党政府は，事実認識を同報告書に依拠しながらも，コレクティヴ・レッセフェールを基本的に維持しようとしたドノヴァン委員会とは，反対に積極的な介入姿勢を示した。政府の白書「闘争に代えて (In Place of Strife)」は，政府に対し，交渉団体として組合承認に関する労使の紛争を解決するための労使関係委員会を設立し，十分な協議を経ずになされる不当なストライキを斡旋にかけ，支持の存否が疑わ

---

[30] Ibid., at pp. 255-67.

しいストライキを投票にかけることを組合に義務づける等の法的権限を政府に当て得るべきことを提案した(Comnd. 3888.)。同白書は，労働党内閣がイギリス経済の近代化のためにはコレクティヴ・レッセフェールを維持できないとの認識を有していたことを如実に物語るものであった。1969年，労働党政府は，本格的な労使関係法案を議会に提出するが，労働組合の反対に遭って挫折した。その結果，1970年6月の総選挙で保守党に政権を奪還されてしまった。労働党のこの弱腰に批判を強めたヒース保守党政府は，1971年，アメリカのタフト・ハートレー法に範をとった労使関係法を制定した。この法律は，不当解雇の規制を法制化した（不公正解雇制度）のみならず，次のような規定をもって，集団的労使関係への積極的介入を行った。①新たな組合登録制度の導入，②使用者に対する強制的な組合承認手続の導入，③協約の法的強行性の付与，④クローズド・ショップの禁止，⑤ストライキに関する事前投票制度と緊急的争議のクーリング・オフ期間の導入，⑥不公正労働行為（unfair industrial practices）という新たな概念の導入とその判断・救済機関としての全国労使関係裁判所の設立。なお，第二次争議行為や同情争議行為は，この不公正労働行為として規定された。

　デイヴィス，フリードランドの両氏によれば，この法律を制定せしめた経済的要因は，戦後の経済的低成長がインフレと失業率を上げ続けるという懸念であったといわれる。この認識は，50年代および60年代の所得政策に現れているが，70年代になってますます強まったとみることができる。この点につき，ヒース内閣は，完全雇用，福祉国家の維持とインフレ抑制と経済的な目的の達成を調和させようとした点では，ウィルソン労働党内閣と類似性があるように見えるが，両者の目的は，次の意味において，全く反対であった。ウィルソン内閣は，基本的には計画経済のもとで労働法のヴォランタリズムを維持できると考えたのに対し，ヒース内閣は，自己調節的産業経済と自由労働市場の枠組の中で法的に規制された集団的労使関係を確保しようとした。ヒースは，そうすることにより，経済競争力をもったイギリスを欧州経済共同体に加盟させる基礎を形成し（因みにイギリスは73年に共同体に加盟した），成功は成功を呼び，労使関係の法的規制は当然視され，激しい論争をもたらさないであろうと楽観視していたといわれる[31]。ヒース内閣の企図は，1968年の保守党の政策書「職場における公正

第1章　労働立法と雇用契約の歴史

取引」に次のように表現されていた。「そうした枠組は，経済の発展をめざした従来の試みを台無しにした圧力，すなわち，危篤状態の経済収支，完全雇用と自由な団体交渉の概念を調整することの難しさ，物価上昇の脅威とそれに伴うインフレの進行といった事情に十分抗し得るであろう[32]。」

しかし，現実には，労使関係法による変革が余りにも急激であり，かつ組合の存立を脅かす性格のものであったため，組合の猛烈な反対運動を呼び起こした。労働組合会議は1971年労使関係法に基づいて組合登録した組合を同会議のメンバーから追放する方針を示し，また，全国炭鉱労働組合，全国鉄道労働組合，海員組合などが相次いで長期ストに入るなど，1972年の争議による損失労働日数は1926年以来の最高を記録した。とりわけ，1972年の秋，アーサー・スカーギル委員長の率いる炭労は，8％賃上げ回答を拒否して，「フライング・ピケット」（スト労働者集団を各ピケ隊に送って，ストの拡大または商品等のボイコットの確保を図る）[33]によりストライキを効率的に行い，翌年2月の炭労の勝利に終わった（炭鉱労働者は結局17％から24％の賃上げを得た）。こうした状況のもとで，ヒース首相は，1974年2月の総選挙で，国民に「政府か，組合か」の選択を問い，結局，退陣に追い込まれた[34]。そして，少数政府というかたちではあったが政権に返り咲いた労働党（ウィルソン首相）は，1971年法を廃止し，基本的には，それ以前の状態を回復するために1974年労働組合労働関係法を制定した。しかし，この法律は，不公正解雇制度を残した。また，翌年には，1975年雇用保護法(Employment Protection Act)が制定され，助言斡旋仲裁局(Advisory, Conciliation, and Arbitration Board)によって行われる組合承認手続が制定された。ウィルソンは，政府は労働組合に有利な労働立法を制定するが，それと引き替えに，労働組合は，自主的に所得政策を実施するという「社会契約」を唱

---

(31)　Ibid., at pp. 277 and 347.

(32)　Fair Dear at Work, at perface (1968).

(33)　M. Salamonm, Industrial Relations: Theory and Practice (3rd ed.), p. 427 (Prentice Hall, 1998).

(34)　M. Pugh, State & Society (2nd ed.), pp. 331-332 (Arnold, 1999); 川北稔編『イギリス史』392〜393頁（山川出版，1999年）。

えた。これは，凋落しつつあるイギリス産業を立て直すためには産業政策や賃金抑制政策が不可欠であると考えたからである。そして，賃金抑制政策は成功しインフレは改善した。しかし，失業と労働者の購買力が低下したため，ウィルソンは党内左派の批判を受けて辞任し，キャラハンが新たに首相の地位に就いた。しかし，当時，イギリス経済は国際通貨基金の融資を受けざるを得ない程度に弱体化していたこと，議会における労働党の多数はわずか1議席となっていたこと，スコットランドおよびウェールズの権限への権限委譲問題の処理に失敗したこと，賃金抑制政策が公共サービス部門の労働者の反対に遭って破綻したこと，などから，1979年3月庶民院で不信任案が可決された。キャラハン首相のもとでは，従来から存した個別的労働関係の法律を統合するという形式ではあるが一層労働者保護に傾斜した雇用保護（統合）法（Employment Protection (Consolidation) Act 1978）が制定されるにとどまった。

(4) 1980年以降の法律

　労働党政府不信任に続いて行われた1979年5月の選挙では，サッチャー保守党政権が誕生した。これ以降，サッチャー首相による市場競争原理に基づく徹底した労働・雇用政策がとられることになる。政府は，このために労働組合の産業への影響力を減少させること，個別的労働関係における労働法規の規制を緩和する「規制緩和（deregulation）」および団体交渉などによる労働市場に対する構造的制約を緩和する「制約緩和（derigidification）」を柱としたのである。実際，1985年の財政演説で，大蔵大臣ナイジェル・ローソンは，次のように述べた。「政府の経済戦略は，2つの主要な要素から構成されている。それは，インフレ抑制のための金融政策と経済競争力を改善するサプライ・サイド政策である。サプライ・サイド政策は，国内および海外における実践的経験から生まれた確信に深く根ざしているものである。すなわち，経済的成果を改善し，より多くの雇用を創造する方法は，企業意欲，効率性および柔軟性を高め，競争，規制緩和および自由市場を促進し，民営化を推し進め，諸々の刺激策を改善することである[35]。」

　このような政策を有するサッチャー内閣の最初の立法が，1980年雇用法

(Employment Act 1980)である。同法は，助言斡旋仲裁局の組合承認手続を廃止し，組合員によるストライキの決定投票を促進する投票費用償還制度を導入し，個人的信条による組合非加入者のクローズド・ショップに基づく解雇を不公正解雇とし，不法なピケッティングや無差別な二次的争議行為を禁止するものであった。続いて制定された1982年雇用法は，クローズド・ショップを原則として違法とし，雇用に関係ない争議行為を禁止し，組合員だけの雇用を意図する二次的争議行為を禁止し，争議行為等に関する差止請求権を認めた。また，1984年労働組合法により，正当な手続に基づく秘密投票を経ない争議行為を禁止し，組合執行部の秘密投票による選出や組合の政治活動の投票による決定が定められた。そして，1988年雇用法は，クローズド・ショップの創設・維持を目的とする争議行為を禁止した他，組合に対する組合員の権利を保障する諸規定を置いた。すなわち，秘密投票で否決された争議行為への参加拒否権，組合財政監査権，秘密郵送投票による幹部選出権，組合費の不法支出に対する訴権，組合活動に関する組合員権促進委員への援助申請，組合の不当な規制からの保護などがそれである。また，組合員でないことを理由とする解雇はすべて不公正解雇と定めた。

　これらの労働立法は，すでに1982年頃までの不景気と高い失業率によってその過激さを失っていた労働組合に決定的な打撃を与えたといってよい。しかし，サッチャーは，さらに，政治的にも組合運動に打撃を与える政策をとった。その象徴としてあげることができるのが，1984年3月からほぼ1年にも及んだ炭労ストの敗北である。1982年，政府は石炭を不経済的産業として炭鉱閉鎖の方針を決めた。これに反対するスカーギル委員長の指導のもとで炭労がストに入ったのであるが，政府はこれに備えて十分に石炭を備蓄しており，スカーギルの決定的な敗北に終わったのである。この炭労の敗北は労働運動全体の精気を完全に奪ったのである。

(5) 1980年代の雇用・職業訓練政策

　1940年代から60年代はじめまでの職業訓練政策は，主に徒弟制度に委ね

---

(35) HC Deb., col. 748.

られた。その運営は，相当程度，組合の力に委ねられ，一般に法的規制に服さなかった。いわば，コレクティヴ・レッセフェールの状況に置かれていた。1960年の中頃から，政府は労働経済の近代化のため使用者の職業訓練の仕方に法的規制を加え，金銭的負担を求める制度を創る（本節(2)参照）。1970年代には，政府自体が職業訓練と雇用の創造・維持に責任を負担する制度を創った。1973年雇用職業訓練法は，職業訓練局（Training Services Agency），雇用局（Employment Service Agency），およびこれらを指揮・監督する三者構成の労働力委員会（Manpower Service Commission）を設置した。1978年には，雇用助成金法を制定して，職業訓練，雇用創出および雇用維持のための助成を行った。しかし，1980年代に入って，政府は，雇用・職業訓練政策の大きな転換をはかることになる。それは，主に2つの理由による。1つは，助成金制度が欧州共同体の自由競争を歪めるものであると共同体および加盟国からの批判があったことであり，もう1つは，若年者の失業率上昇に対しては，雇用助成より職業訓練の方が建設的だと考えられたことである。そこで，1981年雇用職業訓練法は，職業訓練局および雇用局を廃止し，労働力委員会を執行機関に再編し権限を強化した。その直後から，労働力委員会と雇用省の間で，従来の若年者雇用機会制度を若年者訓練制度（Youth Training Scheme）に再編することにつき争いが生じた。雇用省は，労働力委員会が意図する国の訓練制度の拡大は，国の歳出を増大するので通貨主義的目的に反すると考えたのである。結局，若年者訓練制度は創設されたが，その後も，その変革をめぐり政策的対立が続いた。若年者訓練制度は，労働力委員会が業務執行代行者（Managing Agents）と契約し，後者が使用者または教育機関と訓練実施契約をし，若年者（18歳未満）は，その使用者または教育機関と訓練契約をするというものであった。労働力委員会は，若年訓練制度の若年労働低賃金化の効果を抑える雇用選択を求め，雇用省は，訓練生の訓練給付は低く抑えるべきであると主張したのである。政府は，1988年の社会保障法4条で，18歳未満の所得扶助（income support）を廃止し，雇用に就かず修学もしていない者は皆，若年者訓練制度に参加せざるを得ないようにした。また，1988年雇用法27条により雇用大臣の認可した訓練制度に参加しない者を社会保障給付から除外した。さらに，職業紹介所その他の雇用サービスの管轄を労働力

第1章　労働立法と雇用契約の歴史

委員会から雇用省に戻し，労働力委員会を職業訓練委員会（Training Commission）と改名し雇用省の委任業務機関に格下げしたのである。このため，労働組合を代表して労働力委員会に参加していた労働組合会議は職業訓練委員会の構成メンバーとなることを辞退し，三者構成の委員会は終焉することとなった。さらに，職業訓練委員会は，国民職業訓練対策委員会に再編され，その3分の2は，工業・商業の指導的人物から任命される者とされることになった。また，1964年産業訓練法に基づいて設立され，当時まで存続していた産業訓練委員会を法律の拘束を受けない使用者による独立の訓練機関とすることにした。さらに，使用者に対し，政府と契約して，小企業および自営業者の訓練および訓練の企画を行い，その発展を援助・促進するための訓練企業委員会（Training and Enterprise Counsils）を設立することとした。要するに，職業訓練の民営化が推し進められたのである[36]。

(6) 1980年代における欧州共同体の労働立法への対応

イギリス政府は，1980年には，欧州共同体の1960年代・70年代型労働正義立法がイギリス国内の労働市場を浸食するのに明確に抵抗し始めたのであるが，その対立はすでに1970年代に遡ることができる。(i)1977年の営業譲渡に関する共同体指令（後述）が労働市場の規制緩和に反するとしてその履行を1981年まで遅らせた。(ii)1975年の平等賃金に関する共同体指令も，同様に，欧州裁判所が，Commission of the European Communities v. U. K., Case 61/81 [1982] ICR 578 (ECJ)においてイギリスの不履行の判断を下した後ようやく1983年平等賃金（改正）規則により履行されることとなった。(iii)Commission of the European Communities v. UK, Case 165/82 [1984] ICR 192 (ECJ)で，欧州司法裁判所は，1975年性差別禁止法が小規模事業所および家事を適用除外していること，労働協約または事業所または専門家団体の諸規則を無効としあるいは変更する規定を置いていないという2つの点で，1972年平等取扱いに関する共同体指令を履行していないとの判決を下した。政府は，1986年性差別禁止法で善処するが，労働協約について

---

[36] Davis & Freedland, op. cit., at 599-515.

は，協約は契約の内容になるので後者の規制はすでに行われているからという理由で，履行内容を限定した。(iv)また，政府は，共同体指令の義務履行を口実として，1986年法で，女性に対する労働時間規制を全廃したのみならず，男性の夜業を制限する1954年パン産業（労働時間）法をも廃止してしまった。(v)さらに，1989年雇用法は，女性の坑内労働の禁止や若年者の夜業の禁止をも撤廃してしまった。これは，まさに，「事業を興し，障害を取り除く」[37]という規制緩和の徹底であった[38]。サッチャーの反欧州共同体労働政策の姿勢は，こうした既存の指令の実施における非協力だけではなく，欧州共同体の指令や規則の立法過程において更に顕著であった。実際，1980年以降，重要な労働関係指令案はすべて欧州共同体の閣僚理事会では採択できない状態となった。1985年単一欧州議定書（Single European Act 1985）によるローマ条約への旧118A条（労働安全衛生に関わる提案を特定多数決で採択可能にした条項）の新設は，そうした状況の打破のために企図されたとみられている。また，1991年のマーストリヒト条約成立の際に，条約本文から切り離してイギリスを除く加盟国に適用するものとした社会政策議定書およびその付属協定も，安全衛生以外の労働社会政策がイギリスの反対で実現できないことに対する苦肉の代替策だったのである[39]。

(7) 1990年以降の法律

以上のような80年代の労働立法の影響の下で，組合の組織率は大幅に低下し，労働協約による労働条件規制力も著しく低下した。雇用契約の個別化，雇用の柔軟化，非典型契約の増加という現象が顕著になってきた。そして90年代に入って，保守党政府は，80年代の労働立法政策を延長し，発展させる方向を明らかにした。まず，1990年雇用法は，(i)雇用前加入制クローズド・ショップを違法とし，(ii)二次的争議行為の免責を廃止し，(iii)非公認ストを違法とした。この立法は，ハワード雇用大臣が「1990年雇用法

---

[37] White Paper, 'Building Business...No Barriers', Cmnd. 9794.
[38] Davis & Freedland, op. cit., at pp. 576-85.
[39] 濱口桂一郎『EU労働法の形成——欧州社会モデルに未来はあるか？』（日本労働研究機構，1998年）13頁〜16頁。

は，一連の労働立法の最後の局面になる」と示唆したものであった。しかし，1990年11月にサッチャー首相を引き継いだメージャー首相は，1990年雇用法では，十分な改革にならないと判断し，改革のための提案や審議を再開した(40)。そして，1991年には，緑書『1990年代の労使関係』が提案された。同書は，(i)1960年代および70年代に，歴代政府の労使関係改革のための立法が労働組合の反対で挫折させられたこと，(ii)1974年および76年の労働党政府の立法は，労働組合に歴史上最大の特権と最小の義務を与え，社会・経済に甚大な損害を与えたこと，(iii)1979年以降保守党政府が行ってきた漸次的な労使改革は，国民の大多数のみならず，ほとんどの組合員からも支持されてきたこと，(iv)しかし，過去20年にわたって，達成されたことを強固なものとし，それを基礎にして，さらに1990年代の課題を満たすべく労使関係を近代化させるプロセスを漸進させるために同提案を立案した。同書で行われた提案を要約すると次の通りである。(i)争議行為に関しては，7日前のスト予告，スト投票の完全な郵送化，独立の投票監視・報告のための独立監視人の権限強化，使用者のスト投票に関する情報を受ける権利，公益事業の顧客の違法スト訴権。(ii)組合選挙に関しては，組合員の労働組合員名簿閲覧権，独立監視人の検査権限の強化，役員選挙運動のための便宜供与の平等化。(iii)労働組合員の権利に関しては，チェック・オフの規制，組合併合に関する投票の法的規制の強化。(iv)労働組合の財政に関しては，認証官の権限の強化，組合の財政運営上の義務に関する犯罪に対する制裁の強化と訴追期間の延長，組合財政に関する組合の情報開示義務の強化。(v)労働協約に関しては，原則的な法的強制力の付与である(41)。この労使関係の近代化とは，要するに，労働組合の縁辺化である。メージャーのもとで保守党が圧勝した1992年の総選挙の2カ月前に公表された白書『人，仕事および機会』は，次のように述べている。

「個々の被用者の役割と重要性が新たに認識されてきた。団体交渉労働

---

(40) 田口典男「90年代前半のイギリス労働政策」大原社会問題研究所雑誌437号39頁，41頁（1993年）。

(41) 古川陽二「翻訳：英政府緑書『1990年代の労使関係』(1)(2)」沖縄法学22号（1992年）および23号（1993年）。

協約に基づく労使関係の伝統的な形態はますます不適切になり，衰退してきた。多くの使用者は時代遅れの労務慣行を捨てて新たな人的資源管理を採用しつつある。それは個々の労働者の才能や能力の開発に力点を置くものである。使用者の多くは，労働組合や公式の労使協議会を仲介とするよりも，その被用者との直接のコミュニケーションを求めている。個々人の個人的技能，経験，努力および成果を反映する報酬を個別交渉する傾向が増しているのである[42]。」

そして，メージャー首相は，まず，1992年労働組合労働関係（統合）法 (Trade Union and Labour Relations (Consolidation) Act 1992) によって，既存の労働組合に関する諸々の制定法の規定を統合した後，1993年労働組合改革雇用権法（Trade Union Reform and Employment Rights Act 1993) をもって，前記の緑書および白書の提案および見解を立法化した。しかし，同法には，そうした組合の規制と個人の雇用上の権利のみならず，欧州共同体の労働立法ないし欧州委員会の指導に対応するための規定が含まれている。すなわち，集団的剰員整理および母性保護に関する規定がそれである[43]。しかし，メージャー首相の欧州共同体（欧州連合）の労働政策に対する姿勢はサッチャー路線とほとんど変わらなかった。メージャー首相は，在任中一貫して，「欧州社会憲章(Community Charter of Fundamental Social Rights for Workers)」を受け入れれば，使用者は受忍できない費用と負担を強いられ，イギリス経済は競争力を奪われ，その結果，失業率が増大すると主張していたのである[44]。メージャー保守党政府が1997年5月の総選挙で労働党に敗れた前年の11月に直面したもう1つの敗北が欧州共同体労働時間指令（93/104/EC）の有効性に関する欧州司法裁判所判決だったのは象徴的である (United Kingdom v. Council of the European Union, Case C-84/94 (1996) ECJ)。同指令が1993年に欧州共同体設立条約の労働安全衛生

---

[42] P. Dorey (ed.), The Majour Premiership, pp. 187-188 (MacMillan, 1999).

[43] J Bowers et al., Trade Union Reform and Employment Rights Act 1993: A Practical Guide, p. 7 (Longman, 1993).

[44] P. Dorey, op. cit., p. 192.

に関する118A条（現行の138条）を根拠に採択されたことから，イギリス政府は，根拠に誤りがあり無効であるとして提訴していた。判決は，このイギリス政府の主張を退け，訴えを棄却したのである⁽⁴⁵⁾。

第4節　1997年以降

　1993年にメージャー保守党政府は，単一通貨や社会憲章を留保しつつマーストリヒト条約を批准したが，メージャー首相は，党内の反対派との対立を極めた。また，欧州連合の社会労働政策を拒否する政府の姿勢は国民の支持を得ていなかった⁽⁴⁶⁾。他方で，長期にわたり在野にあった労働党は，社会主義的政党から現実主義的政党へと変身を進め，トニー・ブレアが党首となってからは，ニュー・レーバーを看板として大胆な政策転換をはかった。そして，政府の主張する価値と政策の矛盾，党内指導力の低下，国民における貧富の拡大，経済の悪化などが追い風となって，1997年5月の総選挙は労働党の圧勝に終わった。ブレア労働党政府は，就任直後の1997年6月のアムステルダム条約に調印した。この結果，イギリスの保守党政権の反対でマーストリヒト条約付属議定書および協定というかたちでイギリスをオプト・アウトして誕生した社会条項はアムステルダム条約によって，ローマ条約（欧州共同体設立条約）に盛り込まれた。このため，イギリスは，社会条項に基づいて採択された欧州連合の指令の国内的実施のための措置をとることが必要となった。このことは，ブレア政権下の労働法制の改革の方向性を示す重大な出来事であったといえる。もっとも，「人間の顔をしたサッチャリズム」と呼ばれるように⁽⁴⁷⁾，ブレア労働党政府の労働政策は，保守党政権のもとで構築されてきた労働法制を正面から否定しようとするものではない。ブレア労働党政府も，市場経済原理を尊重し，世界市場におけるイギリスの競争力を強化するとの立場をとる。そして，労

　⑷5　小宮文人＝濱口桂一郎「欧州連合（European Union）労働時間指令とイギリスの対応」季労181号128頁（総合労働研究所，1997年）。
　⑷6　P. Dorey, op. cit., p. 197.
　⑷7　川北稔編『イギリス史』413頁（山川出版，1999年）。

働市場の法的規制も公正さを維持するための最低限度のものにとどまることを示唆している。すなわち，将来の労働法の改革の方向を示す1998年の白書『職場の公正』の「序言」でブレア首相は「過去に戻ることはない。投票なしのストライキ，マス・ピケッティング，クローズド・ショップおよび第二次的争議行為の時代は終わった。我々が提案している変更の後でも，イギリスは世界の先進的経済市場で最も規制の少ない労働市場を維持するであろう。しかし，イギリス国民が公正さの基本的な法規，すなわち不公正解雇の訴えの権利，組合員であることの自由な選択をしたことの故に差別されない権利，親としての無給の休暇（parental leave）をとる権利を有することを否定するのは正当となり得ない。それらは，どこにおいても，当然のことなのである[48]。」そして，右の柔軟で効率的な労働市場を前提として，イギリスの経済競争力を改善するため将来に向けて，次の3要素からなる経済活動の枠組が創造されなければならないとしている。その3要素とは，(i)被用者の基本的公正取扱い，(ii)職場の集団的代表決定手続，および(iii)男女の家事と職務上の負担の対立を緩和する「家族に優しい政策」である[49]。すなわち，これらが，サッチャー以降の保守党政権下で形成された労働法制を修正する要素とされたわけである。こうした政策枠組によって制定された諸法規の具体的な内容の詳細は第2章以下で論ずることになるが，主要な法令名を掲げると以下の通りである。

1998年労働時間規則（Working Time Regulations 1998）

1998年全国最低賃金法（National Minimum Wage Act 1998）

1998年公益情報開示法（Public Interest Disclosure Act 1998）

1998年個人情報保護法（Data Protection Act 1998）

1998年雇用権（紛争解決）法（Employment Rights (Dispute Resolution) Act 1998）

1999年雇用関係法（Employment Relations Act 1999）

1999年障害者権利委員会法（Disability Commission Act 1999）

---

[48] Dept. of Trade and Industry, Fairness at Work, Cm 3968, in the foreward (1998).

[49] Ibid., at para 1. 8 and 1. 9.

1999年多国間被用者情報協議規則（Transnational Information and Consultation of Employmees Regulations 1999）

1999年集団的解雇・営業譲渡（雇用保護）（改正）規則（Collective Redundancies and Transfer of Undertakings (Protection of Employment) (Amendment) Regulations 1999）

1999年母性および育児休暇等規則（Maternity and Parental Leave etc. Regulation 1999）

2000年パートタイム（不利益取扱防止）労働規則（Part-Time Work (Prevention of Less Favourable Treatment) Regulation 2000）

以上の法令によって，労働者個人の権利の保護は，保守党政権下のみならず，それ以前の法制と比べて格段に強化された。しかし，その多くは，欧州連合の労働立法に違反しない程度の権利保護にとどまっているということができる。とはいえ，これらの立法による労働者保護の拡大は，サッチャーおよびメージャー政権下のみならず，それ以前の如何なる政権のもとでもなかったものであり，革命的であるといっても過言でない。これに対し，集団的労働関係に関しては，保守党政権下の法制にそれほど大きな修正が加えられていない。もっとも大きな変革は，前記経済活動の枠組の3要素の1つとされた職場の集団的代表決定手続に直結する労働組合の承認手続の再導入である。しかし，この手続は，あくまで労使間の合意を基本とするものであり国家機関の介入は最小限にとどめられている。この他の規制としては，例えば，争議行為承認投票および争議通知に関する若干の修正，組合員資格に関する不利益処分，規律処分および苦情処理の審問同伴権，ブラックリストの禁止，公認争議行為参加者の不公正解雇規制等の変更等があげられる程度である。このうち，特に重要と思われるのは，審問同伴権であると思われる。というのは，組合役員らが同伴者として労働者保護に携わることは，日常的役割を通じて組合の存在をアピールできるからである。また，本書の対象とはしないが，1998年に制定された人権法（Human Rights Act 1998）は労働法との関係でも重要性を有する。イギリスはストラスブルグにある欧州人権裁判所（European Court of Human Rights）の判決に法的効力を与えてきたが，同法によって欧州人権条約（European Convention for the Protection of Human Rights and Fundamental Freedoms 1950）の保障する権利と自由に国内法上の効力を与えることになった。これによって，国会および裁判所の雇用関係への介入を活発化する可能性は大きい。なお，派遣事業と職業紹介事業に関する「雇用紹介所および雇用事業の行為規則」の規則案協議文書が公表され，職業紹介・派遣労働に関する規則の制定が準備されているし，また，欧州連合においては，新たに「人種または民族的出身にとらわれない個人間の均等待遇の原則の実施に関する指令」（2000/43/EC）などが採択されており，近いうちにこの国内法化が問題となる。ブレア労働党は，2001年6月7日の総選挙で圧勝し政権続投が決定した。こうしたなかで，今後，イギリス労働法の独自性が，どのようなかたちで維持されていくのか，その成り行きは非常に興味深い。

第2章　労働関係を規制する法的装置

序　説

　イギリスには，わが国と同様に労働法典というような包括的な制定法がないばかりか，コモン・ロー上のマスター・アンド・サーヴァントに関する法理が雇用契約の基礎として，依然として，その影響力を維持しているほか，制定法の解釈にあたっても，コモン・ロー上の法理が微妙な影響を与えている。また，わが国においても，法令のほかに指針と呼ばれる法的文書が重要な役割を負うようになってきているが，イギリスには，法的に独特な性格を有する行為準則なる法的文書が存在する。さらに，通常の裁判所に加えて，雇用審判所と呼ばれる労使関係の特別な裁判所があるほか，特定の労使紛争を取り扱う独立の行政委員会などが数多く存在している。本章は，そうした労働関係を規制する法的装置について解説する。

第1節　労働法の法源

［1］　国内法など
(1)　コモン・ロー
　(a)　コモン・ローとは，制定法および規則等の法令によらず判例により形成されてきた法を意味する。したがって，これは，後述する衡平法(エクイティー) に対する法としてのコモン・ロー（正法）とは区別されなければならない。すなわち，ここでいうコモン・ロー，すなわち広義のコモン・ローとは，衡平法および正法を含む判例法として理解されるのである。こうした意味におけるコモン・ローは，イギリスの労働法を理解する上で不

可欠である。そもそも，イギリスにおいては，13世紀までほとんど制定法はなく，その後も比較的最近まで私法分野に関しては制定法が存しなかった[1]。すなわち，ほとんどの私法上の紛争はコモン・ロー（判例法）によって解決されてきたのである。この点は，法典を基礎とする欧州大陸の諸国の法制（わが国の法制もこれに属する）とは正反対なのである。こうしたコモン・ローのもとにおいて，法的安定性を担保するための制度として維持されてきたのが先例拘束性の原則（doctrine of precedent）である。将来の同種の事件において，その先例が適用されるとするものである。したがって，新しい判例も累積的な判例法体系と調和するかたちで，各種の先例に依拠しながら形成されていくのである[2]。具体的な事件を担当する裁判官は，当面の事件と法的な意味で類似する権威ある先例において判決の結論を導いた法的根拠を探し出し，それを基礎として自分の法的推論の基礎とする[3]。このためイギリス法においては，その判決の結論に導いた法的根拠はレイシオ・デシデンダイ（ratio decidendi）と呼ばれ，理論上は，判決理由に述べられたその他の説示であるオビタ・ディクタム（obiter dictum）＝傍論と厳格に区別されるのである。しかし，注意しなければならないのは，先例となった判決理由のどの説示部分がレイシオ・デシデンダイであったのかということは，実際には必ずしも明らかではない。説示された複数の法的根拠（原則）のいずれもが判決の結論を導き得る場合（例えば，複数の裁判官の結論に至る理由付けがそれぞれ異なる場合など）には，とりわけそうである。そもそも先例となった判決の裁判官がどのような事実と法的根拠を重視したのかを判決理由に明示するわけでないから，その決定は，結局，後の裁判官の解釈によるともいえるのである[4]。ところで，以上のような先例拘束性を有する権威ある判例がどのようなものかは裁判所の序列（裁判所

---

(1) A.K.R. Kiralfy, the English Legal System (6th ed.), (Sweet & Maxwell, 1978), p. 1.
(2) 髙窪貞人『三訂イギリス法入門』（中央大学出版部，1990年）142頁。
(3) 望月礼二郎『英米法（改訂版）』（青林書院，1985年）98頁。
(4) W. Geldart, Elements of English Law (7th ed.), (Oxford Univ., 1966), p. 8. See Sinclair v. Brougham [1914] AC 398 (HL).

の序列,種類等については後述する)を前提として理解されなければならないことはいうまでもない。まず,貴族院（House of Lords）の判決はすべての下級審裁判所の判決を拘束することは明らかである。のみならず,最終審たる貴族院の判例が動揺すると法的安定性が害されるから,貴族院も原則として貴族院の先例に拘束される[5]。しかし,そのことは逆に,その先例に誤りがあったり,その先例が陳腐化してしまっている場合などには重大な不正義を生じしめることになる。しかし,1966年,大法官（貴族院および枢密院司法委員会の主席裁判官）は,貴族院の実務声明で,この拘束性は絶対的なものではなく,貴族院は,そうすることが正しいと認められる場合には,先例から遊離することも許される旨宣言した[6]。控訴院（Court of Appeal）の判決は,すべての下級審裁判所を拘束する。また,控訴院の判決は,控訴院の他の判決と矛盾する場合,その後の貴族院判決と矛盾する場合および不注意に（per incuriam）なされた場合を除き,その後の控訴院自身の判決をも拘束する[7]。高等法院（High Court）の合議法廷（divisional court）のものである場合には,後の高等法院の裁判を拘束する[8]。しかし,高等法院の各部の裁判官が事実審としてなした判決は下級審を拘束するが他の高等法院の裁判官を拘束しない[9]。雇用控訴審判所（Employment Appeal Tribunal）は貴族院および控訴院の判決に拘束されるが,高等法院および全国労働裁判所（National Industrial Relations Court＝雇用控訴裁判所の前身）の判決には拘束されない[10]。

　(b)　いずれにせよ上述したようなコモン・ロー（判例法）は,労働法の領域においてもその基礎をなしているといってよい。すなわち,雇用契約法

---

(5)　London Tramways Co. v. London County Council [1898] AC 735 (HL).

(6)　Practice Statement [1966] 3 All ER 77.

(7)　Young v. Bristol Aeroplane Co. Ltd. [1944] KB 718 (CA).

(8)　望月・前掲書97頁。

(9)　R. Ward, Walker & Walker's English Legal System (8th ed.), (Butterworths, 1998), p. 80.

(10)　op. cit., p. 81.

第1節　労働法の法源

の基礎をなしているマスター・アンド・サーヴァントに関する法理は，判例により形成されてきたコモン・ロー上の法理である。すなわち，雇用契約の締結，効力，雇用契約上の労働者・使用者の黙示的義務等は，制定法によってそれ程修正を受けていない。また，コモン・ローの法理は，制定法の解釈にも微妙な影響を与えている。その典型的な例として，みなし解雇の解釈にコモン・ロー上の履行拒絶の法理が適用されていることをあげることができる（第3章第10節(1)，11節［1］(2)および12節［1］(2))。のみならず，集団的労働関係に関しては，労働組合の存在や争議行為自体が，コモン・ロー上，一般に違法とされており，その保護は制定法によってのみ可能となっているのである（第4章第7節参照）。また，組合とその組合員との関係も，組合員契約に基づくものとされ，コモン・ロー上の契約法理によって支配されてきたのである（第4章第3節参照）。もっとも，近時，労働法において，制定法の規制する範囲が広くなってきていることは本書の明らかにするところである。

　(c)　最後に，コモン・ローという用語を判例法という意味でなく，衡平法（エクイティー）に対する正法の意味で用いる場合があると述べたことに関連して，衡平法につき若干の補足が必要と思われる。この場合，正法とは，通常の裁判所で運用・発展せしめられた法という意味である。13世紀末までに3つの王立裁判所（財務裁判所，王座裁判所および民訴裁判所）を含む通常の裁判所が確立したが，それらの裁判所が管轄権を持たなかったり，あるいは，特別の事情（例えば，相手方による陪審の買収や立証に不可欠な捺印証書の秘匿など）で正義が阻まれているために適切に法的救済を受け得ない者は，国王に直訴して救済を求めることができなかった。こうした直訴は，通常の裁判所における専門化，形式の厳格化の進行によって増大し，14世紀半ば以降は大法官（Chancellor）にまかされるようになり，15世紀には大法官府のなかに作られた大法官裁判所（Court of Chancery）が通常の裁判所の法や手続に拘束されず，もっぱら実質的な正義と公平の実現を目的として訴えを処理するようになり，ここで宣言される法が衡平法と呼ばれるようになった。しかし，この衡平法も正法と同様に先例により拘束されて，判例法（コモン・ロー）の一部を形成するようになった。そして，1875年裁判所法（Judicature Act of 1875）により大法官裁判所は廃止され，衡

第2章 労働関係を規制する法的装置

平法は，高等法院に引き継がれた[11]。このような形成の起源から，衡平法は正法の存在を前提とするものであり，正法と無関係に存在するものである。そして，衡平法の主な功績は，信託(trust)によって設定される衡平法上の財産（equitable property）の概念，契約の特定履行（specific performance）および不法行為の差止め（injunction）であるといわれる[12]。このうちの後2者は，労働法との関係で極めて重要であるが，ここでは，それらの救済が裁判所の裁量で与えられるものであることのみを指摘しておきたい。

(2) 制定法＝法律（statute）

すでに前章でみたように，とりわけ，1960年代から労働関係の分野への制定法の介入は著しく，特に，集団的労働関係に関する制定法の役割が増してきている。イギリスの制定法は，コモン・ローを修正するために，その折々制定されてきたものであり，体系性に欠けており，多くの場合，パッチ・ワーク的であり，その理解が極めて困難である。こうした制定法の解釈の仕方は，ヨーロッパの大陸法（成文法）型の諸国の場合と著しく異なっている。すなわち，イギリスの伝統的な制定法の解釈は，文言を厳格に狭く解釈するところにある。イギリスにおいて，法は具体的事件における裁判所の判決から引き出されてきた判例法であり，制定法はその判例法の発展への侵害者とみなされてきたといわれるのである[13]。このため，制定法の解釈には，一般に，次のような原則が適用されているといわれる。(i)制定法の文言は，一次的には（prima facie），その文言の通常的，文字通りのかつ文法にかなった意味で解釈されなければならない（これを文理律（literal rule）という）。(ii)文理律はその結果が不条理と矛盾を避ける限度で修正されなければならない（これを黄金律（golden rule）という）。(iii)制定法の是

---

[11] 望月・前掲書25～27頁。

[12] Phillips & Hudson, op. cit., pp. 11-12.

[13] P. Shears & G. Stephenson, James' Introduction to English Law (13 th ed.), (Butterworths, 1996), p. 8.

正しようとしている判例法の弊害が何であるか確かめ，その目的に適合するように解釈されなければならない（これを弊害律（mischief rule）という。最後の原則は制定法の目的を重視する解釈原理であるといえる。しかし，判例は，従来，立法過程の議論に関する証拠，すなわち政党の会議，政府見解の発表，国会の討議等に関する証拠を立法目的の確定に使用することを厳格に排除してきた[14]。しかし，1993年，貴族院は，一定の場合に裁判所は国会の資料を参照することができると判示した[15]。ブラウン・ウイルキンソン卿は，その条件を次のように論じている。「外部的資料排除の原則は，次のような場合には緩められるべきである。すなわち，(a)制定法が不明瞭，不明確または不条理をもたらすものであり，(b)その依拠すべき資料が大臣またはその法案の推進者の陳述，場合によってはその陳述およびその効果を理解するに必要な国会資料であり，かつ(c)その依拠すべき陳述が明らかなものである場合，である。」

(3) 規則（regulation）・命令（order）（これらを総称してStatutory Instruments）

狭義の制定法のほか，制定法の委任により制定される多数の法令が存在する。上記の判例法との関係では，規則・命令も制定法に含まれると考えてよい。法令が制定法を変更することは原則としてないが，例外的に，欧州共同体の指令に従わなければならないなどの理由で，規則・命令が制定法を変更する場合がある。これは，1972年欧州共同体加盟法(the European Community Act of 1972; European Community (Amendment) Acts 1986 and 1993)がイギリスが欧州共同体の義務を実施するなどの目的で，政府が同法に基づいて規則・命令を定めることができ（同法2条2項），その規則・命令は法律と同一の効力をもつ（2条4項）と定められているためである[16]。その例として，現在，1983年平等賃金（改正）規則および1981年営業譲渡（雇用保護）規則などがある。

---

[14] 高窪・前掲書213～214頁。

[15] Pepper v. Hart [1993] AC 593 (HL).

[16] 中村民雄『イギリス憲法とEC法』（東大出版会，1993年）20～28頁。

第2章 労働関係を規制する法的装置

(4) 行為準則（Code of Practice）

労働法の分野では，制定法が，特定の行為に対する実務的ガイダンスを与えるために，国務大臣（Secretary of State），助言斡旋仲裁局（ACAS＝Advisory, Conciliation and Arbitration Service），機会平等委員会（Equal Opportunities Commission），人種平等委員会（Commission for Racial Equality），安全衛生委員会（Health and Safty Commission）などに「行為準則」と呼ばれる文書の作成権限を与える場合が多い。使用者は，実行可能な限り，その規定に従うよう求められるが，その不遵守自体によって法的責任を追及されるものではない。しかし，行為準則の規定は，雇用審判所または裁判所の手続において証拠として取り扱われ，場合によっては，法的原則として評価されることもある。

最初に作られたものは，1971年労使関係法(Industrial Relations Act 1971)に基づく「1972年労使関係行為準則」であったが，その大部分が後の他の行為準則に取り替えられ，結局，1991年の命令で全面的に廃止された(Employment Codes of Practce (Revocation) Order 1991)。1975年雇用保護法（Employment Protection Act）6条（現在，1992年労働組合労働関係統合法(Trade Union Labour Relations (Consolidation Act 1992) 199条および200条）に基づいて，3つの行為準則(「雇用上の規律処分と手続」，「団体交渉に関する労働組合への情報の開示」および「労働組合の任務と活動のための休業」)が作られた。これらは，同法に基づいて助言斡旋仲裁局が行為準則案を国務大臣に提出してその承認を受け，さらに当該大臣が国会の両院の承認を得て成立する。なお，これらの行為準則は，右と同様の改正手続を定める労働組合労働関係法201条により，助言斡旋仲裁局の改正案に基づいて改正されている（Employment Protection Code of Practice (Disciplinary Practice and Prodedures) Order 1998, Employment Protection Code of Practice (Disclosure of Information) Order 1998 and Employment Protection Code of Practice (Time Off) Order 1998)。

現在では，助言斡旋仲裁局のほか，多くの機関に行為準則の作成権限が与えられている。その概要は次のとおりである。

① 国務大臣は，労使関係の改善の促進または労働組合の選挙・投票行動に関して望ましいと思料する実務的ガイダンスを含む行為準則を作

成しまた改正することができる。この場合は，助言斡旋仲裁局との事前協議および国会両院の承認が必要とされる（TULRCA, ss. 203-204）。この方式で作成された行為準則としては，(i)クローズド・ショップ協定に関する行為準則，(ii)ピケッティングに関する行為準則および(iii)争議行為に関する労働組合の投票に関する行為準則がある。しかし，その後，(i)は1991年に廃止され（Employment Codes of Practice (Revocation) Order），(ii)と(iii)は改正された（Employment Code of Practice (Industrial Action Ballots and Notice to Employers Order 1995 and Employment Code of Practice (Picketing) Order 1992）。なお，国務大臣は，助言斡旋仲裁局の要請に基づいて，前記の助言斡旋仲裁局が作成する行為準則をも改正することができるのであるが，この場合は国会両院の承認が必要とされる（TULRCA, s. 202）。また，1999年雇用関係法（Employment Relations Act 1999）は，国務大臣にパート・タイム労働の差別の除去，パート・タイム労働の機会の推進，労使の必要性に応じた弾力的労働時間編成の推進，欧州連合のパート・タイム労働に関する枠組協定（framework agreement）で取り扱われる問題についての行為準則の作成権限を与えた（ss. 21 and 22）。

② 人種平等委員会は，雇用の分野の差別を除去しまたは異なる人種間の機会の平等を促進するための実践的ガイダンスを含む行為準則を作成することができる（人種関係法（Race Relations Act 1976）47条）。人種平等委員会は，1984年に，人種関係行為準則を作成した。雇用差別に関して同様な権限を有する機関に，機会平等委員会および障害者権利委員会（Disability Rights Commission）があり，前者は性差別行為準則および平等賃金行為準則を作成し，後者は，それまで障害者差別禁止法53条が国務大臣の権限とされてきた障害者差別に関する行為準則の作成権限(1995年障害者差別禁止法53条)を1999年障害者権利委員会法（Disability Rights Commission Act 1999）14条2項により引き継いだものである(改正後の1995年障害者差別禁止法53A条)。障害者差別に関する行為準則としては，今のところ国務大臣の作成したものしかない。

③ 安全衛生委員会は，1974年職場安全衛生法（Health and Safety at Work ect. Act 1974）の定める使用者などの義務および同法に基づく規

則，その他安全衛生に関する既存の法令の執行のために行為準則を作成する権限を有する(HSW, s. 16)。これに基づいて，すでに，安全代表および安全委員会に関する行為準則および安全代表の訓練のための休業に関する行為準則が作成されている。

(5) **労 働 協 約**

労働協約は，一般に，労働組合と使用者を法的に拘束しない紳士協定であると解されている。1974年以来の制定法には，労働協約に明確な反対の規定が存在しない限り，法的拘束力を有しないと定められているが，両当事者が協約の拘束力を協約に明定することはまずあり得ないと考えられている。しかし，労働協約が労働者・使用者を法的に拘束するか否かは，全く別の問題である。通常，雇用契約のなかに，協約に定める諸条件が雇用契約の内容になる旨の約定（いわゆる橋渡し条項）がおかれているといわれる。しかし，その場合でも，雇用契約の内容になるのは，その協約条項が個々の労働者を利する目的で定められた条項，典型的には，賃金，労働時間等に限られるとされる[17]。その条項が，実体的権利に関するものでなければならないか，あるいは，手続的権利に関するもの（例えば，剰員整理解雇や規律処分の手続）でもよいのかについては，見解が分かれている[18]。橋渡し条項がない場合には，実際に協約に定められた諸条件が個々の労働者に適用されてきたような事情により，協約内容が契約の内容になるものとの黙示の合意があったとされる可能性がないわけではないが[19]，少なくとも，労働者が組合に加入しているという事実だけでは黙示の合意を肯定するのは難しいようである[20]。また，組合を被用者の代理と捉える理論もあ

[17] National Coal Board v. National Union of Mineworkers [1986] IRLR 439 (QB).

[18] Alexander v. Standard Telepones and Cable Ltd.事件の仮処分と本訴事件判決。[1990] IRLR 55 (QB) and [1991] IRLR 286 (QB).

[19] McLea v. Essex Line Ltd. [1933] 45 Ll. LR 254 (DC).

[20] 直接的な判例ではないが，Hamilton v. Futura Floors Ltd. [1990] IRLR 478 (Ct. of Session)参照。

るが，判例は，個々の事案において特定の代理が形成されたことが示されなければならないとしている(21)。ただ，契約内容にならなくとも，不公正解雇の成立の決定などには重要な判断要素となり得る。

(6) 労働慣行（custom and practice）

労働慣行とは，一般に，「明確かつ公式の交渉に由来するのではなく，経営の過誤もしくは怠慢の故に労働者がその存在を適法に援用できるものが作り出される過程に由来する職務規制の取扱規則である」と定義される(22)。一般に，特定の産業，地域または工場の職場慣行は，それが「合理的，明確で，かつ周知の」ものである場合に限って，雇用契約の内容となり得るとされている(23)。したがって，裁判所が諸般の事情から当事者の黙示的合意を肯定する場合より基準が厳しいということができる。もっとも，労働慣行の場合は，個々の労働者が，その労働慣行の存在を実際に知っていたか否かは，その効果に影響しない(24)。こうした労働慣行は，現在では，その重要性が以前より低下しているといわれる。その理由は，雇用保護の制定法の規定，ことに後述する法律の規定によって労働条件記述書（Written Statement）による労働契約の文書化が義務づけられたことにある。

(7) 制定法に基づく労働条件記述書（Written Statement）

使用者が一定の労働条件を記した文書を労働者に付与する義務は，1963年雇用契約法によって初めて導入されたものである。現在，その規定は，1996年雇用権法1条から7条および11条と12条に規定されている。その対象とされる労働条件の範囲および適用労働者の範囲は導入当初よりずっと広げられている。それは，1991年の「契約または雇用関係に適用される条

---

(21) Burton Group Ltd. v. Smith [1977] IRLR 361 (EAT).
(22) W. Brown, 'A Consideration of Custom and Practice', 10 BJIR 42, at 61.
(23) Devonald & Sons Ltd. v. Posser [1906] 1 KB 728 (CA).
(24) Sagar v. H. Ridehalgh & Son Ltd. [1931] 1 Ch 310 (CA).

件を被用者に知らせる使用者の義務に関する」欧州共同体理事会指令（91/533/EEC）を実施する必要があったことにもよる。その労働条件記述書は，契約内容の決定的証拠とはいえないが，反証を許す推定力を有するものではあるとされる。System Floors Ltd（UK）事件で，雇用控訴裁判所のブラウン・ウィルキンソン判事は「それは両当事者の契約の条項がどのようなものであったかについて強力な一応の証拠（prima facie evidence）を与えるものである。他方で，条項の記述は，結局のところ決定的なものでもない。……それは使用者に実際の契約の条項は，法定の記述書に記述したものと異なることを証明する重い証明責任を負わすものである。」と述べた[25]。

労働条件記述書付与義務の概容は以下の通りである。

使用者は，雇用開始から2カ月以内に，記述書を1回でまたは分けて，被用者に付与しなければならない。また，変更があった場合には，その変更から1カ月以内にその変更された労働条件の記述書を付与しなければならない。記述書の対象事項は，まず，1つの文書に記載されるもの（主要記載事項）として，当事者，継続雇用期間の開始日，報酬の基準・率または算定方法，報酬支払期間，労働時間に関する条件，休暇に関する条件，職名または簡単な職務記述，職場である。分けて付与できる記載事項（付加的記載事項）として，傷病による労働能力喪失，年金，雇用終了の予告期間，有期契約の満了日，雇用条件に関する労働協約，イギリス国外で1カ月以上労働する義務を負う場合には，その期間，支払われる通貨，特別手当・報酬，帰国の条件があげられている（1条および2条）。

また，以上の事項に加えて，使用者が20名以上の被用者を雇用する場合には，懲戒および苦情処理手続の詳細を記した文書を付与しなければならない（3条）。

なお，付属記載事項については，使用者は，主要記載事項を記載した主要記述書において，合理的にみて雇用中に読みまたは手に入れることができる他の文書に委ねることができる。前記労働協約や次の就業規則は，そうした文書の役割を果たすことが多い。

---

[25] System Floors Ltd (UK) v. Daniel [1981] IRLR 475 (EAT).

(8) **就業規則**（works rules, company handbooks, etc.）

ここでいう就業規則とは，使用者が任意に一方的に作成して労働者に付与する「工場規則」，「会社規則」または「被用者便覧」などと称される文書である。これらの文書は，使用者が一方的に変更することが可能であることから，契約的効力は否定されるというのが一般的である[26]。しかし，その労働条件は特定の「会社規則」による旨が明示または黙示に合意されているといえる場合がある。これは，多くの場合，前述した労働条件記述書によって裏づけられるであろう。仮に右のような特定の「会社規則」が労働条件記述書の中に労働条件の内容を定めるものとして指定していなければ，右「会社規則」は労働契約の内容を構成しないものであるとの反証を許す推定（rebuttable presumption）が生じてしまうことになる。この推定を崩すために使用者は，当該「会社規則」の存在およびその契約としての効力を当該被用者または被用者一般が認識していたことを証明する証拠を提出する必要があるとされる。

［2］ 国際法など
(1) **欧州共同体の法**（European Community Law）

イギリスは，1972年に共同体に加盟し，同年に制定された1972年欧州共同体加盟法（European Communities Act 1972）（イギリスの制定法）により欧州共同体の法がイギリス国内に適用される法となった。欧州共同体加盟法2条1項は，「(欧州共同体の)諸条約によりまたは基づいて随時制定されまたは発生する権利，権限，責任，義務および制限のすべて，および，当該諸条約によりまたは基づいて随時与えられる救済と手続のすべては，当該諸条約に従い法的効果を付与され適用されるために連合王国内でそれ以上の措置を必要としないものとして，法として承認，適用され，また法として執行，認容，遵守されるものとする。また，『執行可能な共同体の権利』および同様の表現は，本項が適用される権利を指すものと解釈されるもの

---

[26] Secretary of State for Employment v. ASLEF (No. 2) [1972] 2 All ER 949 (CA).

とする」と規定している。このため，共同体の第一次的法たる1992年欧州連合条約(マーストリヒト条約)，同条約および1986年単一欧州議定書により修正されたものとしての欧州共同体設立条約(ローマ条約)などの条約と議定書がイギリスにも適用される。これに加えて，欧州閣僚理事会または欧州委員会が第一次的法に基づいて発する第二次的法たる規則，指令および決定もイギリスに適用されることになった。このうち，規則は，共同体の広報において告示され，イギリスの国内法と同様に直接適用される(ローマ条約249条2項)。また，決定は，加盟国(この場合，イギリス)ないし私人や企業を名宛人に対して拘束力をもつ(同条4項)。これに対し，指令は，イギリスにこれを達成する義務を課するが，その達成の手段・方法についてはイギリスの機関の権限に任せるものであり，イギリス国内の立法措置が必要となる(同条3項)。しかし，国が右の立法措置をとらない場合，私人が国を相手取って，当該指令に基づく訴えをなすことができる。例えば，平等取扱指令に関して[27]，欧州司法裁判所(European Court of Justice)は，問題とされた種類の上限額の設定は，それが差別解雇の結果被った損害の十分な補償によって実際の機会の平等を確保するという要請に必ずしも合わない水準に先験的にその補償金の額を限定しているのであるから指令6条の適切な履行を構成していないし，また，6条は補償金に関し利息の裁定を付さなければならない，と述べた。その上で，これらの点で，6条は国内法に垂直的直接効力を有するのであるから，被用者は国家の機関に対して請求する直接的な権利を与える，と判示した。しかし，純粋に私人間の関係では，指令は直接効力(水平的直接効力)を有しないとされる[28]。なお，指令の要請する立法措置がとられるべき期限を徒過しても国がその措置をとっていない場合，私人がその国に対して，一定の条件のもとで，損害賠償を請求することも可能であるとされる[29]。

---

[27] Marshall v. Suth West Hampshire Area Health Authority (No. 2): C-271/91 (1993), ECJ.

[28] 指令がある範囲で限定的な水平的直接効力を有するとの見解もないわけではない。CIA Security International S A v. Signalson: C-190/94 (1996), ECJ.

(2) 欧州共同体の判例

欧州共同体法の解釈適用に関する争いは，欧州司法裁判所が取り扱うが，その訴訟形態は加盟国，欧州連合の機関，私人などが直接訴える直接訴訟と，加盟国の国内裁判所に係属している訴訟事件で，共同体法の適用，解釈が争点となった場合，当該国内裁判所が欧州司法裁判所に付託する先決訴訟とに大別される。そして，直接訴訟は，(i)条約義務違反訴訟(加盟国の条約義務不履行があった場合に，欧州委員会および他の加盟国が義務違反の確認を求める訴訟。その確認判決の履行を義務違反加盟国が怠った場合には制裁金が課せられ得る。ローマ条約226条および228条)，(ii)取消・無効確認訴訟（欧州連合の機関が行った法的行為，例えば規則，指令，決定の創設などの違法性を理由として，理事会，欧州委員会，加盟国または私人が提訴する取消・無効確認請求訴訟。ローマ条約230条）および(iii)不作為違法確認訴訟(理事会，欧州委員会または欧州議会が条約に違反して一定の行為を行わない場合に，理事会，欧州委員会，欧州議会，加盟国，また場合によっては私人が行う訴訟。ローマ条約232条）に細分される。これに対し，先決訴訟とは，加盟国の裁判所(イギリスの雇用審判所なども含む）が，係属中の特定の事件が共同体法の解釈に関係する場合に，その解釈につき欧州司法裁判所の判断を求めるものである。

(3) 国際労働基準

ILOの労働基準は，それがイギリスの制定法により定められない限り，国内法としての効力をもたない。しかし，制定法やコモン・ローの解釈に事実上の影響を与え，また，欧州共同体法の解釈にも影響を与える可能性がある[30]。類似の国際労働基準として，国連総会で，1948年に採択された世界人権宣言（Universal Declaration of Human Rights），1966年に採択された経済的，社会的及び文化的権利に関する国際規約(International Covenant on Economic Social and Cultural Rights) および市民的及び政治的権利に関する国際規約 (International Covenant on Civil and Political Rights)，欧州

---

[29] Francovich v. Italian Republic: C-6/90 (1992), ECJ.

[30] S. Deakin & G.S. Morris, Labour Law (2nd ed.), pp. 121 and 122 (Butterworths 1998).

審議会により1950年に採択された欧州人権条約（European Convention for the Protection of Human Rights and Fundamental Freedoms）などがある。そして，欧州人権条約は，ブレア労働党内閣のもとで，1998年11月に人権法として国内法化された（第1章第4節参照）。

第2節　裁判所

(1) 普通裁判所

契約および不法行為責任に関する事件は，通常，普通の民事裁判所の管轄に属する。そのうち，損害賠償額が2万5千ポンド以上5万ポンド未満の事件は，郡裁判所（County Court），それ以上の賠償額の事件の場合と郡裁判所からの控訴の場合は，高等法院（High Court）の管轄に属する。また，労働安全衛生などに関する刑事事件は，それが略式起訴の場合は治安判事裁判所（Magistrates' Court），その控訴の場合および正式起訴の場合は刑事法院（Crown Court）の管轄に属する。高等法院および刑事法院からは，控訴院（Appeal Court），そして最終的には貴族院（House of Lords）へと上訴することができる。

(2) 雇用審判所（Employment Tribunal）

雇用審判所は，1998年雇用権（紛争解決）法（Employment Rights (Dispute Resolution) Act 1998）によって名称変更されるまでは労使審判所（industrial tribunal）と呼ばれていた。その労使審判所は，1964年産業訓練法により設立され，その後次第にその管轄事項が広げられ，新たに制定された雇用立法に基づく訴訟のほとんどを取り扱うようになったが，1993年労働組合改革雇用権法において，契約違反に基づく損害賠償請求事件のうち，その訴額2万5千ポンド未満の事件を取り扱う権限を付与されるに至った[31]。審判所は，資格を有し7年以上の実務を積んだ弁護士の中から大法官が任命した審判長（Chairmen）と国務大臣が任命した2名の無資格者（1名は使用

---

(31) Employment Tribunals Extension of Jurisdiction (England and Wales) Order 1994.

者代表機関と，もう1名は労働組合と協議した後）からなる三者構成裁判所である[32]。審問はこれらの3名で行われるのが原則であるが[33]，例外的に，審判長と1名の無資格者のみによって行われることが認められている[34]。これには，両当事者の同意が必要である。この場合には，両者の意見が分かれたときは，審判長が決定権を有することとなる[35]。なお，特に，審判長のみが審問を行うことになっている事項がある。例えば，不公正解雇の解雇の中間的救済，賃金の違法控除，剰員解雇に関する保護裁定，剰員整理手当，医療休職期間の報酬支払い，保証手当等の訴えがその例である。審判所の手続は普通裁判所の手続よりインフォーマルで，訴訟代理人を必要としない[36]。当事者は，特別の場合を除き，裁判・訴訟費用の支払いも命じられない。原告が訴訟費用の支払いを命じられるのは，原告が不真面目に，嫌がらせ的に，その他不当に訴訟を提起または追行した場合に限られる[37]。ただ，審判所が職権または当事者の申立てに基づき，審問前審査を行って当事者に勝訴の見込みがないと考える場合は，当該当事者に対し，150ポンドまでの保証金を提出させ，敗訴の場合にはその保証金から適当な裁判費用を控除できる[38]。この審問前審査 (pre-hearing reviews) を認めるか否かの決定は審判長が行うが，その審査自体は審判構成員すべてによっても，審判長のみによっても行われ得る[39]。他方，審判所の訴訟は，法律扶助の対象とならない。

　イングランドおよびスコットランドの審判所の全般的運営責任は大法官の任命する雇用審判所長官（President of the Employment Tribunals）に委

---

[32] Employment Tribunals (Constitution and Rules of Procedure) Regulations 1993, reg. 5.
[33] Employment Tribunals Act 1996, s. 4 (1); ET (CRP) R, reg. 7 (1).
[34] ET (CRP) R, reg. 7 (3).
[35] Sch. 1, rule 10.
[36] Sch. 1, rule 9.
[37] Sch. 1, rule 12.
[38] Sch. 1, rule 7.
[39] Sch. 1, rule 13.

ねられている⁽⁴⁰⁾。審判所の組織は12の地域に分かれ，各地域には，大法官の任命する地域長（Regional Chairman）が置かれる。審判所は，その各地域の地域センターで開かれるほか，さらに12の常設センターとその他の特別のセンターで開かれる。審判所の行政的管理は雇用審判局（Employment Tribunals Service）が行う。その局長は商務大臣（President of the Board of Trade）によって任命される。申立ておよび判決の登録を管理保存する雇用審判所中央事務所があり，以前はすべての訴状が同事務所に送られなければならなかったが，1996年以降は地域の事務所に送られるべきこととなった。

申立て状には，原告の住所・氏名，被告の住所・氏名および求める救済の理由が記載されなければならない。これは，通常，雇用審判所事務所ないし地域の職業紹介所（Jobcentre）に備付されているIT１という書式に記入して行う。この申立て提起には一定の期間制限が設けられている。救済の対象にもよるが多くの場合は３カ月となっている。この期間内に申立てが提起されない場合でも，審判所が合理的であると思料する期間内の場合には審問がなされ得る。

(3) 雇用控訴審判所（Employment Appeal Tribunal）

雇用控訴審判所は，雇用審判所の控訴審として，事実の問題ではなく法律の問題を取り扱うほか，限られた範囲で，労働組合に対する一定の訴訟を取り扱う⁽⁴¹⁾。なお，1974年職場健康安全法（Health and Safety at Work etc. Act 1974）の是正通告（improvement notice）および禁止通告（prohibition notice）に関する控訴などは高等法院（イングランド）または民事上級裁判所（スコットランド）で取り扱われる。控訴は，控訴人が雇用審判所に控訴通告（Notice of Appeal）を提出することによってなされる。控訴の提起は，雇用審判所の判決または命令の理由書が控訴しようとする当事者に送られた日から42日以内になされなければならない⁽⁴²⁾。雇用控訴審判所は，審判長（裁判官）のほか，雇用審判所と同様に労使の代表者各１名ずつ２名また

---

(40) reg. 3.

(41) ETA, s. 21.

(42) Employment Appeal Tribunal Rules 1993, rule 3.

は2名ずつ4名（特に重要な事件）で構成される。当事者の合意があれば，審判長および他の1名の審判官ないし3名の審判官によって審問することができる。雇用審判所で審判長だけによってなされた判決の控訴については，雇用控訴審判所の審判長のみで審問がなされる[43]。審判長は，その都度，高等法院あるいは控訴院の裁判官の中から大法官によって指名される。他の審判官は，使用者の代表と労働者の代表で「労使関係に特別の知識ないし経験を有する者」であって，その都度，大法官と国務大臣の共同推薦に基づいて女王が任命する[44]。控訴審判所も訴訟代理人を必要とせず，通常，裁判・訴訟費用の支払いも命じないが，濫訴ないし不当な訴訟追行があったと考える場合は，裁判費用の支払いを命じることができる[45]。なお，雇用審判所と異なり，雇用控訴審判所の訴訟は法律扶助の対象となる[46]。また，雇用控訴審判所は，記録上位裁判所（superior court of records）であり，法定侮辱を処罰し，証人の出廷を強制できる[47]。なお，雇用審判所の侮辱は審判所の申請により合議法廷（divisional court）で処理される[48]。

第3節　その他の法律運用機関

(1) **助言斡旋仲裁局**（Advisory, Consoliation and Arbitration Service＝ACAS)

助言斡旋仲裁局は，1974年に創設されたもので，現在，「労使関係の改善を促進すること」を目的としている[49]。国務大臣によって任命される議長と公，労，使の各3名からなる三者構成の審議会によって指揮監督される。

---

[43] ETA, s. 28.

[44] s. 22.

[45] s. 33.

[46] Civil Legal Aid (General) Regulations 1989 (SI No. 339), reg. 149.

[47] ETA, s. 20.

[48] RSC Order 52, rule 1.

[49] Trade Union and Labour Relations (Consolidation) Act, s. 109.

政府の費用によって運営されるが，政府からの指示を受けない独立行政機関である。その主な機能としては，労使に対する助言，斡旋，仲裁のほか，前述の行為準則の作成，労使関係の調査があげられる。助言斡旋仲裁局は，毎年，多くの文書または口頭による助言を行っているが，1990年代には，毎年，50万件以上の問い合わせ（多くが電話問い合わせ）があったといわれる。斡旋についていえば，助言斡旋仲裁局が行う斡旋は，集団的労働関係の斡旋と個別的労働関係の斡旋とがある。集団的労働関係に関しては，同局は，当事者の一方の申立てまたは局自体の発意で「労働争議」解決のための便宜を与えることができる[50]。しかし，当事者の斡旋への参加は任意的なものであり，解決の条件を勧告することはできない。個別的労働関係の斡旋は，不公正解雇，各種差別，その他の制定法上の申立ては，審判所に申立て状が提出されると，その写しが使用者に送付されるとともに，助言斡旋仲裁局にも送付される。この場合，その斡旋官は，当事者の少なくとも一方が申請し，または，その申請がなくとも斡旋が成功する合理的な見込みがあると考える場合には，その申立てを処理するよう努力しなければならない。申立てを起こし得る者が申立て状を雇用審判所に提出する前に斡旋官に申請する場合も，訴状が提出されたものとして扱われる。これらの事件の解決のため，斡旋官は，苦情処理手続の利用促進の妥当性を考慮しなければならない。斡旋官が斡旋を行う際に知った事項は，それを伝えた当事者の合意を得ることなく審判所の手続において証拠として用いることはできない[51]。斡旋官を経由してなされた当事者の合意は，当事者を法的に拘束し，審判所の審理の対象とならない[52]。仲裁については，当事者の少なくとも一方の申請があり，かつ，そのすべての当事者が同意する場合には，助言斡旋仲裁局は，労働争議を同局が任命する者または中央仲裁委員会（Central Arbitration Committee）の仲裁に付することができる。この仲裁決定は法的拘束力を有しない。また，両当事者の同意がなければ，

---

[50] s. 210.

[51] ETA, s. 18.

[52] 例えば，ERA, s. 203 (2) (e).

同決定を公表することはできない⁽⁵³⁾。なお，1998年雇用権（紛争解決）法（Employment Rights (Dispute Resolution) Act 1998）は，助言斡旋仲裁局に不公正解雇の争いを仲裁によって解決する制度を設置する権限を与えた⁽⁵⁴⁾。

(2) 中央仲裁委員会（CAC）

中央仲裁委員会は，労使関係に関する仲裁のために1975年に設立された独立行政委員会である。必要な職員および施設は助言斡旋仲裁局が供与している⁽⁵⁵⁾。委員会は，委員長（chairman）のほか委員長代理（1名または複数名）を含むその他の委員（労使関係の経験の深い者）で構成される。委員には労使の代表としての経験を有する者を含む必要がある。これらの委員は，助言斡旋仲裁局の指名した者の中から労働大臣が任命する⁽⁵⁶⁾。強制仲裁としては，団体交渉に関する使用者の情報開示義務違反から生じた紛争の仲裁がある⁽⁵⁷⁾。このほか，中央仲裁委員会は，助言斡旋仲裁局からの依頼により，任意的仲裁も行う⁽⁵⁸⁾。これに加え，1999年雇用関係法（Employment Relations Act 1999）により，新たに導入した労働組合の法定承認手続の運営が委ねられることになった⁽⁵⁹⁾。この場合，中央仲裁委員会の委員長は，委員長ないし委員長代理，使用者の代表として経験を有する者および労働者の代表として経験を有する者の各1名ずつの，3名からなる1または複数の専門委員会（panel）を設置しなければならない。専門委員会が全員一致で決定できない場合は過半数の同一意見で決定し，それでも決定できないときは，専門委員長が決定する⁽⁶⁰⁾。

---

(53) TULRCA, s. 212.
(54) TULRCA, s. 212A and s. 212B: ERA, 203 (5).
(55) TULRCA, s. 259.
(56) s. 260.
(57) ss. 181-185.
(58) s. 212 (1) (b).
(59) s. 70A and Sch. A1.
(60) s. 263A.

(3) 認証官 (Certification Officer)

認証官は，1975年以来置かれてきたが，その任命は，雇用大臣が助言斡旋仲裁局との協議の後，行うこととされている[61]。その主な任務は，組合および使用者団体の登録簿の維持[62]，それらの団体が会計上の義務を履行することの確保[63]，組合が自主性を有しているか否かの判定[64]，組合選挙に関する苦情の処理[65]，組合政治基金に関する規則の履行の確保[66]，組合の合併の監視[67]などである。なお，保守党政権下で1988年雇用法（Employment Act 1988）に基づき導入された労働組合員権利促進委員（Commissioner for the Rights of Trade Union Members＝CROTUM）の制度は1999年雇用権法で廃止された。同委員は，一定の対組合訴訟において，労働組合員を援助することを目的として，組合員が法律家により助言を受け，または，代表・弁護されるよう手配しあるいはそのための金銭的援助をするものであった。しかし，その機能のほとんどが認証官の任務となった。また，この他に1993年労働組合改革雇用権法により創設された違法争議行為被害者援助委員（Commissioner for Protection against Unlawful Industrial Action）の制度があり，同委員は労働組合の違法争議行為により商品・サービスの供給が妨げられまたは遅滞せしめられ，あるいは，商品・サービスの質に影響が生じたことを理由として訴訟を提起しようとする者に対して，法律家の助言，代理・弁護の費用を負担し，または，被った費用・責任を補償する援助を行うこととされていたが，この制度も1999年法により廃止された。

- [61] s. 254.
- [62] ss. 2-4.
- [63] ss. 32-37.
- [64] ss. 5-9.
- [65] ss. 54-56A.
- [66] ss. 71-96.
- [67] ss. 97-107.

(4) 機会平等委員会 (Equal Opportunities Commission＝EOC)，人種平等委員会 (Commission for Racial Equality＝CRE) および障害者権利委員会 (Disability Rights Commission)

機会平等委員会は1975年性差別禁止法 (Sex Discrimination Act 1975)，人種平等委員会は1976年人種関係法 (Race Relations Act 1976)，障害者権利委員会は1999年障害者権利委員会法 (Disability Rights Commission Act 1999) によってそれぞれ創設され，それぞれの法律(ただし，機会平等委員会に関しては，1970年平等賃金法を含む)の実施を促進し，性的または人種的平等または障害者の平等を促進することをその任務とする。前2者については，いずれの委員会も委員長，1名ないし2名の委員長代理を含め国務大臣により任命される8名から15名の委員 (フルタイムまたはパートタイムの) で構成される[68]。障害者権委員会の場合は，その委員の総数は10名から15名とされており，その過半数が障害者でなければならないとされている[69]。

(5) 安全衛生委員会 (Health and Safety Commission)

同委員会は，職場の安全衛生の推進を指揮する機関として，1974年職場安全衛生法 (Health and Safety at Work etc Act 1974) により創設された。委員長のほか，労・使・公のそれぞれ3名の代表委員で構成される。その主な役割は，法律の履行の監視，法律の改正の提案，関係者への健康安全の奨励と助言，健康安全に関する情報普及と研究である[70]。

---

[68] SDA, s. 53; RRA, s. 43.
[69] DRCA, Sch. 1.
[70] HSWA, ss. 10-14.

第3章　個別的労働関係法

第1節　労働契約 (contract of employment)

[1] 定　義

(1)　労働関係の制定法は，多くの場合，その適用対象を「被用者 (employee)」に限定しているため，ある労働者が「被用者」に該当するか否かが問題となることが多い。この場合，「被用者」とは，「労働契約を締結し，または労働契約に基づいて労働する者（また，雇用終了後においては，労働契約に基づいて労働した者）」を意味するとされる。そして，「労働契約」とは，「雇用契約(contract of service)ないし徒弟契約(apprenticeship contract)」を意味し，「それが明示のものか黙示のものか，あるいは（明示の場合に）口頭によるか書面によるかを問わない」とされる[1]。「雇用契約」は，使用者の代位責任 (vicarious liability) を生ぜしめ，また雇用規約としての黙示契約条項 (implied terms) が当然に契約内容となっているものと解されることになる。徒弟契約は，労働者が使用者に雇われることだけではなく，指導・訓練を受ける権利を与えるものであるから，雇用契約と同一ではないが，同様に代位責任を生ぜしめるものと考えられる。また，徒弟契約は，雇用契約と異なり，その締結は，当事者の署名を付した書面で行う必要がある。また，契約上の権利・義務についても，コモン・ロー上，独自の法理が形成されている。なお，徒弟契約と同様に労働者に訓練を与えるものとして，1970年代後半から制定法上設けられた訓練制度に基づく訓練生(trainee)と訓練を与える事業主の関係は，その契約内容が当事者に

---

(1)　1996年雇用権法230条2項，1992年労働組合労働関係統合法295条など。

第1節　労働契約（contract of employment）

よって決められないので，徒弟契約でも雇用契約でもないとされた[2]。では，雇用契約か否かは，どのようにして決定されるのであろうか。従来，雇用契約該当性の問題は，主に，労働者の不法行為についての使用者の代位責任との関係で論じられてきたが，その判断基準としては，支配性基準（control test）が用いられていた。その中心的な要素は，使用者が労働の時間，場所および方法を決定しているかということであった。しかし，その後，労働技術の高度化による労働の仕方の変化，そしてより最近では，企業内外の非典型労働者の使用などにより，こうした単純な判断要素では，妥当な結論に至ることができなくなった。そこで，今日では，支配性基準に代わるものとして，幾つかの基準が適用されているが，決定的な基準が確立されているわけではない。しかし，代表的なものとして，統合性基準（integration test），経済的現実基準（economic reality test），相互性基準（mutuality of obligation test）および複合的基準（multiple test）があげられる。まず，統合性基準とは，労働者がその使用者の組織に完全に統合されているかどうかを判断基準とするものである。デニング判事にいわせれば，「（それらの事例に）共通する特徴は，雇用契約のもとでは，人は事業の一部として雇われ，その労働は事業の統合的部分としてなされるが，その他の労務供給契約（contract for services）に基づく労働も事業のためになされるが事業に統合されるのではなく，事業に付随するだけである」ということになる[3]。しかし，この基準は「統合性」の用語自体が曖昧なため多くの判例に支持されなかった。経済的現実基準とは，労働者が自己の利益のために（his or her own account）事業を行っているのか，それとも最終的な損失の危険と利益の機会を負う他人のために労働しているのか，によって決定しようとするものである[4]。しかし，作家や役者や歌手は通常の意味での自己の利益のための事業を有することなく生活費を得ているので

---

(2) Daley v. Allied Suppliers Ltd. [1983] IRLR 14 (EAT).

(3) Stevenson, Jprdan and Harrison Ltd. v. Macdonald and Evans [1952] TLR 101 (CA).

(4) S. Deakin & G.S. Morris, Labour Law (2nd ed.), p. 162 (Butterworths 1998).

あるから，この基準は専門的職業 (profession or vocation) に従事する者には余り役立たないとする批判もある[5]。相互性基準とは，一定の期間にわたり雇用関係を維持する契約当事者の相互的な約束が存するか否かを判断基準とするものである。この基準によると，経済的現実基準によれば雇用契約で雇われているとされ可能性のある者も被用者でないとされる可能性が強い[6]。複合的基準とは，以上のいずれの基準も1つひとつでは決定的とはいえないとの考えから，あらゆる要素を検討することにより判断すべきであるとするものである。マッケンナ判事によれば，次の3つの条件が整うと雇用契約の存在が肯定される。すなわち，「(i)労働者が賃金その他の報酬の対価として使用者のための何らかの労務の遂行のためその労働と技術を提供することに同意していること。(ii)労働者が，明示的または黙示的に，その労務の遂行において，その相手方を使用者と呼ぶにふさわしい程度において，その相手方の支配に服することに合意していること。(iii)その他の契約条項が雇用契約であることに矛盾しないものであること。」である。裁判例を検討すると，結局，裁判所は，その裁量により事案に応じ，さまざまな基準を適用しているようにみえる。具体的な判断要素としては，例えば，支配性基準で用いられた要素のほかに，契約当事者が雇用契約を締結する意思であったか，労働者が，投資，労働手段，危険の負担，利益の帰属などからみて自己の負担で独立に事業していたといえるか，相手方に仕事を提供する義務があったか，労働者が当該相手のためだけに労働していたか，労働者が自己の仕事の補助者を雇う自由があったか，など多様なものが用いられている。

(2) 以上のように多くの制定法において保護の対象とされるのは「被用者」であるが，最近の立法の中には，その立法目的から，より広い「雇用」の定義を採用することにより，過度に技術的な処理を回避しようとするものが出てきた。例えば，1975年性差別禁止法 (Sex Discrimination Act 1975) 82条および1976年人種関係法 (Race Relations Act 1976) 78条，1995年障害

---

(5) Hall v. Lorimer [1994] IRLR 171 (CA).
(6) Deakin & Morris, op. cit., p. 167.

者差別禁止法（Disability Discrimination Act 1995）68条は，雇用を次のように定義している。すなわち，「雇用契約，徒弟契約または何らかの仕事または労務を自身で行う契約に基づく雇用を意味する」としている。また，労働組合労働関係（統合）法の規定のほとんどが「被用者」ではなく「労働者」という文言を使用して，適用対象を拡張している。この「労働者」の定義は，次のようなものである。すなわち，「次の契約に基づいて労働し，通常労働しまたは労働しようとする個人——(a)労働契約（contract of employment）または(b)その職業的顧客ではない契約の相手方当事者に個人的に労働またはサービスをなしまたは遂行することを約するその他の契約，あるいは，……」としている（296条）。さらに，正当化されない賃金控除に関する1986年賃金法（Wages Act 1986）が使用し，後にそれを若干修正して取り込んだ1996年雇用権法230条は，「労働者」を次のように定義し，それと同じ概念が，1998年全国最低賃金法（National Minimum Wage Act 1998），1998年労働時間規則（Working Time Regulation 1998），2000年パートタイム労働者（不利益取扱防止）規則（Part-time Workers (Prevention of Less Favourable Treatment) Regulation 2000）などでも同一の定義がなされている。すなわち，これらの法律・規則では，「労働者」とは「次の契約を締結しまたはそれに基づいて労働する（すでに雇用が終了している場合には，それに基づいて労働していた）個人である。——(a)労働契約（contract of employment）または(b)明示または黙示を問わず，また明示であれば口頭または書面を問わず，当該個人がその職業的または営業的事業の顧客ではない契約の相手方当事者に個人的に労働またはサービスをなしまたは遂行することを約するその他の契約」をいうと定義されている。したがって，「労働者」とは，その契約の相手方と顧客関係にある真正に独立した事業を営む者を除く，労働またはサービス提供者をすべて包含し得る広い概念となっている。

［2］ 各種の労働者・被用者
(1) 児童および年少者

児童（義務教育年齢＝16歳以下）および年少者（義務教育年齢を超え18歳未満）の労働については，保守党政権の制定した1980年雇用法でその規制のほ

とんどが廃止されたが，ブレア労働党政権のもとで欧州連合の指令（EC Directive on the Protection of Young People at Work (EC/94/33)）の履行のため児童労働に関する改正が行われたほか（Children (Protection at Work) Regulations 1998），更なる改正が予定されている。また，後に指摘するように年少労働者の勉学または訓練のためのタイム・オフ制度がもうけられた（1996年雇用権法63A条）。現在，児童は，以下の場合には収入の有無を問わず，雇用できない。すなわち，14歳未満である場合，軽労働以外の労働の場合，修学時間終了前の場合，午後7時から午前7時までの場合，修学日および日曜日に2時間を超える場合，日曜日以外の修学不要日に15歳未満で5時間，それ以上の年齢で8時間を超える場合，修学不要週に15歳未満で25時間，それ以上の年齢で35時間を超える場合，1時間以上の休憩なく4時間の場合，学校休暇期間中に2週間の継続休息を得ない場合。また，1933年および1963年児童年少者法は，地方自治体に児童労働を制限する条例を制定する権限を与えている。また，1973年児童雇用法(Employment of Children Act 1973) は，地方自治体に両親または使用者から雇用方法，時間，期間の詳細を求める権限，その雇用が不適切または教育に害になると判断する場合，両親または使用者にその停止または改善を求める通告をなすことができる（2条）。

(2) **自営業者**（independent contractors or self-employed）

自営業者の中で，ことに，その割合が多いものに業務請負人(labour-conly sub-contractors) と家内労働者（homeworkers）がいる。

(A) 業務請負人

業務請負契約は，建築産業に特有なものであり，事業者のみならず労働者にも利点があるため，建築産業に一時急増したが，税法上の規制によりその数は減少するものとみられている。事業者にとっての利点は，社会保障などの拠出，税法上の手続，労働者に対する制定法上の諸々の義務を免れることであり，労働者にとっての利点は，自営業者として，税金や社会保障拠出が直接報酬から控除されないことおよび労働組合の規制を受けずに報酬を決定できることであるとされる[7]。

(B) 家内労働者

イギリスには，わが国のような家内労働の定義も，家内労働に関する特別の法律もない。イギリスで家内労働者という場合，住居内ないし住居を拠点とした自営業者を指している。婦人を中心とした典型的な家内労働のほか，フリーランサーなどどちらかというと男性に多い自宅を拠点とした自営業者を含めている。また，最近では，コンピューターなどを用いるいわゆるテレワークも家内労働のひとつとして考えられている。もっとも，このような広義の家内労働者をアウトワーカー（outworkers）と呼ぶこともある。

(3) 派遣労働者（temporary workers）

1976年雇用紹介および雇用事業の行為規則（Conduct of Employment Agency and Employment Businesses Regulations 1976）は，雇用紹介（労働者供給）事業者に労働者に労働条件記載文書を交付すること，およびその文書に労働者が雇用紹介事業者の被用者か自営業者かを記載することまで義務づけているが，判例は，その記載により雇用契約性が決定できるわけではないとしている。労働者が紹介業者に登録されても，紹介業者は，一般に，仕事を与える義務を負わず，労働者も紹介された仕事を受け入れる義務はなく，また紹介業者が労働条件を決定するわけではないから，この両者に雇用契約関係は成立しないとしている[8]。ところが，紹介業者が清算手続に入ったため紹介業者にその派遣労働者が未払賃金の立替払いを国に請求した McMeechan v. Secretary of State for Employment [1997]IRLR 353 (CA)では，当該労働者は一般的に被用者の地位を有しないが，実際に与えられた仕事に関しては被用者の地位を有し，それ故当該仕事の対価としての未払賃金の立替払請求権があるとした。この事件の労働者の被用者としての地位に関する主張は，賃金に関する特定の契約に限られていた。また，紹介先企業が雇用紹介事業者に代金を支払い，雇用紹介事業者が労働者に

---

(7) C.J. Carr & P.J. Kay, Employment Law (6th ed.), pp. 22 (Pitman 1994).

(8) Wickens v. Champion Employment Agency Ltd [1984] ICR 365 (EAT).

報酬を支払う場合には，紹介先企業との間にも雇用契約は成立しないと考えられる。すなわち，紹介先企業は労働者の労役のユーザーに過ぎないとされるのである。ただ，紹介先企業は労働者の仕事の内容および仕方を支配しているのであるから，使用者としての代位責任（vicarious liability）を負い，当該労働者が起こした第三者に対する損害に対する賠償責任を負うのみならず，当該労働者の労働災害に関する責任を負うことになる[9]。紹介先企業が直接労働者に報酬を支払う場合には雇用契約が成立すると思われるが，もし，労働者が専門的な技術や知識を有し，労務指揮ができない性格のものである場合には，雇用契約の存在が否定されることになると思われる。いずれにせよ，派遣労働者の地位は極めて不安定なままに置かれている。なお，従来，雇用紹介業者を営むためには国務大臣の許可が必要とされていたが，現在では，国務大臣が雇用審判所へ不適切な紹介業を営む者の業務を禁止する命令を求めることができる制度に変更されている。この命令による禁止の最長期間は10年とされ，その違反は犯罪となる（Employment Agencies Act 1973, ss. 3A-3D）。現在，職業紹介業者の活動については，1976年雇用紹介および雇用事業の行為規則によって，秘密保持義務，紹介先の情報に関する文書付与義務，紹介先へ直接雇用される権利，紹介先により支払いを条件とする報酬支払いの禁止，争議先への紹介禁止など比較的簡単な規制がなされているが，1999年雇用関係法は，国務大臣に職業紹介業の活動を規制するより広範な規則の制定権限を与えた（1999年法付則7）。そして，1999年4月には1976年規則と同名ではあるが，より広範かつ本格な規定を包含する規制を包含する規則案を伴う協議文書が公表されたが未だ成立に至っていない。

(4) **借出し被用者**（borrowed employees）

イギリスにおいても，ある使用者に雇われている労働者を，他の使用者が，当該労働者の合意を前提として，借り出すことがある。この場合，借り出された労働者が，どちらの使用者の指揮・支配下にあるのかにより，

---

[9] Denham v. Midland Employers' Mutual Assurance Ltd. [1955] 2 QB 437（CA）.

この労働者の引き起こした事故により生じた第三者に対する代位責任を負う使用者が決定される。一般に，クレーンとその操縦士を一緒に借り出したような場合，前の使用者が，責任を負う者と推定されるとされているが[10]，半熟練ないし未熟練労働者の借出しの場合には，後の使用者が責任を負う者と推定されるようである[11]。

(5) 短時間被用者

従来，労働時間が1週間16時間以下の労働者を労働保護法制から適用除外していたが，これは1995年雇用保護（パートタイム被用者）規則（Employment Protection (Part-time Employees) Regulations 1995）によって廃止された。その後，欧州共同体のパートタイム労働指令（97/81/EC）に基づき，イギリス政府は1999年雇用権法（Employment Rights Act 1999）にパートタイム労働者の保護のための規定を定めた。同法42条2項の規定に基づき，2000年に後述するパートタイム労働者（不利益取扱防止）規則が制定された（本章第4節[6]参照）。

(6) 有期被用者

不公正解雇および剰員整理手当との関係では有期契約（期間の定めのある契約）の期間満了による雇止めは解雇とみなされるが，剰員整理手当に関しては，2年以上の期間を定めている場合は，当事者は書面で解雇規制の保護を放棄することができる[12]。

(7) 公的部門の労働者

ここで公的部門の労働者というのは，国家公務員（civil servants），軍人（armed forces），国会職員（parliamentary staff），警察官（police），地方公

---

(10) Mersey Docks and Harbour Board v. Coggins and Griffith (Liverpool) Ltd [1947] CA 1 (HL).

(11) Garrard v. Southey & Co. and Standard Telephones and Cables Ltd [1952] 1 All EA 597 (QB).

(12) Employment Rights Act 1996, s. 197 (3).

共団体職員，国民健康局職員，教員，国営企業の職員などである。しかし，イギリスではわが国のような一般的に適用される公務員制度は存在しないといってよい。にもかかわらず，例えば，国家公務員や国会職員が必ずしもコモン・ロー上の雇用契約で雇われているとは考えられていないとか，制定法上の被用者保護の規定が個々的に国家公務員，軍人，国家公安委員，国会職員に適用を排除されていたりするという意味で重要である。しかし，これらの労働者のすべてについて，その法的地位と保護の状態を考察することは，筆者の能力と本書の目的をはるかに超えるものである。そこで，ここでは，これらの公的労働者のいくらかにつき，その地位と保護を概観しておきたい。

(A) 国家公務員

一般に国王の使用人たる国家公務員は，コモン・ロー上，国王の随意で雇用されているとされ，予告も理由もなく解任することができることになっている[13]。このため，ゴッダード卿判事は，Inland Revenue Commissioners v. Hambrook [1956] 2 QB (CA) で，「国家公務員は職に任ぜられ，公職者となり，議会によって報酬が支払われるのであるから，その雇用は国王との契約ではなく国王の任命に基づくものである」と述べた。しかし，それ以前にも国家公務員と国王との間にはなんらかの契約が存在することを示唆する判例があるほか[14]，その後にもこれと類似する判例がでてきた[15]。そして，R v. Lord Chancellor's Department, ex parte Nangle [1991] ICR (HC) のように，高等法院の合議法廷 (divisional court) が任命文書の客観的解釈から雇用契約が存在したと判示した例もある。しかし，国家公務員が雇用契約により雇い入れられている者ではないとしても，制定法上のほとんどの労働者保護規定が適用されるようになっている。なお，国家公務員には，各省庁共通の国家公務員管理準則 (Civil Service Manage-

---

[13] Dunn v. The Queen [1896] 1 QB 116 (CA).; Council of Civil Service Unions v. Minister for the Civel Service [1985] IRLR 28 (HL).

[14] Reilly v. R [1934] AC 176 (PC).

[15] R v. Civil Service Appeal Board ex parte Bruce [1989] ICR 649 (HC).

ment Code) および各省庁ごとの職員労働条件便覧 (Staff Terms and Conditions Handbook) が適用され，詳細な労働条件と不服申立権が保障されている。

(B) 軍　人

軍人も国王の使用人に該当する者と考えられる。そして，労働組合員資格に関する規定を除き，他の国王の使用人が享有する制定法上の権利規定のほとんどが適用されている。また，軍人は，例えば，1976年人種関係法75条と1997年人種関係（雇用審判所の訴訟）（軍隊）規則といったような差別禁止法に関する規則の適用により，ほとんどの差別禁止法制の保護を受けることができる。なお，軍人の役務などについては，1955年陸軍法 (Army Act 1955)，1957年海軍規律法 (Naval Discipline Act 1977)，1966年，1991年および1996年軍隊法 (Armed Force Acts 1966, 1991 and 1996) が適用される。

(C) 国 会 職 員

国会職員も国王の使用人であるが，国家公務員とは区別された独自の範疇である。国会職員の特別な地位は国会特権 (parliamentary privilege)，すなわち，裁判所の干渉を受けずに自己の業務を運営する国会の両院の権利に由来する。国会特権の原則の基礎は，1688年権利章典 (Bill of Rights 1688) 9条である。裁判所は，これを議院の内部問題のすべてに拡大した。国会職員は雇用契約で雇用されているとは考えられないというのもその結果であるということもできる[16]。したがって，特に反対の規定が制定されない限り，労働保護立法は適用されないとされる。しかし，実際には，ほとんどの保護立法が適用する旨を定めた規定を置いている。

(D) 警 察 官

警察官は，地方警察機関によって賃金を支払われ，警察本部長 (chief constable) の指揮監督の下に置かれており，国家公務員と同様な意味で国王の使用人ではあり得ない。にもかかわらず，1989年公的機密法 (Official Secrets Act 1989) は，国王の使用人の記述の中に警察官を含めている。す

---

[16] S. Fredman & GS Morris, The State as Employer, p. 73 (Mansell, 1989).

なわち，警察官は国王の役務にないが国王のもとで職を保有している（hold office）ということになる。そこで，自然的正義の保護を受け，警察官は理由なく解雇されず，国家公務員より広範な保護を有する「公職保持者＝オフィス・ホルダー（office-holder）」とされるのである（第3章第11節[2]および第4章第3節[1]参照）。

[3] 労働契約の締結

(1) 契約様式の自由——原則として，書面性は要求されない。ただ，1996年雇用権法1条から7条および11条と12条により，使用者は，雇用開始から2カ月以内に，1カ月以上の勤続を有する被用者に対して，一定の労働条件についての書面（前述した労働条件記述書）を交付することを義務づけられている。そのうち，労使の氏名，雇用開始日，雇用継続期間，賃金・労働時間の詳細，休暇条件の詳細，職名またはその内容，勤務場所の詳細は，1つの書面に記載されなければならない。労働条件記述書の労働条件の変更は，変更後1カ月以内に書面によりなされなければならないとされる。使用者が労働条件記述書を交付せず，または，誤った内容の記述書を交付した場合には，被用者は，雇用審判所に対し，記述書に記載されるべき労働条件の特定または修正を求めることができる（同法11条）。

(2) 労働者選択の自由——原則として，使用者は採用の自由を有しているといえるが，次のような重要な制定法上の規制がある。
 (i)性別，人種または障害を理由として差別してはならないこと。(ii)有罪判決後一定期間重大な犯罪を犯していない労働者をその有罪判決またはその事実の秘匿を理由として差別してはならないこと（ただし，この場合の法的効果は定められていない）。(iii)労働組合の組合員であること，または，組合員でないことを理由に差別してはならない。

(3) 契約内容の自由——当事者は，原則として，内容決定の自由を有しているが，次のような制定法上の規制がある。
 (i)使用者は自己の過失による労働者の死傷の責任を制限することはできず，労働者の財産的損害に関する自己の責任を，その制限が諸般の事情に

第1節 労働契約 (contract of employment)

照らして合理的な場合を除いては，制限することはできない[17]。(ii)使用者は，性別，人種，障害およびパートタイム労働者の差別を禁止する制定法の規定に違反する内容の契約をしても原則として無効である[18]。(iii)制定法上の権利を除外または制限する契約をしても原則として無効となる[19]。(iv)使用者は，被用者が裁判所または雇用審判所へ訴えを提起する権利を剥奪する内容の契約をしても原則として無効となる[20]。しかし，1996年雇用権法上の定める賃金控除，保証手当，解雇理由書，剰員整理手当，不利益取扱い (detriment)，タイム・オフ，休職 (suspension)，不公正解雇に関する訴訟手続に訴えないとの和解契約は，次のような条件を満たす場合には，有効とされる。すなわち，その契約は，(a)書面のもので，(b)特定の訴訟に関するもので，(c)適切な独立したアドバイザーの助言を得たもので，(d)その助言の結果生じる損害のリスクをカバーする保険契約または補償契約が存し，(e)当該アドバイザーを特定したもので，かつ(f)1996年法のもとで要求される当該和解契約の条件が満たされていることを言明するもの，でなければならない[21]。

(4) 契約内容変更の自由——当事者が合意する限り自由である。使用者による一方的な変更があったにもかかわらず，被用者が異議を述べずその変更された契約内容で，長い間，働いていた場合には，黙示的な合意が推定される場合がある。裁判所は，被用者の黙示の合意を認めるのには慎重であるが，他方で，当初の契約条項を柔軟に解釈して争いを解決しているようにみえる。また，使用者が特定の契約条項を一方的に変更できる権利を明示的に留保している場合には，例外的に，一方的に変更できる。例え

---

[17] Unfair Contract Terms Act 1977, s. 2.
[18] Sex Discrimation Act 1975, s. 77など。
[19] Employment Rights Act 1996, s. 203; Trade Union and Labour Relations (Consolidation) Act 1992, s. 288; National Minimum Wage Act 1998, s. 49など。
[20] Ibid.
[21] ERA, s. 203 (3).

ば，ボーナス制度の運用およびその調整をする権利を使用者に与える趣旨の条項に基づき，使用者にボーナスの額を一方的に削減する権利を認めた判例がある[22]。もっとも，控訴院が傍論として，被用者に与えられた権利の一方的変更が不当な結果を生むような場合，裁判所は契約の解釈としてそのような結果を回避する旨述べた判例がある[23]。

(5) 契約終了の自由——契約の終了も，原則として，当事者が合意する限り自由である。もっとも，使用者による一方的な終了（解雇）は，制定法上，厳しく制限されているため，雇用審判所は，真に労働者の合意があったといえるか否かを慎重に判断している。

[4] 労働契約の内容
(1) 明示的契約条項と黙示的契約条項

契約内容は，基本的には，当事者が明示的な合意をしたか（明示的契約条項）による。明示的契約条項が，労働協約や就業規則などを明示的に契約内容に取り込んでいる場合がある。いわゆる，明示的橋渡し条項（bridging term）によるものである。場合によっては，労働協約条項や職場慣行が個々の契約条項になる旨の黙示の合意があったとされることもあり得よう。しかし，裁判所が，より一般的に行うことは，コモン・ロー上の黙示的義務条項の個々の契約への読み込みである。どのような黙示条項があるかは，後に詳述することとして，ここでは，黙示条項と明示条項の関係について述べておきたい。

黙示条項は，一般に，明示条項がない場合に，それを補充するものとして機能する。しかもそれは，当該契約にその予定していた効果（business efficacy）を与え，かつ，公正な第三者（officious bystander）の視点からそれが当然であると思われるものでなければならない[24]。まして，明示条項の内容を否定したり[25]，それを合理性や誠実（good faith）の原則により制

---

[22] Airlie v. City of Edinburgh District Council [1996] IRLR 517 (EAT).

[23] Wandsworth London Borough Council v. D'Silva [1998] IRLR 193 (CA).

[24] Liverpool County Council v. Irwin [1977] AC 239 (HL).

第1節　労働契約 (contract of employment)

限的に解釈することはできない[26]。しかし，この原則は，しばしば，困難な問題を引き起こす。例えば，Johnstone v. Bloomsbury Health Authority [1991]IRLR 118 (CA)では，病院の医師である被用者が，過重な労働時間により健康が害されたとして損害賠償および，彼の雇用契約は健康を害するほど長時間働くことを義務づけるものではない旨の確認判決を求めた。実際，その契約は，1週の基本的労働時間を40時間とし，加えて，48時間の呼び出し時間外労働時間を定めていた。彼は，安全に対する使用者の合理的注意義務違反であると主張した。判決は，2対1の多数で，使用者は，安全衛生注意義務の制限に服してのみ契約上の権利を行使できるとした。少数意見のLeggatt判事は，明示条項は黙示条項により制限できないとし，Stuart-Smith判事は，これに反対し，明示条項は，使用者の契約上および不法行為法上の安全注意義務を排除することはできないとした。また，Browne-Wilkinson判事は，明示条項と黙示条項は，矛盾なく両立でき，この場合，明示条項の効果は，黙示的安全注意義務により狭められるが，時間外労働の合意は，単に使用者に呼び出しの権利を与えるだけであって，この権利の行使は被用者の健康に与える影響を配慮して合理的に行使されるべきであるとした。

この判決にコメントを加えたDeakinおよびMorrisは，Stuart-Smith判事の見解を支持する根拠として4つの考え方をあげ，4番目の見解が合理的と主張している。第1は，契約上の黙示的義務であると同時に不法行為法上の注意義務であるところの使用者の義務が通常はこの種の不法行為法上の義務を否定するために必要とされる公式の適用排除ないし除外条項の形式を踏まない明示的契約条項によって制限され得るとするのは妙なことであるとするもの。第2は，当該契約条項が使用者の不法行為法上の注意義務を制限するものであるとすると，その義務は被用者の身体の健康と安全に関係するものであるが故に，その条項は1977年不公正契約条項法第2条1項により無効となるとするもの。第3は，明示条項の効力は，公序 (public policy) によって制限されるとするもの。第4は，契約は，その存

---

(25)　Deeley v. British Rail Engineering Ltd. [1980] IRLR 147 (CA).
(26)　Express Lifts Co. Ltd. v. Bowles [1977] ICR 174 (EAT).

立の基礎となっている相互信頼を損なってはならないという内容の制約不可能な使用者に対する義務を内包しているとするものである[27]。

(2) コモン・ロー上の黙示的義務条項

コモン・ロー上，労働契約は，明示の約定がなければ，使用者がその経営特権 (managerial prerogative) により，その内容を決定できるとするものと捉えることができる。そして，コモン・ロー上の黙示条項は，こうした経営特権を支持するものが中心的であるが，後にみるように，労働者の保護に繋がる黙示条項がないわけではなく，むしろ最近ではそうした黙示条項を積極的に認める傾向がある。例えば，使用者の安全に関する合理的注意義務は，当初は不法行為上の義務とされていたが[28]，その後，契約上の黙示義務でもあるとされるようになった[29]。従来は，被用者に対してのみ認められてきた誠実ないし忠実義務が今日では使用者にも認められるようになった[30]。以下，労使の主要な黙示的義務条項をあげておきたい。

(A) 被用者の義務

(a) 協力義務

被用者は，誠実に使用者に仕え，忠実に行動しなければならないとされる。この広範な誠実・忠実義務のもう少し具体的内容として，以下にみるような各種の義務が含まれるのである。その1つとして，最初にあげられるのが，協力義務である。典型的な例として，Secretary of State for Employment v. ASLEF (No. 2) [1972] 2 QB 455 (CA) があげられる。この事件では，組合が就業規則を遵守し時間外労働を行わないという戦術をとったが，組合は，被用者は就業規則を文字通り遵守しただけのことであるから，労働契約違反にはなり得ないと主張した。しかし，控訴院は，この主張を斥け，すべての労働契約には，被用者は誠実にその使用者に仕

---

[27] S. Deakin & G.S. Morris, Labour Law, p. 221 (Butterworths 1995).

[28] Wilsons & Clyde Coal Co. v. Eglish [1983] AC 57 (HL).

[29] Lister v. Romford Ice and Cold Storage Co. Ltd. [1957] AC 555 (HL).

[30] Woods v. Car Services [1982] IRLR 413 (CA).

え，かつ使用者の営業利益を追求すべきである旨の黙示の義務が内在すると判示したのである[31]。また，Sim v. Metropolitan Borough Council [1978]Ch. 216 (QB) では，教員が病気で欠勤している同僚の仕事を争議行為の一環としてカバーしなかったことが，労働契約違反とされた。同事件では，労働契約は，全国協約で詳細に決められていたが，裁判所は，それらの約定は詳細かつ包括的ではあるがそれは個々の労働契約で教師に課せられる義務を詳述したものではなく，その専門性と公共の期待により設定される職業的基準に基づく黙示の義務があるとするのが妥当だとしたのである。

(b) 適法な命令に従う義務

適法な命令に従う義務が労働契約おいて基本的な義務であることはいうまでもない。laws v. London Chronicle Ltd. [1959] 1 WLR 698 (CA)において，控訴院は「適法かつ合理的な命令に対する意図的な不服従は，労働契約に基本的な条件，すなわち，サーヴァントはそのマスターの適正な命令に従わなければならず，それに従わない限り，その関係は，いわば根本的に破壊されてしまうのである」と述べている。したがって，被用者が従わなければならない命令は，適法で合理的なものに限定されることになる。まず，その命令が，違法なものであれば従う義務がないのは当然である。Morrish v. Henlys (Folkestone) Ltd. [1973]IRLR 61 (NIRC)では，ジーゼルオイルを汲み出す仕事に従事している被用者は，その汲み出し量につき虚偽の記載を放置するよう命ぜられる義務はないとされた。また，被用者の生命の危険を伴うような命令も適法なものとはいえない。Ottoman Bank v. Chakarian [1930]AC 277 (PC)では，銀行が，トルコ軍による死刑を危うく逃れたアメリカ人被用者に対し，トルコにとどまるように命ずることは，使用者の契約上の権限内にはあるが，被用者の危険に鑑みれば，被用者はこれに従う義務はないとされた。このように不合理または違法といえない場合，個々の労働契約における被用者の義務の確定が必要となる。しかし，イギリスの労働契約においては，明示的に広い職務上

---

(31) 類似のケースとして，Ticehurst v. British Telecommunication plc. [1992] IRLR 219 (CA)参照。

の義務を被用者に課しているものは少ない。しかし，ごく希に，使用者の命ずる職務はすべて行わなければならないといった包括的な契約条項を置いている例もある。こうした場合には当然のこととして，限定解釈が行われる。Haden v. Cowan [1982]IRLR 314 (CA)では，「合理的にみて被用者の能力の範囲内にあるあらゆる職務」を遂行するといった例外的な規定は，その被用者の主要な仕事に照らして解釈されなければならないとされた。また，明示の移動条項がある場合には配転命令に従う義務があるとされる。さらに，そのような規定がなくとも，産業や職務の性格，雇用の経緯などから黙示的な移動条項を読み込むこともあるが，Courtaulds Norther Spinning Ltd. v. Sibson [1988]IRLR 305 (CA)では，その移動義務を家から通える範囲内で認めた。

(c) 合理的注意と技術を用いる義務

まず，被用者は使用者の財産に対し合理的な注意を払う義務がある。Superlux v. Plaised (Times, 12 December 1958) では，セールスマンが不注意でバンのロックをしなかったため，掃除機の在庫が盗まれたのは，合理的注意義務の違反とされた。被用者は，その仕事を予定された程度にこなす義務があり，これに達しない場合には契約上の義務違反になるとされる。また，被用者は，その職務遂行上の不注意で第三者を傷つけない義務を有するとされる[32]。

(d) 賄賂などを受け取らない義務

被用者は，その仕事の遂行に関して，使用者以外の者から不当に金銭を受領しない義務を負うとされる。Boston Deep Sea Fishing and Ice Company v. Ansell [1888]39 Ch. 339 (CA)では，被用者がその使用者と造船所との契約に関し，使用者に内緒で造船所からコッミッションを得たことが，労働契約の重大な義務違反とされた。しかし，例えばチップのように，使用者が顧客からの金銭の受領を認めている場合には，義務違反が生じないことはいうまでもない。

(e) 使用者の秘密（confidential）情報を開示・使用しない義務

---

[32] Lister v. Romford Ice and Cold Storage Co. Ltd.[1957] AC 555 (HL).

第1節　労働契約（contract of employment）

　被用者は，雇用期間中に得た使用者の秘密の情報を開示しない義務を負うが，この義務は雇用期間中はもとより，雇用関係の終了後も継続するとされる。この義務については，Faccenda Chicken Ltd. v. Fowler [1987] Ch. 117 (CA)で，控訴院が詳しく論じている。原告は鳥肉販売等を業とする会社であり，被告はその元社員である。被告は，原告会社の販売マネジャーとして雇用されていたが，冷凍車を使って新鮮な鳥肉などを販売する競争会社を設立するために他の8人の被用者とともに原告会社を退職した。しかも，被告会社の顧客は，そのほとんどが元原告会社の顧客だったため，原告会社がその価格および顧客に関する販売情報を不法に使用したとして被告に対し損害賠償を請求したものである。控訴院は，秘密の情報を開示・使用しない義務は，被用者が雇用関係を離れた後には雇用期間中より縮減されるとした上で，原告会社の訴えを斥けた。控訴院は，秘密の情報を2つのタイプに分類した。1つは，営業秘密と同様に扱うべき秘密性の高い情報であり，被用者は雇用関係終了後もその開示・使用を禁止される。もう1つは，秘密性のそれほど高くないものであって，雇用期間中は，開示・使用は義務違反となるが，雇用関係終了後は義務違反とならないタイプである。使用者がその開示・使用を禁止するためには，雇用関係終了後にその禁止を義務づける制限的約款を必要とする。この制限的約款に関しては，別の節を設けて説明することとして(第14節参照)，論述をここではそれ以外の点に限定する。

　要するに通常は，労働契約終了後には，使用者の利益は保護されにくいということである。しかし，雇用終了直前の場合は，この限りではない。Robb v. Green [1895] 2 QB 315 (CA)では，辞職前に使用者の顧客リストを写して，同一の事業を興し，そのリストの顧客を勧誘した元マネジャーに対する元使用者の差止命令が認められた。次に，保護されるべき秘密の情報はどのようなものかが問題となる。まず，法的に使用者の財産とみられる情報，すなわち営業秘密，秘密工程，顧客リスト等がある。これに加えて，Marshall (Thomas) (Exports) Ltd. v. Guinle [1979] Ch. 227 (CD)で，裁判所は，使用者が秘密として取り扱い，その開示が使用者の営業を害する情報も，次の判断要素によりその保護の必要が判断されるべきであるとした。すなわち，情報の所有者がその開示が競争者を利し自己を害す

ると信じる合理性があること。秘密でありかつまだ公にされていないと信じる合理性があること。それらが特定の業種ないし産業の慣行を念頭にいれて判断されることである。

被用者が雇用期間中に学んだ情報と秘密の情報の限界線の問題がある。Printers & Finishers Ltd. v. Holloway [1964]3 All ER 731 (QB)では, 元マネジャーが元の会社の雇用において, フロック印刷工程の知識, フロック印刷装置の使用技術を修得したほか, その会社から得た書類からも情報を獲得した。元会社の請求に対し, 裁判所は, 書類から得た情報についてのみ情報の使用差止めを認めた。

(f) 競業避止義務

被用者は, 雇用期間中に, その使用者の競争会社のために働いてはならない義務を有する。Hivac Ltd. v. Park Royal Scientific Instruments Ltd. [1946]Ch. 169 (CA)では, その使用者の競争会社に対する当該被用者の将来の雇用を差し止める命令が認められた。これに対し, 競争会社とは関係のない雇用に関する兼業避止の義務は, その雇用のために当該会社の仕事が十分にできないような場合に生じ得るが, これは, 前述の合理的な注意と技術を用いる義務に分類されよう。

(g) 雇用期間中の発明を開示しその権利を放棄する義務

この義務は, 被用者が使用者の営業利益を追求すべきであるという誠実義務によって説明される[33]。しかし, 今日では, この黙示的義務の意義はほとんど薄れてしまった。その理由は, 1977年特許権法および1988年著作意匠特許権法により変革されたからである。被用者による発明は原則として権利として当該被用者に帰属するが, 1977年法39条は, ただ, 次の2つの場合は, 例外的に使用者に帰属する。(i)発明が被用者の通常の任務の遂行過程でなされ, あるいは通常の任務ではなく特別に与えられた任務の遂行過程でなされ, かつどちらの場合も発明がその任務の遂行に起因する場合, または, (ii)発明が被用者の任務の遂行過程でなされ, かつ発明時に被用者がその使用者の事業場の利益を追求する特別な義務を有していた場合である。発明の権利が使用者に帰属する場合でも, 同法40条は, 次の2つ

---

[33] British Syphon Co. Ltd. v. Homewood [1956] 1 WLR 1190 (CA).

の場合には，被用者は特許裁判所または特許事務所の補償申請をなすことができるとしている。(i)同法39条により発明は使用者の権利に帰属するが，使用者に過分な利益となる場合，または，(ii)発明は被用者の権利に帰属するが，被用者がその権利を発明から得ることができる利益に比して不十分な補償金で使用者に譲渡した場合である。1988年法11条は，著作権は，原則として，その著者に帰属する。ただし，著作が雇用遂行過程で被用者によってなされ，当該被用者がその著作のために雇用された場合には，反対の合意のない限り，著作権はその使用者に帰属するとしている。

(B) 使用者の義務
(a) 仕事を与える義務

使用者の仕事を与える義務は，被用者の就労請求権に対応するものである。しかし，イギリスでも，原則として，そうした義務はないとされる。Collier v. Sunday Referee Publishihg Co. Ltd. [1940]2 KB 647 (KB)において，アスキス判事は「労働契約は，当然に，あるいは一般的に，サーヴァントに仕事を与える義務をマスターに課すものではないというのが真実である。もし私が調理人に定期的に賃金を支払うなら，調理人は私が食事の全部ないし一部を外でとることに苦情を述べることはできない」と述べている。しかし，これは原則であって例外がないわけではない。例えば，次のような例外が判例上明らかになっている(ただし，結局，損害賠償の問題に帰する)。(i)俳優やコメディアンのように特定の仕事が与えられないことがその者の社会的評価または人気を低下させるような場合[34]。(ii)被用者の賃金が歩合制になっていたり，売り上げに応じたコッミッションの支払いを受ける権利がある場合など，仕事を与えないことが被用者の賃金の減少を招きまたはその恐れがある場合[35]。(iii)例えば，徒弟などのように，技術の維持向上のため実際に仕事を行う必要がある場合[36]。

(b) 賃金支払義務

使用者が賃金の支払義務を負うのは当然のことであり，賃金額について

---

[34] Herbert Clayton & Jack Waller Ltd. v. Oliver [1930] AC 209 (HL).
[35] Turner v. Goldsmith [1891] 1 QB 544 (CA).
[36] Langston v. AUEW [1974] IRLR 182 (NIRC).

の明示の条項がおかれるのが通常である。しかし，労働契約が賃金の額について何の定めもしていないような場合には，合理的賃金が支払われるとの黙示的条項が読み込まれなければならない。この場合，通常，被用者の提供役務相当金額の請求（action for quantum meruit）に基づいて，裁判所がその労働の価値を決定することになる。むしろ，問題は，使用者が被用者に与えるべき仕事がない場合に，被用者の賃金請求権はどうなるのかである。コモン・ロー上，労働者が仕事をする用意がある限り使用者は賃金を支払う義務があるというのが一般的原則である。したがって，通常は，仕事がなくても使用者は，被用者に賃金を支払う義務があるという黙示的条項があるということになる。しかし，仕事の不存在の原因が使用者の支配力の外にある場合には，使用者は賃金支払義務を免れるという黙示的条項があるとされるのである[37]。もっとも，これは黙示的義務であるから明示の規定を置くことによって，反対の結果に導くことができる。Hulme v. Ferranti Ltd. [1918] 2 KB 426 (KB) では，仕事がない場合には賃金は支払わない旨の規定に基づき，レイ・オフの期間は賃金請求権が存しないと判示された。なお，制定法上の賃金支払いに関する使用者の義務については別に1節を設けて説明する（本章第2節参照）。

(c) 信頼関係を維持する義務

すでに述べたように被用者は，使用者の営業利益を追求するように行動する協力義務を有する。これに対し，使用者が労働者に対して協力義務を有することが判例上明らかにされるようになったのは，不公正解雇制度（後述）の導入以後のことである。この義務が，裁判所により明確に認知されたのは，Woods v. WM Car Services Ltd. [1981] IRLR 347 (EAT) においてである。この事件で，ブラウン・ウィルキンソン判事は，使用者には「合理的かつ正当な理由なく，労使の信頼関係を破壊しまたはひどく毀損することを企図または予想して行動してはならない」という黙示の義務が存すると述べた[38]。また，同事件の上訴審で，控訴院のデニング記録長官 (Master of the Rolles) は，「使用者はその被用者に対して誠実で思いやり

---

[37] Browning v. Crumlin Valley Collieries [1926] 1 KB 522 (KB).
[38] [1982] IRLR 413 (CA).

がなければならない。被用者が誠実かつ忠実でなければならないのと同様に使用者も誠実で思いやりがなければならないのである。そして，かつて被用者の非行が解雇を正当化するような咎とされたのと同様に，使用者の非行も被用者が予告なく直ちに辞職することを正当化するような咎とされ得るのである」と述べた。この義務違反の例としては，被用者に対する罵倒侮辱や性的嫌がらせ，被用者の安全衛生に対する苦情の放置，被用者が精神検査を受けるように強く主張したことなどである[39]。また，極めて不当かつ専断的に同僚の被用者より低い賃上げを行うことは契約違反になるとする判決がある[40]。

(d) 安全注意義務

使用者には，合理的にみて予測できる危害から被用者を保護する安全注意の黙示的義務があるとされる。使用者の安全衛生に関する義務は，制定法により厳しく定められているが，ここでは，コモン・ロー上の義務に限定して論ずる。

ただ，ここで注意しなければならないことは，この義務は，従来は，不法行為法上のネグリジェンスを肯定するために使用されてきた。そして，労働災害に関する民事訴訟などは，この義務に基づいて発展したネグリジェンスの法理に依拠している。しかし，最近では，不公正解雇を肯定するために使用されるなど，使用者の契約上の黙示的義務として労働契約にとりいれられてきており，不法行為法上の安全注意義務の基準は労働契約上も同様に妥当するというべきである。実際，Walker v. Northumberland County Council[1995]IRLR 41 (HC)で，Coleman 判事は，「使用者が被用者に合理的な安全作業体制を与え，かつ合理的にみて予測可能な期間から被用者を保護するための合理的な措置を講ずる義務を有することは明らかな法である。この義務の範囲に関する法は精神的負傷から区別された身体的負傷の事案でもっぱら形成されてきたが，精神的負傷の危険が使用者の安全注意義務の範囲およびそれと同一範囲の労働契約上の黙示的義務から排除されなければならない合理的な理由は存しないのである」と述べて

---

[39] 小宮文人『英米解雇法制の研究』69〜70頁（信山社，1992年）。

[40] Bridgen v. Lancashire County Council [1987] IRLR 58 (CA).

いる。したがって，コモン・ローの基準は，ネグリジェンスの基準であり，使用者は予測される危害を防止するためにあらゆる努力をしなければならないことになる。例えば，Latimer v AEC [1953]AC 643 (HL)では，工場が暴風のため水浸しとなり，使用者は工場の床は危険なところがあるとの警告をしながらも，被用者の職場復帰を求めた。使用者は床におがくずをまいたが，工場全体にまくには不十分だったので，原告被用者は，おがくずのまいてないところで，滑って負傷した。裁判所は，工場の床が乾くまで工場を閉鎖する方法があるがそれを使用者に期待するのは不当であるとし，使用者は，合理的になすべきすべてをなしたと判示した。

　この義務は，各労働者に個別的に負っている義務であるから，使用者の義務の不履行の有無も個別的に判断される。したがって，ある被用者が特に危害を受けやすい場合には，使用者は特別の注意を払うことが必要とされる。Paris v. Stepney Borough Council [1951]AC 367 (HL)では，通常，被用者にゴーグルを着用させるのは一般的ではない場合であるにもかかわらず，片目の被用者にゴーグルを着用させなかったことに使用者の義務違反があるとした。特定の危険の原因に関する認識が十分に発展していない場合には，使用者の義務違反は肯定されないが，ひとたび認識が得られるようになったときには，使用者はそれに迅速に対応することが要求される。Baxter v. Harland & Wolff plc. [1990]IRLR 516 (CA)では，被用者が職場の騒音で難聴になった。控訴院は，1963年に職場の騒音に対する労働大臣の指針が公表されていたのを重視し，1963年以降は十分な医学的科学的情報があったのであり，使用者がそれに注意を怠ったとして被用者の難聴に対する責任を肯定した。

　使用者が安全に対する知識をどこまで追求し，どこまで費用を負担すべきかにつき，裁判所は，Stokes v. GKN Ltd. [1968]1 WLR 1776 (QB)で，次のような点を配慮すべきであるとした。(i)使用者は，その有する知識，または，有すべき知識に照らして被用者の安全を確保するような措置をなさなければならない。(ii)使用者は，明らかに不当な場合を除き，周知の慣行に従うべきである。(iii)危険に対する認識の発展があった場合には，使用者はそれを吸収しかつ適用しなければならない。(iv)使用者が危険に対する普通以上の知識を有する場合には，それに見合った注意を用いなければれ

第1節　労働契約（contract of employment）

ばならない。(v)使用者は，危険と対策の費用および対策の効率性とを比較・考量しなければならない。

以上のような黙示的注意義務をもう少し具体的にみると，次のような4つの領域に分類することができる。

(i)　安全な作業場

使用者は，安全な作業場を維持するための措置をなさなければならないが，このために，安全に対する被用者の苦情を取り上げる制度があるか，苦情に対し使用者は十分な調査をおこなったか，それに基づき適切な措置をとったか等が重要な判断要素となる[41]。使用者が被用者を社外の作業場で働かせる場合にはそれに応じた安全注意義務を負う。General Cleaning Contractors v. Christmas [1953] AC 189 (HL)では，ウインドー・クリーニングを営む使用者が安全ベルトを被用者に持たせていたが，1つの建物には安全フックがなかった。そして，被用者は，作業中，サッシに手を挟まれ，バランスを失って，建物から落ちて負傷したものであるが，貴族院は，使用者が十分な安全対策をしなかったとして，使用者の義務違反を認めた。

(ii)　安全な設備と用具

被用者の使用する機械，用具，工具は，安全なものでなければならない。従来，使用者が通常の検査では発見できない製造ミスのある工具を被用者に与え，それによって被用者が負傷した場合には，使用者の注意義務違反を問うことはできないとされ[42]，被用者は，直接，製造業者に対して，製造上の過失責任を追及する他に方法がない状態に置かれていた。このため，1969年使用者責任（欠陥用具）法は，被用者が，使用者によって与えられた用具の欠陥を原因して雇用の過程で負傷し，その用具の欠陥が第三者の過失に起因する場合，その負傷は使用者の過失によるものとみなすと規定した。また，1969年使用者責任（強制保険）法は，被用者の負傷をカバーする保険に使用者の加入することを義務づけている。この場合，使用者または保険会社は，欠陥用具の製造業者に対して求償できるのは当然である。

---

[41]　Braham v. Lyons & Co. Ltd. [1962] 3 All. ER 281 (QB).
[42]　Davie v. NewMerton BoardMills [1959] AC 604 (HL).

(iii) 安全な仕事の仕方

使用者は，被用者に対し，安全に仕事ができるようにしなければならない。裁判所は，職場のレイアウト，安全の訓練，指導，警告，および安全用具の支給等の各種の要素を考慮して，義務の履行の有無を判断する。裁判所が重視するのは，使用者が適切な安全用具の着用を指示したか否かである。その場合，被用者にも自己の安全に注意する責任を認めるため，どこまで使用者が指示したかが問題とされる場合が多い。危険が必ずしも明らかでないが，深刻な傷害の結果が生じ得るといったような場合には，使用者の強く立ち入った警告が要求される。Berry v. Stone Manganese Marine Ltd. [1972]1 Lloyd's Rep. 182 (QB)では，被用者がイアマフを着装しないと難聴の危険があることを十分に理解しようとしない場合には，その着装の必要性を強く認識させるような措置をとらなければならないとした。

(iv) 安全な被用者の配備

職務遂行中に被用者が同じ職場の他の被用者を負傷させた場合の使用者の代位責任(後述)は別として，使用者が被用者の中に危険を起こしそうな者がいることを知りながら，他の被用者を保護すべき対策をとらなければならない義務があるとされる。Hawkins v. Ross Castings Ltd. [1970]1 All ER 180 (QB)では，英語をほとんど話さず，溶鉄の取扱いの訓練も受けていないインド人の青年と一緒に働いていた被用者の溶鉄遺漏による負傷に関して，使用者の義務違反が肯定された。また，Hudson v. Ridge Manufacturing Co. Ltd. [1957]2 QB 348 (QB)では，裁判所は，悪ふざけで知られていた被用者が，悪ふざけが過ぎて他の被用者に負傷を負わせたことにつき，使用者の義務違反を認めた。

なお，以上のような使用者の被用者に対する安全注意義務とは異なるが，密接な関連のある使用者の代位責任について，以下に言及しておきたい。

(v) 使用者の代位責任 (vicarious liability)

使用者は，その被用者が職務の遂行中に犯した不法行為に関し代位責任を負うものとされる。その理論的根拠は，被用者は，職務遂行中は使用者の支配下にあるから，その職務のネグリジェントな遂行については，究極の支配を有する使用者が責任を負うべきだとするものである。Limpus v.

London General Omnibus Co. [1862] 7 LT 641では，バスを待って並んでいる人々の中にバスを突っ込んで負傷させたバス運転手の不法行為につき使用者の代位責任が認められた。この場合は，バスの運転の権限を認めているので職務遂行過程にあることは明らかである。これに対し，Keppel Bus Co. v. Sa'ad Bin Ahmed [1974] 1 WLR 1082 (QB)では，バスの車掌が，乗客の取扱いに関し乗客と口論となり，その乗客を殴って負傷させたような場合，車掌にはバスの中でのトラブルを防止するために合理的な程度の実力行使はできるが，その権限の程度を越えた場合は，使用者の代位責任はないとされた。使用者が被用者の一定の行為を明示的に禁止している場合は，その行為の権限を認めていないので，使用者の代位責任は否定される。Conway v. George Wimpey [1951] 1 All ER 56 (QB)では，ヴァンに人を乗せて運転することの使用者の明示の禁止にもかかわらず，人を乗せて事故を起こした場合，使用者は代位責任を負わないとされた。しかし，使用者が一定の行為を禁止していた場合でもその行為が使用者の利益になるものである場合，例えば，Rose v. Plenty [1976] 1 WLR 141 (CA)のように，ミルク配達人が，明示の禁止を破って，少年を同乗させてミルク配達を手伝わせた場合，その子どもの負傷に関して使用者は代位責任を免れない。

第2節　賃　金

コモン・ロー上の使用者の賃金支払義務については，すでに説明したので，ここでは，制定法上の使用者の義務を中心に解説する。

[1] 賃金明細書

1978年雇用保護(統合)法8条以下により，被用者を有する使用者に雇用される被用者は，賃金の支払時またはそれ以前に賃金明細書を得る権利を与えられた。この規定は現在，1996年雇用権法8条以下に引き継がれている。その明細書は，賃金総額，変動的または固定的控除額およびその控除の目的，手取賃金額を明記したものでなければならない。手取賃金の各部分が異なったかたちで支払われる場合には，各々に支払額とその支払方法

が記載されなければならない（8条）。固定的控除がある場合，例えば，組合費支払いのための控除の場合，控除の度に明細を与えるのではなく，12カ月間の控除をカバーする一括的な明細を与えてもよい。一括的な明細は，控除額，控除の周期，およびその目的を記載するものでなければならない（9条）。使用者がこの賃金明細を付与せず，または，その内容に争いがある場合には，被用者は労使審判所に申立てをなすことができる。この場合審判所は，その明細書に記されるべき内容を宣言し，審判所の審問に先立つ13週間になされた被用者の賃金からの不記載控除を記載するよう命ずる（11条）。

[2] 賃金控除

　従来，賃金の控除に関する問題は，1831年以来のトラック法（Truck Acts 1831, 1887 and 1896）により処理されてきた。しかし，その名称がフランス語のtroquer（物々交換）に由来するといわれるトラック法は，基本的には，肉体労働者が，賃金全額が現行通貨（現金，小切手，郵便為替を含む）で支払われることを保障するものであった。銀行振込みが認められたのは，1960年賃金支払法の制定によってである。しかし，トラック法には，肉体労働者の定義，通貨による支払いの危険性や不便さ，店員やガソリンスタンド被用者を出納上の損失分の控除から救済できないことなどの欠陥があったとされる[43]。こうした欠陥を除去することを目的として，1986年賃金法（Wages Act 1986）が制定された。同法の賃金控除の規定は，現在，1996年雇用権法13条以下の規定に引き継がれている。

　同法13条は，使用者は，次の条件に従ってのみ賃金控除を行えると規定している。すなわち，(i)制定法の規定または契約上の規定により控除が認められている場合。(ii)労働者が控除について事前に書面で合意している場合。契約上の規定により控除がなされる場合，その規定が書面のものであれば，その写しが事前に労働者に示されているか，あるいは，その規定が書面のものでなければ，その存在と効果が事前に労働者に書面により告知

---

[43] M. Whincup, Modern Employment Law (8th ed.), p. 86 (Butterworth-Heinemann, 1995).

されていなければならない。また，同法15条は，使用者が労働者から金員を受領することについても同様の規制を加えている。

　しかし，以上のような賃金控除の制限は，次の場合には適用されない。(a)賃金および実費弁済の過払い。(b)制定法の規定に基づく懲戒手続による場合 (例えば警察官や消防職員の場合)。(c)官公庁への支払いのための控除が法的に定められている場合(例えば，賃金差押命令)。(d)使用者により第三者に支払われることが労働者によって合意されている場合 (組合費のチェックオフ。これについては，第4章集団的労働関係法で別途取り扱われる)。(e)労働者が参加するストその他の争議行為に参加したことを理由とする場合（すなわち，労働者の不就労)。(f)労働者が裁判所ないし審判所により使用者に対する支払いを命じた場合 (14条)。また，このうち，(a)，(b)，(e)および(f)に関しては，使用者の労働者からの金員受領規制も適用されない (16条)。

　以上の使用者による賃金控除および金員受領の規制に関して，何が賃金に該当するかについては，1996年雇用権法27条が事細かく定めている。それによれば，「賃金 (wages)」とは，「雇用に関して労働者に支払われる金員」であり，「契約に基づいて支払われるか否かにかかわらず，雇用に帰することのできるフィー，ボーナス，コッミッション，休暇手当その他の報酬 (emolument)」，法定傷病手当 (statutory sick pay)，法定母性手当 (statutory maternity pay)，法定保障手当 (statutory guarantee payment)，法定タイムオフ手当，法定休職手当，復職または再雇用の賃金，中間的救済命令の履行のため支払われる金員，保護裁定に基づく報酬を含む。しかし，他方で，貸付契約や賃金前払いのかたちで支払われる金員，実費弁済金，退職に伴い年金，手当，謝金として支払われる金員，剰員整理に関して支払われる金員，労働者以外の資格で支払われる金員は賃金とはされない。

　なお，賃金控除に関しては，上記の規定に加え，小売業に働く労働者に特別な保護規定が設けられている。金銭または在庫の不足に関して労働者の賃金を控除する場合は，その控除可能限度額はその特定の日の総賃金の10％である。しかし，その不足総額が回復されるまで日々継続して控除することができるのであり，労働者の契約が終了する場合には，右の1日の控除限度額は適用されないものとされている(17条から22条)。使用者が当該金銭または在庫の不足を理由に労働者から支払いを要求するには，使用者

がその不足に関し当該労働者が不法行為責任があることを書面で通告し，かつ書面で当該労働者の賃金支払日に支払いの要求がなされなければならない（20条2項）。そして，右要求は書面の通告以降の最初の賃金支払日より前または使用者が金銭または在庫不足を発見しまたは合理的にみて発見すべきであった日より後には，右要求はできないとされている（20条3項）。

同法に基づく申立ては，それが合理的に実行可能であれば，3カ月以内に雇用審判所になされなければならない（23条2項）。一連の賃金控除に関する場合は最後の支払日から起算する（5条3項）。審判所は，違法な控除または受領に当たることを宣言し，使用者に対して，労働者に控除しまたは受領した金額の支払いないし払戻しを命じる（25条）。

[3] 最低賃金

(1) はじめに

イギリスには包括的な最低賃金を定める法律はもともと存在しなかった。ただ，第1章第2節(6)で述べたように1909年の産業委員会法を起源とする交渉機構の未発達な部門（例えば，流通，配膳，ホテル部門など）に設立される三者構成の委員会に最低の賃金・労働時間を決定する権限を与える法律が1979年の賃金審議会法（Wages Councils Act 1979）まで制定されてきた。しかし，1965年のドンヴァン報告は，賃金審議会制度に期待された低賃金の改善と団体交渉の育成という目的がほとんど達成されていないとの批判を加えていた。1985年には，保守党政府が，賃金審議会制度は，雇用の柔軟性と効率性に悪影響を与え，雇用創造を阻害しているとして，その廃止を提案した[44]。それに基づき，1986年賃金法で，新たな賃金審議会設立の途を閉ざし，その権限を限定した。そして，さらに，1993年労働組合改革雇用権法第35条がその全面的廃止をもたらした。しかし，保守党とは対照的に，労働党は，1992年には，すでに党の綱領に全国的な法定最低賃金の導入を掲げていた。そして，1997年の総選挙で政権に返り咲くや否や，全

---

[44] Tobacco and Confectionery Ltd. v. Williamson [1993] ICR 371 (EAT).

国的な最低賃金法を雇用法改正の最優先課題とし，1998年7月31日，1998年全国最低賃金法（National Minimum Wage Act 1998）を成立させた。この法律は，イギリスにおける最初の包括的な最低賃金を定めるものとして画期的なものである。以下に，同法の内容を簡単に述べておきたい。

(2) 適用対象者

最低賃金法制は，義務教育年齢を超え，契約上，連合王国（およびその領海）で労働者しまたは通常労働する「労働者」に適用される（1条および1999年全国最低賃金（沖合雇用）規則（National Minimum Wage (Offshore Employment) Regulations 1999））。「労働者」の定義は，第3章第1節の[1]に指摘したように広い概念である。囚人（prisoners），分益漁師（share fishermen），慈善団体またはそれによって設立された宗教的な信条の実践または促進を目的とする団体のすべてまたはいくらかのメンバーが共同して生活する共同体の雇用および慈善団体，任意団体等に雇われるボランタリー労働者には適用されないが(43条―45条)，国王の雇用，軍隊，庶民院および貴族院の職員，連合王国に登記されている船舶上のほとんどの仕事(36条―40条)に適用される。加えて，家内労働者（home workers）および派遣労働者（agency workers）にも適用される（34条および35条）。

(3) 最低賃率

規則によって時間あたりの賃率を定める権限が国務大臣に与えられている（2条）。また，国務大臣は，26歳未満の労働者を除外する権限を与えられている（3条）。これらの権限の行使に当たって，大臣は，同法によって設立された独立的諮問委員会である最低賃金委員会（Low Pay Commission）に諮問しその勧告を受けなければならない（5条―8条）。1999年4月から導入された最低賃率は時間あたり3.60ポンドであったが(1999年全国最低賃金規則（National Minimum Wage Resolutions 1999)11条），2000年10月より3.70ポンドに引き上げられる。また，16歳および17歳および正式な徒弟制に従事する18歳以上26歳未満の労働者は最初の12カ月間は全国最低賃金の権利を有しない(1999年全国最低賃金規則12条)。18歳から21歳の労働者には「発展賃率(development rate)」と呼ばれる低い賃率が適用される。発

展賃率は1999年4月から時間あたり3.00ポンドであったが（同規則13条），2000年7月より3.20ポンドに引き上げられる（2000年全国最低賃金（若年労働者発展賃率増加）規則2条）。新しい使用者のもとで新たな仕事を始めかつ認可された職業訓練（accredited training）を受ける労働者の最低賃率は，同様に，3.00ポンドである。

(4) 書面の記録と賃金明細書

最低賃金の設定に加え，同法は使用者に規則に定める方法で労働した時間および労働者に支払われた賃金に関する記録を保存する義務を課している（9条）。労働者は使用者にその記録を提出するよう求め，また労働者は実際に最低賃金が支払われたか否かを確認し，その写しをとることができる(10条)。使用者の義務の不履行に対して，労働者は雇用審判所へ訴訟を提起することができる(11条)。また，項目化された賃金明細に対するものと同様な権利が雇用権法所定の規定に基づく項目化された明細を求める資格のないすべての労働者に与えられる（12条および1996年雇用権法8条以下）。

(5) 最低賃金の支払不履行

全国最低賃金の支払いを確保する手段として，同法は2つの途を用意している。1つは，労働者が不払最低賃金の支払請求訴訟を雇用審判所または群裁判所（county court）に提起する方法であり，もう1つは国が労働者のために行う強制手段である。

(A) 労働者の訴訟

労働者は，自分に支払われた金額と全国最低賃金の差額を回復する訴訟を雇用審判所または群裁判所に提起できる。請求は，1996年雇用権法第2部違反として同法23条に基づいて行うこともできるし，賃金からの違法な控除ないし契約違反の訴えとしてもなすことができる。1996年雇用権法230条3項の「労働者」の特別な定義を満足しないために，雇用権法第2部の適用されない労働者(派遣労働者，家内労働者等)に関しては，1998年全国最低賃金法18条の規定により，雇用権法の規定が適用されるものとみなされる。また，労働者は，全国最低賃金の実施に関する訴訟を提起したことを理由に不利益（detriment）を受けたり不公正解雇されたりしない権利を有

する (23条から25条)。全国最低賃金不払いに関する訴訟は，雇用審判所の審判長によって審理され得る。その場合の立証責任は通常とは異なる。すなわち，労働者は使用者が反対の立証をしない限り，最低賃金を下回る額しか支払われていないとの推定を受ける。この原則は，その訴えが雇用権法第2部に基づいて雇用審判所に提起されたのか，雇用審判あるいは群裁判所において契約違反の訴えとしてなされたか，のいずれにおいて同様に適用される。したがって，労働者が実際に少なくとも全国最低賃金を支払われたことを立証することができるようにする目的で使用者に要求される適切な記録の保存義務の履行を強化する効果を有する。

(B) 国による強制手段

国務大臣は全国最低賃金法の実施のために行動する係官を任命する (13条)。同係官は，同法の問題を解決するため，使用者などに記録を提出し，記録の説明をし，その他の情報を与えるように求め，また構内に入る等の活動を行うことができる (14条)。使用者が全国最低賃金を下回る額しか支払っていないと思われる場合は，使用者に対し最低賃金の支払いおよびその特定期間のバックペイ支払いの義務を遵守するように求める強制通知 (enforcement notice) を発する権限を有する (19条1項から3項)。この通知を受けた使用者は雇用審判所に異議を申し立てることができる (同条4項から10項)。使用者の強制通知に示された義務を履行しない場合，次の2つの手段が用意されている。1つは，係官が労働者のために，雇用審判所において，労働者に1996年雇用権法第2部の規定に基づく訴えまたは支払われるべきであった金額の回復の民事訴訟を提起することである (20条)。もう1つは，係官が使用者に対して国務大臣に過料を支払うことを義務づける過料通告 (penalty notice) を与えることである。この場合，過料金額は不履行の各日につき最低賃金の時給額の2倍の額であるが，使用者はこれに対して異議申立ての権利が与えられている (22条)。なお，記録保存および最低賃金支払義務違反を含め全国最低賃金法の義務に故意に違反する使用者に対しては刑罰が科せられる (31条)。

［4］ 保障手当 (Guarantee payment)

第1節［4］(2)(B)(b)で述べたように，使用者は仕事がなくても賃金支払義

務を負うとの黙示的条項がある。したがって，雇用契約の終了を伴わない一時帰休（レイ・オフ）の場合，使用者は賃金支払義務を負う。しかし，使用者がこれを免れるためには，その旨を雇用契約に明示的に定める必要がある。通常，雇用契約はレイ・オフ条項がおかれているものと考えられる。もっとも，協約がレイ・オフ中の賃金保障規定を定めていることが多い。しかし，そうした協約がなくとも，使用者は，一定の保障手当の支払いを法律上義務づけられることになった。保障手当制度は1975年雇用保護法（Employment Protection Act 1975）で導入されたものであるが，現在は，1996年雇用権法の28条から35条までに規定されている。その概要は，次の通りである。(i)手当受給権は，当該被用者が遂行すべき職種に対する業務上の必要性の減少，または当該職種に関する業務運営に影響を及ぼすその他の事由の発生により，当該被用者が仕事を得られない期間に対し発生する。(ii)被用者は，当該レイ・オフの発生時までに最低1カ月間継続雇用されていなければならない。なお，3カ月以内の有期契約または3カ月以上継続しない特定の仕事の完成を目的とする契約で雇われた被用者は，3カ月以上継続雇用されていなければならない。(iii)所定労働日の所定労働時間の全時間レイ・オフされなければならない。(iv)被用者が，諸般の事情に鑑みて適切になされた代替的雇用を不当に拒否した場合は，手当受給権は生じない。使用者が当該被用者の労務提供を確保するために行った合理的な要求に応じなかった場合は，手当受給権は生じない。(vi)被用者が当日の雇用に就く用意がなかった場合は，手当受給権は生じない。(vii)レイ・オフがストライキ，ロック・アウトその他の争議行為による場合は，手当受給権は生じない。(viii)手当の額は，週休を所定労働時間で割った額を基礎として算出されるが，1日につき，2000年12月現在で16.10ポンドの限度額に服する。しかも，手当を得られる日数は，3カ月間で5日に限定されている。(ix)使用者が保障手当を支払わない場合，被用者は，実行可能であれば3カ月以内に雇用審判所に訴えを提起しなければならない。

［5］ 傷病休職手当（Medical suspension payment）

1996年雇用権法64条および65条は，傷病休職手当について規定している。この手当は，同法が定める一定の法定事由(有害物質に関する規則に基づくも

の）または1974年安全衛生法16条に基づき作成された行為準則上の勧告に従ってなされた傷病休職に関して，当該被用者に，その休職期間の中26週の期間に限り，約定賃金の支払いを受ける権利を与えるものである。この手当に関しては，保障手当同様，雇用審判所が，管轄権を有する。ただし，この権利を得るためには，次の要件を満足する必要がある。(i)休職までに最低1ヵ月間継続雇用されていたこと。なお，3ヵ月以内の有期契約または3ヵ月以上継続しない特定の仕事の完成を目的とする契約で雇われた被用者は，3ヵ月以上継続雇用されていなければならない。(ii)傷病のため労働不能であること。(iii)代替的雇用を不当に拒否しなかったこと。(iv)使用者が当該被用者の労務提供を確保するために行った合理的な要求を拒否しなかったこと。なお，この休職と解雇の関係については，不公正解雇の記述に譲る。

[6] 母性休職手当（Maternity suspension payment）

1996年雇用権法66条および67条は母性休職について規定している。この制度は，当該被用者が妊娠しているか，出産しまたは育児をしており，かつなんらかの制定法上の規定または1974年職場安全衛生法16条に基づき作成された行為準則上の勧告に従って，使用者によってなされる休職に関するものである。この場合，使用者は，休職させる前に，適切な代替的仕事があれば，それを当該被用者に与えなければならないとしており，また，当該被用者には右義務の不履行につき雇用審判所に訴える権利を与えている。このような代替雇用がなく休職させられた被用者には約定賃金が支払われる。なお，使用者が適切な代替的仕事を与えかつ被用者がこれを不当に拒否した場合は，この賃金の支払義務を免れる。

[7] 法定母性手当（Statutory maternity payment）

法定母性手当制度は，1992年社会保障拠出給付法(Social Security Contributions and Benefits Act) 第3部および附則13に定められている。それによれば，産休手当は，次の場合に支給される。(i)分娩予定週の15週間前に最低26週継続雇用されていること。(ii)被用者が妊娠または分娩の理由で使用者のために労働することを全面的または部分的に停止しなければならな

かったこと，(iii)分娩予定週の15週間前までの8週間に，通常の週給が国民保険拠出の最低レベルを下回らないこと。(iv)分娩予定週の11週前になお妊娠状態であるかまたは出産していたこと。(v)21日前に手当の請求の予告を行ったこと。(vi)手当対象期間に雇用されていること。産休手当の対象期間は，分娩予定日から11週前の週から最長18週であり，最初の6週間は当該被用者の平均週給の90%が支給され，その後法定額57.702ポンド(1999年4月現在)が支給される。使用者は，国民保険拠出について一定の額の控除が受けられる。手当に関する争いは，使用者の苦情処理，安全衛生審査官，社会保障審判所の順で判定・処理される。最終的な支払いの執行は，郡裁判所（イングランドおよびウエールズ）または執行官裁判所（スコットランド）が行う。なお，この休職と解雇の関係については，不公正解雇の記述に譲る。

[8] 傷病手当（Statutory sick pay）

使用者が雇用契約で明示・黙示に被用者の傷病時の賃金支払いを約すればその支払義務を有するのは当然である。また，従来は，1948年国民保険法（National Insurance Act 1948）により，社会保険給付としての傷病給付を受けることができた。しかし，1982年社会保障家族給付法(Social Security and Housing Benefit Act 1982) は，使用者に法定傷病手当の支払いを義務づけ，使用者は支払い後，社会保険基金から払戻しを受けることができるとした。1992年社会保障拠出給付法は，払戻し額を80%とし，1994年法定傷病手当法（Statutory Sick Pay Act 1994）は，小規模企業の場合を除き，払戻し制度を廃止した。1992年法による制度の概要は次の通りである。

(i)労働者は，労働義務のない日を含む連続4日以上の期間傷病のため労働不能でなければならない。(ii)労働不能期間開始時から，その期間の終了時，傷病手当満額受領時，または雇用契約の終了時までの期間が傷病手当支払期間となる。(iii)手当の支給対象日は，通常所定労働日に限られ，労働不能期間開始3日間は待機期間として支給対象日とならない。(iv)手当の額は，1999年4月現在，週59・55ポンド，最長28週分。(v)使用者は，一定の事由により手当支給を免れる。そのうちことに重要なのは，当該労働者の傷病の最初の日が，労働争議期間中に生じ，かつ，その争議が当該労働者

の利益に直結している場合である(争議に参加しているか組合員であるかは問わない！)。(vi)手当に関する争いの処理は，法定母性手当の場合と同様である。

第3節　労働時間等

[1]　労働時間・年次休暇
(1)　はじめに

　第1章第1節(6)でみたようにイギリスの労働時間規制は，1802年以降の工場法を中心に，婦人・年少者を対象に行われてきた。そして，成人男子の労働時間規制は，特に安全上規制が必要な業種に対してのみ限定的に行われてきたに過ぎない。また，婦人・年少者の法的強制力をもった10時間労働制と10歳未満の児童の工場労働の禁止が投入されたのは1874年に至ってのことである。そして，労働時間等に関する諸法を統合し，最初の近代的工場法が制定されたのは，1878年であった[45]。第二次大戦後も適用されてきた代表的な労働時間規制法は，1938年雇用時間（条約）法，1950年商店法，1954年鉱山採石場法，1954年パン産業（労働時間）法，1961年工場法，1979賃金審議会法等であり，このうち，1979年法は，特定産業の最低賃金の観点から労働時間などを定めるものに過ぎなかった。しかし，工場法と商店法は，広範な婦人・年少者を対象とし，また商店法は，成人男子の日曜日の労働をも禁止しているという意味で特に重要な法律であった。しかし，1980年代に至って，保守党政府は，男女平等原則に反し，かつ，市場経済を阻害するとの理由から，労働時間規制を廃止する方針を明らかにした。そして，1986年性差別禁止法が女性の深夜労働，日曜労働，週労働時間，休憩時間などを廃止し，1989年雇用法が年少者の労働時間規制を全廃した。さらに，1993年労働組合改革雇用権法が1950年商店法の定める日曜労働などを廃止し，1994年日曜営業法（Sunday Trading Act 1994）が日曜日の営業禁止を廃止した。ただし，日曜日の営業は，午前10時から午後6

---

[45]　Lord Wedderburn, The Worker and the Law (3rd ed.), p. 404 (Pelican, 1986).

時までの継続6時間を限度とした。また，鉱山労働者の坑内労働も1991年石炭産業法（Coal Industry Act 1991）で廃止された。結局，1997年5月まで続いた保守党政権のもとでは，残った労働時間規制は，1933年および1963年の児童年少者法（Children and Young Person Act）による13歳以上の就学児童の労働時間，日曜労働および深夜労働の禁止のみとなった。

(2) 1998年労働時間規則

しかし，1997年5月に労働党が政権に返り咲いてから，事情は一変した。すでに，保守党政権が無効を主張していた欧州連合の労働時間指令（Council Directive 93/104/EC）の有効性が欧州裁判所の判決で確認され，半年前からイギリス政府は右指令の履行義務を受ける立場に置かれていたが，ブレア新内閣は，直ちに，1998年労働時間規則（Working Time Regulation 1998 (SI 1998 No. 1833)）によって，労働時間指令の国内法化を実施した。なお，同規則は，年少者（最低学校卒業年齢に達してはいるが18歳未満の者）に関する年少者指令（「職場における年少者の保護」に関する欧州連合指令（Council Directive 94/33/EC））の視点にも合わせている。その規制内容は比較的緩いものではあるが，労働時間に関する法規制が成人男子を含めて一般的に規制されたことはイギリス史上特筆すべき画期的な出来事であったといわなければなるまい。以下，同規則の内容を簡単に紹介しておきたい。また，労働時間規則は年次休暇をも規定しているので，この点についても，下記(G)で解説する。なお，欧州連合の労働時間指令の制定経緯に密接に関係するが，同指令は労働安全衛生に関するローマ条約118A条(現在の欧州共同体設立条約138条)を根拠規定とするものであり，イギリスにおいて労働時間規則の規定は，労働安全衛生制度上のものとして位置づけられている点に留意されたい。

(A) 適用範囲

同規則は，適用対象を被用者(employee)とはせず広く「労働者(worker)」とした。そして「労働者」とは，次のように定義される。「次の契約を締結しまたはそれに基づいて労働する（すでに雇用が終了している場合には，それに基づいて労働していた）個人である。——(a)労働契約（contract of employment）または(b)明示または黙示を問わず，また明示であれば口頭または書

面を問わず，当該個人がその職業的または営業的事業の顧客ではない契約の相手方当事者に個人的に労働またはサービスをなしまたは遂行することを約するその他の契約」である（2条1項）。したがって，「労働者」とはその契約の相手方と顧客関係にある真正に独立した事業を営む者を除く労働またはサービス提供者のすべてを包含する。ただし，同規則の成人労働者に関する規定は，次の者を適用除外している。すなわち，訓練途上の医師，運輸労働者，軍隊・警察その他市民保護サービスの特定の活動に従事する者，海上漁業その他の海上労働(18条)には適用されず，家事使用人(domestic servant) に規定の一部が適用されない（19条）。

(B) 労働時間の定義

同規則は労働時間を次のように定義している。(a)労働者が使用者の処分に委ねて労働し，かつ労働者の活動ないし義務を遂行する時間，(b)労働者が訓練を受けている時間，および(c)「適切な合意（a relevant agreement）」に基づき，同規則上，労働時間とみなされるその他の付加的時間（2条1項）。そして，「適切な協定」とは，労働協約，労使協定(workforce agreements)（投票により選ばれた代表者によって署名されたもの，また労働者が20人以下の使用者に関しては，労働者の過半数によって署名されたものでも可），または労働者と使用者の間で法的強制力のあるその他の書面の合意をいう（労働契約上の条項も含む）（付則1の1条）。また，通産省の説明書き(guidance note)によれば，呼出待機時間は労働時間に含まれない。

(C) 労働時間数

使用者は，原則として，各労働者が17週の期間(基準期間＝reference periodという)を平均して各週48時間以上労働しないようにするため，あらゆる合理的な措置をとらなければならない(4条1項および2項)。この基準期間は17週未満の雇用ならその期間とされ，一定の労働者に関しては26週まで延長することができる。延長できる場合とは，労働者が職場から遠く離れて暮らしている場合，警備産業の場合，役務または生産の継続が必要な場合（例えば，保険，報道，通信，公益施設），予見可能な活動時間の波がある場合，活動が不測のあるいは例外的な事件，事故または緊急の事故の危険によって影響を受ける場合である（21条）。基準時間は，また，労働の編成に関する客観的で技術的な理由に基づいて労働協約または労使協定が例外規

定を置く場合には52週まで延長できる（23条b号）。また，労働者が，特定または不特定の期間に関し，使用者に7日以上の書面の予告（3カ月を超える期間を定めることはできない）を与えることにより解除できる旨の合意した場合には，48時間規制は当該労働者には適用されない（5条）。この場合，使用者は，48時間規制の適用されない労働者の記録を保存する義務を負う（4条2項）。

(D) 深 夜 労 働

「深夜労働」とは「深夜時間」，すなわち，7時間以上で，かつ，午前零時から5時までを含む期間で適切な協定により決定される期間，または，その決定がない場合には，11時から午前6時までの期間に行われる労働をいう。また，「深夜労働者」とは，通常，1日の労働のうち深夜時間に3時間以上労働する者，または，労働協約または労使協定に特定され得る年間労働時間の割合以上深夜時間に労働する者をいう（2条1項）。このように定義された深夜労働者の通常労働時間は，17週の基準時間を通じて，24時間ごとに8時間の平均を超えることはできない。労働が特別な危険または重度の肉体的精神的緊張を伴う場合には，平均化は認められない（6条1項）。使用者は，次の場合でなければ成人労働者を深夜労働に就けてはならない。すなわち，深夜労働に就ける前に無料の健康診断(a free health assessment)の機会を確保するか，または，それ以前に健康診断を受けていて，それが深夜労働就労時に無効であると信じる理由がない場合であり，かつ，深夜業に就いている労働者が定期的に無料の健康診断の機会を確保する場合，である(7条1項)。使用者は，次の場合でなければ，年少労働者(a young worker＝15歳以上18歳未満で義務教育年齢を超えている者)を午後10時から午前6時までの時間（これを「制限時間（restricted period)」という），労働させてはならない。すなわち，その労働に就ける前およびその後定期的に無料の健康診断の機会を確保する場合，である（7条2項）。なお，この健康診断の内容を当該労働者以外の者に開示することは，当該労働者が書面の承諾を与え，または，その開示内容が労働者がその仕事に耐える旨の記述に限定される場合に限って許される（7条5項）。使用者は，登録医師(registered medical practioner)によって，労働者には深夜労働に関連する健康上の問題がある旨の助言を与えられた場合，当該深夜労働者をできるだけ適

(E) 日ごとの休息期間および週ごとの休息時間（すなわち休日）

成人労働者は，少なくとも11時間継続した日ごとの休息時間（daily rest period）を与えられなければならない。年少労働者は，毎日，12時間以上継続した休息時間の権利を有する（10条）。成人労働者は，日ごとの休息期間に加えて，毎週，24時間以上の週ごとの休息時間（weekly rest period）の権利を有する。その24時間は，14日の基準期間の平均でもよい。すなわち，労働者は，各14日の期間で2つの中断のない最低24時間の休息期間を与えられても，または各14日の期間で1回の最低48時間の休息期間を与えられてもよい。年少労働者は，原則として，週ごとに可能な限り継続した2日の休息期間を得る権利を有する（11条）。

(F) 休憩時間（rest breaks）

成人労働者の1日の労働時間が6時間以上である場合，継続20分以上の休憩時間をとる権利があり，その時間にはその職場（workstation）を離れる権利を有する。ただし，労働協約や労使協定に定めがある場合は，その規定に服する（12条1項，2項および3項）。年少労働者の場合は，その1日の労働時間が4時間30分以上である場合，最低30分のできるだけ継続した休憩時間をとる権利がある（12条4項）。年少労働者が複数の使用者に雇用されている場合には，休憩時間との関係では，その1日の労働時間は，各使用者のもとで労働する時間を合計した時間である（12条5項）。

(G) 年次休暇

イギリスには，合計8日の公的休暇日（public holiday）があるが，これを定める1971年銀行金融取引法（Banking and Financial Dealings Act 1971）は，公的休暇日における一定の金融取引を禁止しているだけで労働者の休暇を保障するものではない。ただ，年次有給休暇に関しては，1979年までは，団体交渉が未発達な一定の産業に関し，賃金審議会法が，審議会に年休日数と年休手当を決定させていただけに過ぎなかった。1986年には，その審議会の権限も賃金法（Wages Act 1986）により廃止され，年休の決定はもっぱら雇用契約ないし労働協約に委ねられることになってしまった。しかし，1998年，年次休暇も労働時間と同様に労働時間規則の規制を受けるに至ったのである。この年次休暇権の制定法による保障も，イギリス法

第3章　個別的労働関係法

上,初めてのことである。

　同規則によれば,労働者が年次休暇の権利を得るには,継続して13週間,雇用されている必要がある（13条7項）。その各週の全部または一部の日における労使関係が契約で定められていればこの継続性は認められる（同条8項）。1999年11月23日以降に始まる年次休暇年においては,労働者は4週間の年次休暇を取る権利を有する（同条2項）。この場合,ある労働者の年次休暇年は,「適切な合意」に定められる暦年中の特定日に始まるか,そのような「適切な合意」が適用されない場合には,その雇用が1998年10月以前に開始された場合は,その日およびその後1年ごとの日に始まり,その雇用が1998年10月2日以降に開始された場合は,その雇用開始日およびその後1年ごとの日に始まる（同条3項）。雇用開始日が年次休暇年開始の後である場合は,休暇日数はその年次休暇年の残余期間に比例する（同条5項）。年次休暇は分割して取ることができるが,それはその年次休暇年に権利が発生している分に限られ,また,その年次休暇は,その雇用が終了した場合を除き,手当に置き換えられることはできない。労働者は,権利を有する年次休暇期間に関し,各週1週給分の手当を支払われる権利を有する（16条1項）。この手当の支払いは労働者の契約上の報酬の権利に影響を与えないが（同条4項）,使用者はその支払分についてはその報酬を支払う責任を免れ,その報酬の支払分についてはその手当を支払う責任を免れる（同条5項）。労働者は,使用者に対し自分が取ろうとする休暇期間の長さの2倍に相当する長さの予告期間を与えなければならない（15条1項）。これに対し,使用者は,休暇を禁じようとする期間の休暇日数に相当する長さの予告を与えることにより特定の日の休暇を阻止することができる。使用者は,また,当該休暇禁止日数の2倍の長さに相当する予告を与えることによって,一定の日に休暇の全部または一部を取るよう求めることができる（同条2項,3項および4項）。以上の取扱いは,「適切な合意」をもって除外または修正することができる（同条5条）。

　(H)　適用制限

　週平均48時間労働,日ごと,週ごとの休息時間(成人労働者に関してのみ)および深夜労働者に加えられた制限は,労働時間の長さが測定または予め決定されないかまたは当該労働者自身によって決定され得る特別な性質の

活動に従事する労働者には適用されない。そうした例は，独立の決定権限を有する経営幹部（managing executives），家内労働者（family workers），宗教的儀式の司祭労働者である（20条1項）。なお，労働時間の一部が測定または予め決定されているかまたは当該労働者自身によって決定され得ないが，その活動の性質が，使用者により義務づけられずに，測定されまたは予め決定できないかまたは当該労働者自身によって決定され得る期間労働者が労働することが可能であるようなものである場合は，週平均48時間労働および深夜労働時間の規制は前者の部分にしか適用されない（20条2項）。また，日ごと，週ごとの休息時間（成人労働者に関してのみ）および深夜労働者に加えられた制限は，次の場合には適用されない。すなわち，労働者が職場から遠く離れて暮らしている場合，警備産業の場合，役務または生産の継続が必要な場合（例えば，保険，報道，通信，公益施設），予見可能な活動時間の波がある場合，活動が不測のあるいは例外的な事件，事故または緊急の事故の危険によって影響を受ける場合である（21条）。この場合には，できるだけ同等の補償休息期間（period of compensatory rest）を認め，それが客観的な理由で不可能な例外的な場合は，労働者の健康と安全を守るための適切な保護を与えなければならない（24条）。労働協約または労使協定は，どのような労働者に関しても深夜労働者の労働時間規定の適用を修正または除外できるが，日ごとおよび週ごとの休息時間や休憩時間に関しては成人労働者に関してのみその適用の修正または排除ができるだけである（23条）。その場合も，適用を除外されまたは修正を受けた労働者に補償休息時間または適切な保護が与えられなければならない。また，日ごとおよび週ごとの休息時間の規制は，交替制の労働者に関しても，補償休息時間または適切な保護を条件として修正できる（22条）。さらに，年少労働者の日ごとおよび週ごとの休息時間の規制は，不可抗力の場合には，補償休息時間が3週間以内に与えられることを条件として適用除外される（27条）。

(I) 記録の保存

週労働，深夜労働および健康診断の規則を遵守したことを証明するために十分な記録が2年間保存されなければならない（9条）。この記録保存義務に違反した場合は犯罪として罰せられる（29条）。

(J) 労働時間規則の実効性の確保

　使用者によってその権利を侵害された労働者は補償裁定を行う権限のある雇用審判所に申し立てることができる。申立ては，通常，その権利行使が許されるべきであった日から3カ月以内に提起されなければならない（30条）。労働時間規則に基づく権利を主張したこと，または，労働者代表であることを理由として不利益取扱いを受けた労働者は，雇用審判所に訴えることができる（雇用権法45A条）。そうした理由で解雇された被用者は，自動的に，不公正に解雇されたものとみなされる（雇用権法101A条）。健康と安全に関する行政機関（すなわち，安全衛生執行局（Health and Safety Executive）または地方行政機関）は労働時間の週の限度および深夜労働と記録保存に関する規定を執行する。この違反は犯罪を構成する（規則28条および29条）。

［2］　日 曜 労 働

　前述した1994年日曜営業法は日曜の営業禁止を解除したが，日曜に労働したくない被用者を保護するための規定を置いた。その規定は，現在，同法と賭博場労働者に関し同様の規定を置いた1994年規制緩和契約除外法（Deregulation and Contractiong Out 1994）と統合した1996年雇用権法の第4部に置かれている。第4部の適用対象は，「商店労働者（shop workers）」と「賭博場労働者（betting workers）」である。商店労働者とは，労働契約（contract of employment）上，「商店労働（shop work）」に従事しまたは従事するよう命ぜられ得る者をいう。そして，「商店(shop)」とは，小売業（retail trade or business）」が営まれる構内であり，理容，美容または取引または営業の過程で行われる場合以外の商品の賃貸借および競売による小売販売を含むが，配膳業や劇場その他の娯楽場での販売を含まない（雇用権法232条）。賭博場労働者とは，労働契約上，「賭博業務（betting work）」に従事しまたは従事するよう命ぜられ得る者である。賭博業務とは，競馬，ドッグレースの賭元のための競技場での賭博取引を含む労働および賭博取引のための公認賭博店での労働をいう。雇用権法で日曜労働から保護される労働者は，「要保護商店労働者・賭博場労働者」と「オプテッドアウト商店労働者・賭博場労働者」である。前者は，次の要件を満足する者である。

(i)1994年の2つの法律が導入される日以前に雇われていたこと，(ii)日曜日労働に限定されて雇われた者ではないこと，(iii)法律の施行と雇用の終了との間継続雇用されていたこと。さもなければ，労働契約上，日曜労働する義務がなかったこと，である(36条)。「オプテッドアウト商店労働者・賭博場労働者」は，次の要件を満足する者である。(i)日曜労働の義務を有しまたは義務づけられ得るが，日曜労働に限定されて雇われた者ではないこと，(ii)使用者に日曜労働に反対する旨の書面の「オプティングアウト予告」を与えたこと，である(41条1項および2項)。なお，この予告は，与えてから3カ月後に効力を発するものであるが(同条3項)，労働者が日曜労働を希望しまたは日曜労働に反対しない旨の書面の「オプティングイン予告」を与え，使用者がこれに同意すれば，オプテッドアウトによる日曜労働からの保護は解除される(同条2項)。「要保護商店労働者・賭博場労働者」と「オプテッドアウト商店労働者・賭博場労働者」が日曜労働の拒否を理由に解雇されたまたは剰員整理の対象者として選抜された場合は，解雇は自動的に不公正とみなされる(101条および105条4項)。また，解雇以外の不利益取扱い(例えば，昇進，残業，職業訓練をさせないなど)がなされた場合にも，雇用審判所に救済を申し立てることができる(45条および48条)。

[3] 母性および育児休暇

(1) 1999年母性および育児等休暇規則

女性労働者が妊娠または分娩のため欠勤した場合の職場復帰等の権利については，すでに1975年雇用保護法(Employment Protection Act 1975)にも規定されていたが，母性休暇の一般的権利として詳細な規定が置かれたのは1978年雇用保護(統合)法が1993年労働組合改革雇用権法23条によって改正されてからである。これは，欧州連合の妊娠労働者指令(92/85/EEC)の履行としてなされた改正であった。そして，この規定は，多少の変更を伴って，1996年法71条以下に引き継がれた。しかし，その後，欧州連合の育児休暇指令(96/34/EC)が採択され，かつブレア政権の「家族に優しい政策」のもとで，1996年法71条以下を全面的に改正することにより，母性休暇の内容を強化するとともに育児休暇の規定を導入することになった。これら規定に関して，1999年母性および育児等休暇規則(Maternity and

Parental Leave etc Regulation 1999）が詳細な規定を定めた。しかし，ここでは，制度の概略のみを示すことにしたい。なお，規則の条文は省略する。

(2) 母性休暇

まず，女性被用者は，開始日を自ら選択できる最低18週の「通常母性休暇」の権利を有する。被用者は，妊娠，出産予定週および母性休暇開始日を原則として最低21日前に使用者に予告しなければならない。この「通常母性休暇」の権利を有する者は，欠勤しなければ得られたであろう「雇用条件」の利益を享受し，（休暇権に矛盾しない限り）その「雇用条件」のもとで生じる義務に拘束され，また休暇後には，欠勤前の仕事に復帰する権利を有する（71条）。右の「雇用条件」は，雇用契約に基づいているか否かにかかわらず雇用に関する事項をいうと定義される。被用者は，もし欠勤しなかったなら得られたであろう専任権，年金権などを伴う欠勤前の仕事に戻る権利を有する。それらの権利に関して，休暇期間が算入され，欠勤しなければ適用されたもとの劣らない条件で復職できる。使用者は，一定の条件を満たす被用者に対して，「通常母性休暇」期間中の2週間を下回らない期間の「強制母性休暇」に労働することを許可してはならない。この労働許可をした場合には，1974年職場安全衛生法上の刑事訴追に服せしめられる（72条）。「通常母性休暇」の権利を有しかつ出産予定週前の11週間前に最低1年間の雇用の継続を有する被用者は，「付加的母性休暇」の期間欠勤する権利を有する。この場合，被用者は，次の育児休取得者と同様の権利と義務を有する（73条）。母性休暇期間内に使用者が剰員が理由で既存の労働契約で雇用し続けることができない場合，適切な空きがあれば一定の条件に従って代替雇用を提供される権利を有する。母性休暇期間終了日より早く職場復帰する場合は，最低その21日前に使用者に通告しなければならない。さもなければ，使用者は復帰日を21日の予告期間の長さで延期できる。「付加的母性休暇」の権利を有する被用者が「通常母性休暇」期間の終了前21日以内に，出産の日および「付加的母性休暇」期間終了後職場復帰する意思があるか否かを書面で知らせるよう使用者に求められた場合，当該被用者は21日以内にその通知をしなければならない。

(3) 育児休暇

1年以上の雇用の継続を有しかつ「子 (child)」に責任を有しまたは有することになる女性または男性被用者はその子のケアのため，それぞれの子に関して13週間の育児休暇の権利を有する。右の「子」について休暇権を行使できるのは，その「子」が5歳になるまでを原則とするが，障害生活給付受給権を有する子の場合は18歳になるまで，養子の場合は，縁組日から5年後または15歳になるまでのいずれか早い日までとするなどの例外がある。育児休暇権を行使する被用者は，前記「付加的母性休暇」権を行使する被用者と同様，次のような権利と義務を有する。すなわち，使用者による黙示的信頼義務の負担および解雇予告，剰員整理の場合の補償または規律処分または苦情処理に関する雇用条件に対する権利を有し，使用者に対する黙示的誠実義務の負担および辞職の予告，機密情報の開示，諸利益の受領または他の事業への参加に関する雇用条件に拘束される。「付加的母性休暇」をとった直後以外の4週以下の育児休暇を取得する被用者は欠勤前の仕事に復帰する権利を有する。「付加的母性休暇」をとりまたは4週間以上の育児休暇をとる被用者は欠勤前の仕事に復帰するか，それが実行不可能な場合には他の適切な仕事に復帰する権利を有する。「付加的母性休暇」をとった直後に4週以下の育児休暇を取得する被用者は，「付加的母性休暇」期間終了時に復帰が実行不可能でなく，育児休暇期間の終了時に復帰を認めることが実行不可能でない限り，欠勤前の仕事に復帰する権利を有する。さもなければ，他の適切な仕事に復帰する権利を有する。この場合の雇用条件は以前と劣らないものとされる。

[4] タイム・オフ

タイム・オフとは，有給または無給で労働者が労働義務を免除される時間と定義することができる。現行法上，労働者に次のようなタイム・オフが認められている。(i)1996年雇用権法50条：公務遂行のためにとるタイム・オフ（無給）。例えば，治安判事，地方議会議員，審議会委員，審判所委員等の職務遂行。(ii)同法52条：剰員整理の通告を受けた被用者がその予告期間満了前に新たな雇用を探しまたは職業訓練の準備をするためにとるタイム・オフ（有給）。(iii)同法55条：医師，助産婦または保健官の助言に基

づく産前ケアを受けるためにとるタイム・オフ（有給）。(iv)同法57Ａ条：配偶者，子，親，その他の扶養者のためのタイム・オフ（無給）。なお，この場合，その具体的内容としては，被扶養者が病気になり，出産し，負傷しまたは暴行を受けたこと，傷病にある被扶養者のケアの取決めをすることまたはその取決めの混乱または終了，被扶養者の死亡の結果，子の教育施設がその子に責任を有する時間に生じその子を巻き込んだ不測の事故の処理である。(v)同法63Ａ条：16または17歳の年少労働者で全日制中等教育以上の教育を受けておらず，規則で要求される水準に達していない被用者の資格達成に必要な勉学または訓練のためのタイム・オフなど（有給）。(vi)1992年労働組合労働関係（統合）法168条：交渉団体として使用者の承認を受けた自主的労働組合の組合役員がその任務の遂行ないし労使関係上の訓練のためにとるタイム・オフ（有給）。(vii)同法170条：交渉団体として使用者の承認を受けた自主的労働組合の組合員がその組合の代表として活動するためにとるタイム・オフ（無給）。(viii)1977年安全代表安全委員会規則付則2 (Safety Representatives and Safety Committees Regulations 1977)：安全代表がその任務の遂行または安全衛生の訓練を受けるためにとるタイム・オフ（有給）。(ix)1996年雇用権法58条：1995年年金法（Pension Act 1995）職業年金制度の受託者たる労働者がその任務の遂行のためにとるタイム・オフ（有給）。(x)同法61条：被用者代表（employee representatives）またはその候補者がその任務の遂行のためにとるタイム・オフ（有給）。(xi)1999年雇用権法10条：他の被用者の規律処分および苦情処理の審理に立ち会うためにとるタイム・オフ(無給)。(xii)1999年多国間被用者情報協議規則25条および26条：欧州労使協議会制度との関係（第4章第6節［2］参照）で，特別交渉団体，欧州労使協議会，情報・協議代表またはその選挙の候補者がその任務の遂行のためにとるタイム・オフ（有給）。

　使用者が被用者から以上に掲げたタイム・オフを請求した場合，これを不当に拒否し，または有給のタイム・オフに関してその支払いの全部または一部を支払わない場合，被用者は雇用審判所に救済を申し立てることができる。なお，タイム・オフを請求しまたはとったことを理由とする不公正解雇および不利益取扱いについては別途述べる。

第4節 雇用差別

［1］ 序

　コモン・ロー上の仕事を与える義務に基づいて，使用者の雇用差別行為を救済することは困難である。貴族院は，Allen v. Flood [1898] AC 1 (HL)で，次のように述べた。「使用者が，全くの思い違い，気まぐれ，あるいは悪意ないし道徳的に非難されるべき動機をもって雇入れを拒否することもあり得るが，労働者は当該使用者を訴える権利を有しない」。また，賃金差別についても，1920年代の地方公共団体の男女平等賃金原則に基づく賃金制度の導入につき，貴族院は権限踰越（ultra vires）の判決を下し，判事アトキンソン卿は「社会主義的な奇怪な原則または性的平等を確保するフェミニストの野望」によるものだと論じた[46]。しかし，こうした状況は，1970年代に各種の制定法および欧州共同体法によって大きく変化するに至っている。イギリスの雇用差別に関する法としては，1970年平等賃金法（Equal Pay Act 1970），1975年性差別禁止法（Sex Discrimination Act 1975），1976年人種関係法（Race Relations Act 1976），1995年障害者差別禁止法（Disability Discrimination Act 1995），1974年犯罪人更生法（Rehabilitation of Offenders Act 1974）などがある。もっとも，労働組合の組合員資格および組合活動を理由とする差別も雇用差別の1つであるが，その検討は，別途行う。

［2］ 平等賃金法
(1) 男女平等賃金の原則

　1970年平等賃金法（以下1970年法）と1975年性差別禁止法（以下1975年法）は，重複することのない相互補完的関係にあるといわれる。1970年法は，雇用契約に定められた賃金その他の労働条件につき性別を理由に不利な取扱いを受けないことを定め，1975年法は，雇用契約によらない雇用関係事項（例えば，採用，職業訓練，解雇など）につき性別および婚姻上の地位を理

---

　[46] Roberts v. Hopwood [1925] AC 578, 594 (HL).

由に不利な取扱いを受けないことを定めているということができる。

　1970年法は，労働党政権（第一次ウィルソン内閣）下で制定されたが，使用者へ猶予を与えるため，実際に施行されたのは，第二次ウィルソン内閣下で1975年法が制定されたときである。男女平等賃金の原則は1888年にはすでに労働組合会議の政策の１つになり，1944年から1946年の王立委員会の対象事項ともなったが，政府を立法に駆り立てた契機は男女平等賃金を要求項目とした一連の争議とイギリスの欧州共同体への加盟準備にあった[47]。同法は，平等賃金に関するローマ条約141条（当時の旧119条）および欧州共同体指令（平等賃金指令Directive no. 75/117）の影響が著しい。ローマ条約141条（旧119条）は，次のように定めている。「各構成国は……同一の労働に対する男性及び女性の労働者間の賃金平等の原則が適用されることを確保する……。本条の適用上，『賃金（pay）』とは，使用者が労働者の雇用に対して労働者に支払う通常の基本的賃金もしくは俸給及び現金給付または現物給付の如何を問わず直接または間接に労働者が支払いを受ける他の全ての対価をいう。」同条は，欧州共同体加盟国の裁判所において個人により直接的に適用することができるとされている[48]。したがって，もしイギリスの法律が同条の基準を下回る場合には，個人は同条に訴えることができるのである。しかし，条件を下回っているか否かは，その法律の条文解釈の問題でもあるため，むしろ，例えば, Pickstone v. Freemans Plc. [1988] ICR 697（HL）のような状況が多く生じ得るのである。すなわち，控訴院が，1970年法の規定は明確であり，その規定によっては原告（女性被用者）を救済できないが，141条（当時119条）によれば救済し得るとしたのに対し使用者が上訴したが，貴族院は，同規定を141条の趣旨に適合するように解釈して，使用者の上訴を棄却した。

　なお，1970年法は，欧州共同体法の影響下で，1975年性差別禁止法, 1983年平等賃金（改正）規則（Equal Pay (Amendment) Regulations 1983), 1986年性差別禁止法, 1995年年金法（Pension Act 1995）および1996年軍隊法

---

　[47]　詳細は，浅倉むつ子『男女平等法論──イギリスと日本』（ドメス出版，1991年）370〜374頁。

　[48]　Defrenne v. Sabena, C-43/75 [1976] ICR 547 (ECJ)．

第4節　雇用差別

(Armed Force Act 1996) によって改正されてきた。

(2) 1970年法の規制対象

1970年法の規制対象は，賃金のみならず傷病手当や徒弟制度等の諸雇用条件に関する男女の平等取扱いの確保にあり，その範囲は広いが，同法6条は，次のような条件については規制対象としないとしている。(i)女性の雇用を規制する法律の履行により影響を受ける条件。(ii)妊娠・出産に関し女性を特別に取り扱う条件。例えば，女性の労働契約が出産休暇を認めているからといって，男性がpaternity leaveを請求できる訳ではない。(iii)死亡または退職またはそれに関係する給付に関する一定の条件についても規制対象とされていない（6条1B項，1C項，1995年年金法62条および64条）。

(3) 平等条項の効果

イギリス国内の事業場で雇用される女性の契約の条件が(直接，または労働協約その他に委ねるかたちで) 平等条項（equality clause）を包含しない場合は，それが契約に包含されているものとみなされる。平等条項の効果は，次の場合において，女性に男性と平等な賃金を得る権利を与えることである。(i)女性が同一の雇用（the same employment）にある男性と「類似の仕事（like work）」に就いている場合。(ii)女性の行っている仕事が仕事評価研究により男性の行っている仕事と「同等と評価される仕事（work rated as equivalent)」である場合。ただし，使用者が合意しない場合でも仕事評価研究が行われなければならないという根拠はない。(iii)女性が行っている仕事が，課せられる要求の程度からみて，同じ雇用にある男性の仕事と「同等の価値（equal value）」がある場合。このうち，「同等の価値」は，当初の平等賃金法の規定にはなかった。これは，欧州共同体が141条（当時119条）の内容を明確にするため発した1975年の指令に盛り込まれたものである。Commission of European Communities v. The United Kingdom, C-61/91 [1982] ICR 578 (ECJ)で，イギリスが同指令を履行していないとの判断が下された後，その履行を目的として，1983平等賃金（改正）規則で，導入されたものである。

(4) 比較の対象としての男性

比較の対象としての男性につき，1970年法1条6項は，(i)当該女性被用者の使用者に雇われる男性または当該使用者の関係使用者（すなわち，当該使用者を直接または間接的に支配する他の使用者，または第三者よって当該使用者とともに支配されている他の使用者＝必ずしも株式の過半数を有する使用者とは限らない）[49]に雇われる男性で，かつ，(ii)同一の事業場(the same establishment) または「共通の労働条件 (common terms and conditions)」が一般的にまたは特定の種類の被用者に適用されているイギリスの他の事業場に雇われている男性でなければならない，と規定している。

(5) 類似の仕事など

「類似の仕事」とは，同法1条4項により，次のように定義されている。すなわち，「女性の仕事が男性らの仕事と同一あるいは概ね同様（broadly similare)の性質を有し，彼女がやっていることと彼らがやっていることの間に．（もし違いがあるとしても）その違いは雇用条件に関して実際的に重要なものでない場合には，そしてその場合に限って，彼女は彼らと類似の仕事に雇われているとみなされる。したがって，彼女と彼らの仕事を比較する際は，その違いの性質と程度のみならずその違いが実際に生ずる頻度が考慮されるべきである。」この規定は，平等な賃金の支払いを正当化するために不当に違いを主張することを阻止する趣旨である。異なる賃率を正当化するための仕事の付加的負担は，実質的なものでなければならない。

女性が「同等と評価される仕事」であるとの主張を行うためには，同法1条5項の要件を満足する必要がある。同項は「一企業または企業集団に雇われる被用者の全部または一部によってなされるべき仕事を，いろいろな事項(例えば，努力，技術，決定等)に関して労働者に要求される条件に照らして評価することを目的として行われた研究に基づき，女性の仕事と男性らの仕事が，同等の評価が与えられてたか，または，如何なる項目に関しても同一の要求を課せられた男女に異なった評価を与える制度に基づい

---

[49] 詳細は，S. Deakin & G.S. Morris, Labour Law (2nd ed.), pp. 213-217 (Butterworths, 1998).

て評価されたのでなければ同等の評価を与えられたであろう場合には，そしてその場合に限って，彼女は男性と同等に評価される仕事に雇われたものとみなされる」と定めている。

　「同等の価値の仕事」に関する同法1条2項(c)号の規定は，「類似の仕事」および「同等と評価される仕事」に関する規定が適用されない場合にのみ適用される。雇用審判所は，「同等の価値の仕事」に関する争いが生じた場合，(i)その争いを決定する手続を進めること，または(ii)仕事が同等の価値があるとの決定をなす合理的理由が存しない場合を除き，審判所が独立の専門家委員会の委員にその仕事が同等の価値があるものか否かに関する報告書を求めることのいずれかを選択できるが，(ii)を選択した場合には，その報告を受理しないで，その争いにつき決定することはできない（2A条）。この「同等の価値の仕事」であるとの主張をなす手続は，現在，1993年雇用審判所(構成および手続規則)規則の8A条に定められている。(i)審判所は専門家委員に報告書を求めるか否かにつき当事者に陳述の機会を与える。(ii)報告書を求めるか否かを決する。(iii)報告書を求めないと決定しても，審判所は審理期間中はいつでも報告を求めることができる。(iv)専門家委員に対する要請は書面でなされる。その要請がなされた場合には審判所の審問は延期される。(v)専門家委員の報告書を受けた後，審判所はその写しを当事者に送る。この報告書は原則として証拠として認められる。(vi)審判所は，この報告書につき，当該専門家または他の専門家に説明を求めることができる。

(6) 真正な実質的要因 (genuine material factor)

　女性被用者が「類似の仕事」または「同等と評価される仕事」あるいは「同等の価値の仕事」に雇われていることを証明したとしても，使用者には平等な賃金の支払いを拒否するための同法1条3項所定の抗弁の途が残されている。それは，賃金格差が「本当に性別ではない実質的要因によるものである」との主張である。もし，使用者の主張が「類似の仕事」または「同等と評価される仕事」に対しての主張であれば，使用者は，賃金格差を生ぜしめる実質的要因は当該男女間の実質的な違いによることを証明する必要がある。これに対し，「同等の価値の仕事」に対してなされる場合

には，実質的要因は，そうした実質的な違いであり得ることを証明することで足りる。すなわち，前者の場合には，賃金格差は，勤続年数による増額，付加的責務手当，教育上の資格に対する手当，勤務地，「赤丸」被用者（性別ではなく過去の経緯で優遇されてきた集団に属する被用者）であることなど性別以外の実質的違いに基づくものに限られる。これに対して，「同等の価値の仕事」の場合は，その類似性自体に価値があるため，賃金格差の原因は，例えば，特定の男性技能労働者が不足しているため賃金を上げる必要があるとか，男性の仕事の方がより利益率がよいなどいろいろある。

(7) 平等条項違反の訴え

被用者（女性および男性）は，その雇用の終了から6カ月間以内は，雇用審判所に平等条項違反の訴えを提起することができる。のみならず，その使用者も平等条項の効果に関する争いに関し訴えを提起することができ，また，場合によっては，雇用大臣も訴えを提起することができる。審判所は，訴えに理由ありと判断した場合は，その旨の宣言と2年を限度とするバック・ペイを命ずることができる。

(8) 欧州共同体法の直接執行性

欧州共同体法は，イギリスの裁判所で直接執行できるし，また，国内法の解釈に関して，依拠することができる。ローマ条約141条は，すでに述べたように，イギリスの国内裁判所に直接的効果を有する。141条の「賃金 (pay)」の定義が，すでにみたように，広義で定義されているため，雇用契約がまだ存在しているか否かにかかわらず，適用される。したがって，病気で欠勤している間の賃金[50]，退職した被用者の旅行手当[51]，職域年金[52]，制定法上の剰員整理手当[53]，不公正解雇の補償金[54]なども「賃金」

---

(50) Rinner-Kuhn v. FWW Spezial Gebudereinigung GmbH, C-171/88 [1989] IRLR 493 (ECJ).

(51) Garland v. British Rail Engineering Ltd, C-12/81 [1982] IRLR 206 (ECJ).

(52) Fisscher v. Voorhuis Henglo BV, C-128/93 [1994] IRLR 662 (ECJ).

第4節 雇用差別

に含まれる。また，平等賃金指令は，ローマ条約の賃金とは「同一の仕事または平等な価値がある仕事に関し，報酬のあらゆる観点および条件に関し性を理由とするあらゆる差別の除去を意味する」と定めている（1条1項）。国によって雇われている個人は，その指令が十分に明確である限り国内の裁判所にその指令に基づいてその国を相手に訴えることができる。ここでいう国とは，国の一部を構成する機関，例えば，地域健康局（area health authority）や国営企業を含み得る広い概念として捉えられている(55)。ただ，私人としての使用者が国の指令不実施について不利益を受けることを正当化できないから，なにをもって国の一部を構成する機関というかは微妙となる。Foster事件で，貴族院から先決判決を求められた欧州司法裁判所は，その判断要素として，次の4つを示した。(i)その機関は公務を遂行すること，(ii)国の決める仕方でその公務を遂行すること，(iii)国の支配下で公務を遂行すること，および(iv)その機関が私人関係に通常存する以上の特別の権限を有していること(56)。貴族院は，Foster v. British Gas plcは，イギリスに効率的にガスを供給する制定法上の義務があり，大臣が制定法上の監督権限を有し，ガス供給の独占権を与えられているので，(i)から(iv)のすべての要素を満足し，国の一部を構成する機関であるとの結論を下した。これに対し，Foughty事件で，控訴院は，Rolls-Royce plcが国の一部を構成することを否定した(57)。

---

(53) Barber v. Guardian Royal Exchange Assurance Group, C-262/88 [1990] IRLR 240 (ECJ).

(54) Seymour-Smith and Perez, C-167/97 [1999] IRLR 253 (ECJ).

(55) Marshall v. Southamplton & South West Hampshire Area Health Autority, C-152/84 [1986] IRLR 140 (ECJ).

(56) Foster v. British Gas plc, C-188/89 [1991] ICR 84 (ECJ).

(57) Doughty v. Rolls-Royce [1992] IRLR 126 (CA).指令の直接的効力については，T.C. Hartley, The Foundations of European Community Law (3rd ed.), pp. 210-222 (Clarendon, 1994)が詳しい。

［３］ 性差別禁止法

(1) 欧州共同体への加盟と性差別禁止法

イギリスの性差別の最初の規制法として，1919年性別欠格（除去）法（Sex Disqualification (Removal) Act 1919）があげられる。この法律は，弁護士など特定の専門職，公務，大学へ女性が参入する資格に対する公式な制限を廃止したに過ぎず，また，実効性を担保するサンクションを規定していなかったので，実際的な効果はなかったといわれる[58]。そして，本格的な性を理由とする雇用差別を規制する法律が制定されるまでにはさらに半世紀以上を要したのである。1975年性差別禁止法（以下1975年法）は，イギリスの欧州共同体加盟の約3年後に制定されたものであり，同法の制定に欧州共同体法がほとんど影響を与えなかったとは考え難いのであるが，当時の内務大臣（Home Secretary）の差別禁止法に関するアドバイザーは，法案作成段階では，折しも準備されていた欧州共同体の平等取扱指令案を考慮しなかったと述べたとされる。そして，1975年法の構造，立法過程，および制定後の欧州共同体との関係を考えると，欧州共同体への加盟は1975年法の内容面にはほとんど影響を与えなかったといわざるを得ない[59]。

(2) 除外事由

1975年法は，使用者が性別を理由とし，または，婚姻上の地位を理由として雇用上差別することを違法とする。ただし，次の場合は，除外される。(i)就労がすべてイギリス以外である場合（同法6条，10条およびEqual Opportunities (Employment Legislation) Territorial Limits Regulations 1999, SI 3163）。(ii)妊娠・出産に関する女性の特別取扱いによる差別（同法2条2項）。(iii)前の年に，男女のどちらかにおいて，特定の仕事を遂行した者が全くないしほとんどいない場合に，その性に属する者を有利に取り扱うことによる差別（48条1項）。(iv)どちらかの性に属することが「真正職業資格

---

[58] 浅倉むつ子『男女平等法論――イギリスと日本』（ドメス出版，1991年）378頁。

[59] S. Deakin & G.S. Morris, Labour Law (2nd ed.), p. 548 (Butterworths, 1998).

(genuine occupational qualification)」（後掲）に該当する場合における採用，昇進，訓練の差別（7条）。(v)警察官，監獄の監視員，聖職者に関する特別な規則による場合（17～19条）。(vi)職域年金制度上の資格・権利に関しては，死亡または退職に関する特別な規定がある場合（6条4項）。(vii)国家安全保障上なされた場合（42条）。なお，軍人（person serving in the armed forces）に関しては，訴訟前に内部手続を経なければならない（85条）。なお，使用者がその雇用上の特定の仕事に関してなす行為，すなわちもっぱら女性（または男性）に当該仕事の遂行に役立つ職業訓練施設へのアクセスを与え，または，当該仕事をなす機会の利用を奨励するため，または，それに関連してなす行為は，次の場合には違法でないとする。当該行為以前の12カ月以内において，女性（または男性）に当該仕事を行う者がおらず，または，男性（または女性）に比して少ない場合である。使用者の是正的差別（positive discrimination）は，この場合に厳格に，制限されている（48条1項）。

(3) 雇用差別

1975年法6条によれば，同法の対象とする雇用差別とは，次の5つの事項における差別である。(i)被用者の採用のための取決め。(ii)採用の条件（労働条件は，1970年平等賃金法の対象事項）。(iii)採用の拒否。(iv)昇進，訓練，配転，その他の利益，施設，サービスを受ける機会。(v)解雇，その他の不利な取扱い。また，38条1項により，同法の禁止する行為を行う意図を示し，または，合理的にみて示すものと捉えられる広告をなし，または，なさしめることは違法とされる。したがって，職業広告にセールス・ガールないしウエイター等の表現を掲載することは違法となる。この広告に関する規定については，平等機会委員会のみが訴え提起の権限を有し，郡裁判所に対し当該広告の違反宣言およびその差止めを求めることができる（72条）。

(4) その他の違法な差別と責任主体

同法は，以上の他，次のような差別をも違法とし，または，差別行為の責任主体に関する特別の規定を置いている。(i)まず，39条は，他の者に対して権限を有する者または他の者が通常その望みに従うような立場にある

者（例えば使用者）が第三者を差別するように指示することを違法としている。これに関する訴訟は，72条に基づき平等委員会が行う。(ii)40条は，利益を与え（またはその旨申出）または不利益を与える（またはそのように脅す）ことによって，他人に差別させる（または差別させようとする）ことを違法としている。(iii)41条は，被用者が業務遂行中に行った差別行為は，使用者によってなされたものとみなすとしている。(iv)42条は，ある者が他の者の差別をそれと知りながら援助した場合，その者自身が差別したものとみなされるとしている。

　以上の規定とは別に，4条は性差別の訴訟などに対する見せしめ的行為（victimisation）による差別を禁止している。すなわち，1975年法，1970年法または1995年年金法62条から65条（年金の男女平等規定）に関し，ある者（例えば被用者）が，他の者（例えば使用者）に訴訟を提起し，証拠や情報を与え，その他の行動をとり，または，違反行為を主張しまたは主張を生じせしめたことを理由として，後者が前者を不利益に取り扱う場合である。しかし，虚偽かつ不誠実な主張に対してなされた不利益取扱いは違法とはされない。因みに，通常の直接差別の場合と同様に，使用者が「意識的に」ではなく「潜在意識的に（subconsciously）」差別した場合でも，この見せしめ的行為としての不利益取扱いは成立する[(60)]。

(5)　差別の概念
(a)　直 接 差 別
　同法は，次のような場合，1条1項a号（性別）および3条1項a号（婚姻上の地位）による差別は違法であるとしている。すなわち，性別または婚姻の有無を理由として「不利に取り扱う」ことは違法とされる。こうした差別的な取扱いを直接差別という。取扱いが異なることおよびそれが比較して不利であることが必要とされる。貴族院のR　v.　Birmingham　City

---

[(60)]　これに反する控訴院の判決（Nagarajan v. London Regional Transport [1998] IRLR 73 (CA)）は，貴族院によって取り消された（[1999] IRLR 572 (HL)）。

Council, ex parte Equal Opportunities Commission [1989] IRLR 173 (HL)によれば，例えば，一定の機会が与えられないことが必ずしも客観的に不利でなくとも，多くの他の人々が合理的にみて価値がある機会が奪われたと考える場合には，「不利に取り扱」われたといえるとする。この点で服装問題は，困難な問題を引き起こす。例えば，女性被用者にスカート，男性被用者にネクタイの着用を義務づける場合，これは不利な取扱いに該当するかといった問題である。Schmidt v. Austicks Bookshops Ltd. [1977] IRLR 60 (EAT)で，雇用控訴審判所は，男女が異なっていても同等の(comparable)な服装要件に服している場合には，差別とはならないとした。しかし，Smith v. Safeway plc. [1995] IRLR 132 (EAT)は，Schmidt判決を修正した。同事件では，男性の調整食堂の男性被用者がポニーテールを結うことを禁止する規則が違法差別に当たるとされた。その理由は，他の身だしなみ要件とは異なり，男女間に生理学的な違いはなく，長髪制限の影響は労働時間中のみに限定できないからというものであった。

妊娠を理由とする不利な取扱いは，通常，性差別に該当する。Hayes v. Malleable Working Men's Club and Institute [1985] ICR 703 (EAT)で，雇用控訴審判所は，類似の事情にある男性被用者（例えば，妊娠を理由とする欠勤と同様の期間を病気で欠勤する欠勤男性）ならば解雇されなかったであろうといえる場合は，妊娠による欠勤を理由とする解雇は違法差別に当たるとする。Webb v. EMO Air Cargo (UK) Ltd. [1993] ICR 175 (HL)で，貴族院は，Hayes事件の雇用控訴審判所の判断方法を支持して，性差別を立証するためには，仮定された男性が不利に取り扱われたであろうといえなければならない。したがって，特定の時間に仕事ができないことを理由として女性を解雇した使用者が，その時間に仕事ができない男性を解雇したであろう場合には，たとえその女性の欠勤理由が妊娠によるものであっても，直接的差別にはならないとした。しかし，貴族院は，この問題の判断を欧州裁判所に委ねた。これに対して，欧州裁判所は，妊娠は病気と同視できないとし，期間の定めのない雇用契約で雇われた女性被用者を，妊娠のため働けないからというだけの理由で解雇することは，直接差別に当たるとした[61]。事件が再び貴族院に戻ってきたとき，貴族院は，欧州裁判所の判決に従い，1975年性差別禁止法1条1項a号および5条3項は，

女性が期間の定めなく雇われている場合，彼女の勤務が必要とされるとき，彼女が妊娠により一時的に勤務に就けないのは，仮定された男性が勤務できないのと同様に適切な事情であると解釈されるべきであると判示した[62]。

　性的嫌がらせは，生活妨害 (nuisance) ないし不利な取扱いを構成するほど精神的苦痛 (distrssing) または脅迫的 (threatening) なものとなった場合に限り，直接性差別となるとされる。Wadman v. Carpenter Farrar Partnership [1993] IRLR 374 (EAT)で，雇用控訴審判所は，1992年職場における男女の尊厳の保護に関する欧州委員会勧告に添付された行為準則の遵守を強調している。同行為準則は，「多くの女性にとって，性的嫌がらせは女性の職業生活において不快かつ免れがたい部分となっている。それは，職場環境を害し，それの影響を受ける者達の健康，自信，勤労意欲および業績を破壊しかねないものである」と述べている。また，Reed v. Stedman [1999] IRLR 144 (EAT)で，雇用控訴審判所の審判長モリソン判事は，傍論としてではあるが，次のように述べている（要約）。性的嫌がらせは1975年法6条の規定する「不利益」の一形態である。その特徴は，犠牲者の職場における尊厳(dignity)を害することである。それは，犠牲者に不快または敵意ある環境と職場における性的平等の恣意的な障害を作り出す。問題は，「不利益」があるか，それが性を理由とするものかという点であり，意思の欠如は抗弁にならない。性的嫌がらせの基本的な特徴はそれを受けた者に嫌な言動であり，それが受け入れられ得るものか，不快なものかを判断するのはそれを受けた者であるということである。特に重要なのは，審判所が事件を特定の出来事に分解して，各出来事の危害や不利益を審理測定してはならないということである。女性が，客観的には，例外的な行為とはみられないことに過敏であるとみられることもあるが，受け入れられるか否かの程度はその人その人によって決まるのであるから，

---

　(61)　C-32/93 [1994] IRLR 412 (ECJ).
　(62)　Webb v. EMO Air Cargo (UK) Ltd. (No. 2), [1995] IRLR 645 (HL).

第4節　雇用差別

問題はその個人が当該行為が受け入れがたいと判断したことを証明することである。もし，通常人が当該行為をその女性が拒否したことを理解できるとするならば，当該行為の継続は，一般に，嫌がらせであるとみなされる。

　女性被用者がそれがために配転を願い出ざるを得ないような継続的な性的風刺やののしりは，性差別を構成する。Strathclyde Regional Council v. Porcelli [1986] IRLR 134 (CS) で，スコットランド民事控訴裁判所は，不利益な取扱いが，男性に対しては用いられないであろう性的な要素を含んだキャンペーンが女性に対して行われた場合，それは性差別を構成するとした。これに対し，Stewart v. Cleveland Guest (Engineering) Ltd. [1994] IRLR 440 (EAT) で，雇用控訴審判所は，職場に一部裸の女性の写真を貼ったことは女性被用者に対する不利益な取扱いに当たらないとした。その理由は，その不快感は異なるとしても，男性も同様に不快を感じ得るというものである。

　性転換した同僚に対する嫌がらせも不利益取扱いとなり得る。欧州司法裁判所は，もっぱらその者の性に基づかなくとも基本的にそれに基づく場合には，違法な差別となると判示し[63]，雇用控訴審判所も，1975年法はこの広い解釈の仕方で解釈できると判示し，男性から女性に性転換した被用者に対する男性の同僚からの嫌がらせが1975年法の性差別に当たるとした[64]。これに対し，同性愛者の性的傾向を理由とする嫌がらせは，ローマ条約141条（当時119条）に関しては，欧州司法裁判所によって性的傾向を理由とする賃金差別の事案で厳格に解された[65]。このため，高等法院は，欧州裁判所が性的傾向を理由とする差別が平等取扱指令に違反するとする見込みはないとして，欧州裁判所への先決判決の付託を取り下げた[66]。しか

---

[63] P v. S and Cornwall County Council, C-13/94 [1996] IRLR 100 (ECJ).

[64] Chessington World of Adventure Ltd. v. Reed [1997] IRLR 556 (EAT).

[65] Grant v. South West Trains Ltd., C-249/96 [1998] IRLR 206 (EAT).

[66] R v. Secretary of State for Defence ex parte Perkins [1998] IRLR 508 (HC).

し，ゲイの男性をレスビアンの女性より不利益に取り扱う場合は，1975年法の性差別になるとされた[67]。

なお，故意的嫌がらせについては，刑罰を伴った法律，1994年刑事裁判公序法（Criminal Justice and Public Order Act 1994）が他人に対して嫌がらせ，恐怖，精神的苦痛を感じさせる一定の行為を禁止している。

(b) 間 接 差 別

1975年性差別禁止法1条1項b号および3条1項b号は，間接的なかたちの差別（間接差別）をも違法としている。間接差別とは，次のような場合をいう。すなわち，使用者が外形上は男女に平等に適用される「要件ないし条件」（requirement or condition）を課するが，実際には，その「要件ないし条件を」満たすことができる者の割合が，男女の一方の性において，他の性に比べて，「著しく小さい」場合をいう。例えば，被用者は，1メートル80センチ以上でなければならないというような採用基準はその典型である。この場合，雇用を求める女性労働者は，女性はこれを満たすことはできないのでこの要件ないし条件は差別的な効果を有することを証明する必要がある。これが証明されたならば，次に，使用者は，この要件ないし条件は，性別とは無関係な理由で正当化されることを証明しなければならなくなる。

「要件ないし条件」は，それに従わなければならない特定の規則や禁止でなければならず，採用や昇進をしやすくするような単なる経営者の好みや手続は，これに該当しない。また，そうした規則に従う被用者の能力は，潜在的可能性ではなく現実的な実行可能性に基づいて判断される。Price v. Civil Service Commission [1978] ICR 27 (EAT)では，17歳から28歳までの者に対する採用広告が間接差別に該当するとされた。その理由は，その要件が多くの出産期の女性を排除するというものであった。Steel v. U.P.W. [1977] IRLR 288 (EAT)では，郵便局労働者組合は，一定の手当はセニョリティーによると主張してきた。女性被用者達はパート・タイマーとしてしか雇われなかったので，セニョリティーを満足できなかった。雇用控訴審判所は，そのセニョリティーの規則は，それが性別に無関係な

---

[67] Smith v. Gardner Merchant Ltd. [1998] IRLR 510 (CA).

第4節　雇用差別

理由で正当化できない限り，間接差別に該当するとした。

その「要件ないし条件」は，女性被用者が満たさなければならないものでなければならず，「その欠如は絶対的な障害（abosolute bar）であるという意味での要件ないし条件」でなければならない[68]。したがって，女性または既婚者が問題としている事項が採用につき考慮されるべき判断要素の1つとされているだけでは，右の意味での「要件ないし条件」とはならない。しかし，表面上は「絶対的な障害」とみえない当該事項が，特定の事情の下で，実際上，決定的な要件である場合は想定される。例えば，マネジャーの採用に際し，使用者がマネジャーの経歴をもつ者が「好ましい」としている場合，マネジャーの経験を有することを問題とするのが女性より男性の志願者を求めるためであることが明らかな場合には，それは決定的な要素を構成し「要件ないし条件」となるとされる[69]。

ある要件ないし条件が女性に不利な結果をもたらすか否かに関して，一定の労働者のグループ間の比較が妥当かどうかという問題がある。まず，一定のグループには，一般に，女性が著しく多く含まれているといえるかという問題がある。例えば，Clarke v. Eley (IMI) Kynoch [1982] IRLR 482 (EAT) では，剰員整理はパート・タイマーから先に行うとの基準が女性に対する間接差別に該当するとされた。しかし，Kidd v. DRG (UK) [1985] IRLR 190 (EAT) では，当該職場の過半数の女性被用者はフル・タイマーであるが，全国的にはパートは女性の方が多いので，パートを先に整理するという基準は間接差別に当たるとのパートの女性被用者の訴えが棄却された。雇用控訴審判所は，統計的証拠がない以上，育児のためにパートで働く者には，男性より女性が多く，また単身の女性より既婚の女性の方が多いと推定することは危険であると判示したのである。もっとも，そうした統計証拠があったとした場合でも，比較対象グループの幅が妥当で

---

[68] Perera v. Civil Service Commission [1983] IRLR 166 (CA). この判決は，1976年人種関係法に関するものであるが，間接差別の成立要件は性別か人種かの違いを除き，1955年法と同一である（後述参照）。

[69] Falkerk Council and others v. Whyte and others [1997] IRLR 560 (EAT).

ないとされる場合がある。例えば，Pearse v. Bradford Metropolitan District Council [1988] IRLR 379 (EAT)では，シニア・レクチャラーの職に志願できる者をカッレッジでフル・タイムで雇用されていた者に限定する要件ないし条件が間接差別に当たるかが争われた。原告は，男性教員の46.7％が志願できるのに対して，女性教員の21.8％が志願できないと主張した。しかし，雇用控訴審判所は，教員ではなく，必要な資格を有する教員を比較しなければならないとした。また，Jones v. University of Manchester [1993] IRLR 218 (CA)では，大学が27歳から35歳までの卒業生を求める広告をしたのに対し，41歳で卒業した女性（原告）は，同広告は25歳を過ぎてから卒業したマチュアー・スチューデントを求めるものであり，25歳から35歳までに卒業できるマチュアー・スチューデントは，女性の方が男性より著しく少ないので間接差別に当たると主張した。控訴院は，原告は比較するグループを狭い範囲に限定しすぎている，当該広告は卒業生を求める者であり25歳になってからの卒業生を求めるものではないと判示した。

(6) 「真正職業資格」(genuine occupational qualification)

男女の差別は，ある者の性が「真正職業資格」に該当する場合には，違法とされない（7条1項）。真正職業資格とされるには，例えば，男性または女性の役を演ずる場合，あるいは，例えば，スイミング・クラブやトイレの係員など，品位とかプライヴァシーとかが絡む場合のように[70]，ある者の性がその仕事にもっとも重要な部分であることが必要である。同様に，例えば，男性の股下を測るなどの作業を必要とする背広の仕立屋の場合は女性[71]，女性被用者のプライヴェートな問題や女子トイレの管理等を取り扱わなければならない管理者の場合は男性[72]を排除することは性差別とならない。その他，次のような場合も性差別とならない。その仕事が私的な家庭で働きまたは生活することを必要とし，そこに生活する人との肉体

---

[70] Sisley v. Britannia Systems [1983] IRLR 404 (EAT).

[71] Etam v. Rowan [1989] IRLR 150 (EAT).

[72] Timex Corporation v. Hodgson [1981] IRLR 530 (EAT).

的または社会的に接触し，あるいは，その人の一身上の問題を知ることが必要とされるような場合。その職場の性格や立地条件のために使用者が寝起きの場所を提供する場合で，一方の性のための設備しか提供することが期待できないような場合。病院，監獄，その他特別な看護，監督または注意を必要とする施設で，収容者がすべて一方の性の者である場合。福祉，教育その他個人的なサービスで，一方の性の者によりもっとも効率的に提供できる場合。

(7) 差別の救済手段

　救済の申立ては，差別行為のあったときから3カ月以内に雇用審判所に対して行わなければならない（76条1項）。ただし，審判所は，時期に遅れた申立てについても，諸般の事情に照らして，そうすることが正義かつ公正であると判断する場合には，当該申立てについて審理することができる（76条5項）。審判所は，申立てに理由があると判断する場合には，被用者の権利を宣言し，使用者に補償金の支払いを命じ(補償金裁定)，差別行為により生じた不利益を除去または減殺する措置を勧告（命令ではない）することができる（65条1項）。もし，使用者が，合理的な理由なく，この勧告に従わなかった場合は，すでに補償金裁定を行っていれば増額し，補償金裁定を行っていなければ補償金裁定を行うことができる（65条3項）。このうち，勧告については，判例は，特定の差別行為を矯正することを越えて，積極的な措置を採ることを勧告することに消極的である。例えば，Noone v. North West Thames Regional Health Authority (No. 2) [188] IRLR 530 (CA)で，控訴院は，健康局（health authority）の差別のためあるポストに任用されなかった原告に関して，次回当該ポストに欠員が生じた場合，原告をそのポストに就けるため，局が大臣に対し欠員公示義務を免除するように求める旨の勧告はできないとした[73]。

---

　(73)　また，Bayoomi v. British Railways Board [1981] IRLR 431 (T)で，雇用審判所は，救済方法として使用者の将来の雇用実務に影響を与えるような勧告をなすことは原告の解雇の効果を減殺するものではないと論じている。

補償金の性質は不法行為の損害賠償である。すなわち，その差別がなければ置かれたであろう状態に原告を戻すことである[74]。それ故に，また，損害緩和の原則（principle of mitigation）も適用され，差別的解雇の場合は，原告が職探しの合理的な努力を怠った場合にはその補償金額が減額され得る。間接差別については，使用者が差別の意思がなかったことを立証した場合は，補償金裁定は行われない（66条3項）。補償金裁定は，慰謝料の裁定をも含む（同4項）。Marshall v. Southampton and Suth West Hampshire R.H.A. (No. 2), C-271-91 [1993] IRLR 445 (ECJ)の結果制定された1993年性差別禁止平等賃金（救済）規則（Sex Discrimination and Equal Pay (Remedies) Regulations 1993）は，従来設けられていた補償金の最高限度額を撤廃，従来認められなかった補償金に関する利息の支払命令を可能とした。

また，差別を受けた者は，機会平等委員会（Equal Opportunity Commission）に援助を求めることができる。委員会は，その差別事件が根本的な問題を提起するものであるか，または，その者が援助なく申立てを提起することが困難と判断する場合には，助言，紛争解決の助力，弁護士の手配等の援助を与えることができる（75条）。委員会は，被用者等による申立てがなくても自ら調査し，証人の出頭を求めることができる（59条）。委員会は，差別的広告，差別的慣行，および差別行為を行うように他人に圧力をかけることを禁ずる宣言的判決ないし仮処分を郡裁判所ないし執行官裁判所に求めることができる（72条）。また，差別を発見した場合，警告を発して1カ月後に使用者その他の者がその差別行為を止め，新たな取決めを委員会その他の関係者にその中止と新たな取決めを行ったことを知らせるよう求める「差別禁止」通告（non-discrimination notice）を発することができる（67条）。これに対して，使用者らは，6週以内に雇用審判所に不服申立てを行うことができる（68条）。もし，そうした差別が継続すると判断する場合，委員会は，郡裁判所ないし執行官裁判所に仮処分を求めることができる。

---

[74] Ministry of Defence v. Cannock and others [1994] IRLR 509 (EAT).

［4］ 人種関係法

(1) 1976年人種関係法は，1965年および1968年の人種関係法を1975年性差別禁止法をモデルとして再制定されたものである。このため，規制対象こそ人種差別であるが，その基本的な規制原則は，性差別禁止法と同一である。したがって，人種関係法に関する記述は最小限に止めることとする。

同法1条は，差別を次のように定義している。皮膚の色，人種，国籍，または民族的（ethnic）ないし国家的出身を理由として直接的または間接的に不利益な取扱いをすること。ここで，特に問題とされてきたのは，「民族的」の意味である。Mandla v. Dowell Lee [1983] 2 WLR 620 (HL)で，貴族院は，民族的集団とは，長期にわたる共通の歴史とその文化的伝統によって特有の社会を形成しているものをいうとし，シク教徒は，ターバンが基本的には宗教的象徴であり，人種関係法の規制していない宗教的差別であるけれども，ターバン取り外しを拒否したことによる差別から保護されると判示した。同様に，ユダヤ人やジプシーも同法の保護を受けるとされた[75]。これに対し，Dawkins v. Crown Suppliers [1993] IRLR 284 (CA)で，控訴院は，ラスタファリアン（エティオピア皇帝ラスタファリを神として信仰するジャマイカ黒人）は，歴史的，道徳的または言語的集団ではなく，単なる宗教的一派であり，同法の保護の対象外にあると判示した。また，宗教的信条を直接的差別として救済することはできないが，それが人種と結びついている場合には人種による間接的差別として救済される可能性がある。例えば，5月から7月までの被用者の有給休暇取得を禁止することは，アジア人のすべてがイスラム教徒である場合には，イスラムの祭典期間とぶつかり，アジア人が非アジア人と比べて従いにくい要求ないし条件に当たるとされた[76]。

(2) 1975年性差別禁止法と同様に直接差別と間接差別が規制されている。また，救済方法も1975年法と同様である。なお，人種関係法は，機会平等

---

[75] Seide v. Cillette [1980] IRLR 427 (EAT); Commission For Racial Equality v. Dutton [1989] IRLR 8 (EAT).

[76] Walker v. Hussain [1996] ICR 291 (EAT).

委員会に対応するものとして，人種平等委員会に関する定めを置き，同委員会にほぼ同様の権限を与えている。

(3) 1976年人種関係法も，1975年法と同様に，ある差別が「真性職業資格」に該当する場合には，違法とはされない。したがって，例えば，使用者がインド料理店でインド人の給仕を雇うのは適法な差別とされる。もっとも，それは，その役務を与える者と受領する者との人種の同一性が重要である場合（主に顔と顔をつきあわせ，または人的接触を伴わない場合）であり，そうでない管理職の場合などには，その差別は適法とされない[77]。また，1975年法と同様に，就労がすべてイギリス以外である場合には1976年法も適用を除外される（1976年法4条，8条，Equal Opportunities (Employment Legislation) Territorial Limits Regulations 1999 SI 3163)——ただし，就労場所が欧州共同体加盟国にある場合は，適用除外されない（Bossa v. Nordstress Ltd [1998] IRLR 284 (EAT))。1976年法の雇用差別禁止は家庭内労働には適用されず(同条4条3項)，法令または国務大臣の課した条件または要求に従うためになされた差別（41条）や通常イギリスに居住しない者のもっぱらイギリス国外で使用する技術の訓練の差別は禁止されない（6条）。また，海外で雇われた船員は一定の例外を除き適法に差別され得るし（9条），特定の仕事に志願するための訓練の機会の付与に関して特定の人種を優遇する是正的差別は一定の条件の下で許される（38条）。

[5] 障害者差別禁止法
(1) **障害者差別禁止法の進展**

従来，障害者に対する雇用差別に関しては，障害者雇用法(Disabled Persons (Employment) Act 1944) が，使用者に対し，一定の割合の障害者の雇用を，罰則を以て義務づけていたに過ぎない。しかし，1995年11月に障害者差別禁止法（Disability Discrimination Act 1995) が制定され，1996年末に施行された。同法は，当初，被用者20人未満の使用者を適用対象から除

---

[77] 1976年法5条2項d号。London Borough of Lambeth v. Commission for Racial Equality [1990] IRLR 232 (CA).

外していたが，この除外は，1998年12月より15人未満の使用者と改正された（7条1項，Disability Discrimination (Exception for Small Employers) Order 1998, SI 2618）。また，同法は，障害差別の一掃に関する事項，障害差別を減少ないし一掃するための措置，同法の運用に関する事項につき雇用大臣に助言を与えるための機関として，全国障害者審議会の設置を定めていたが，同審議会は，機会平等委員会や人種平等委員会のような調査権能を与えられていなかった。しかし，1999年障害者権利委員会法により全国障害者審議会は機会平等委員会や人種平等委員会と類似の障害者権利委員会に置き換えられ，右両委員会と同様に障害者に関する行為準則の作成権限を与えられた（1995年法53A条）。

(2) **障害者差別の要件**

障害者差別禁止法によれば，(a)使用者が，障害者を，障害に関する理由により，そのような理由のない者より不利に取り扱い，かつ(b)使用者がその取扱いを正当化できない場合，障害者に対する差別があったとされる（5条1項）。この場合，「障害に関する理由」とは，障害者の移動の困難に起因する時間厳守の不確実さなども含まれるとされる[78]。使用者が正当性の抗弁を主張するためには，障害者の不利益取扱いの理由が諸般の事情において重要（material）であり，かつ，実質的な（substantial）ものでなければならない（5条3項）。

(3) **「障害（disability）」および「障害者（disabled person）」**

ある者が通常の日々の活動を行う能力に実質的かつ長期にわたる悪影響もたらす肉体的または精神的欠陥（impairment）を有する場合，その者は，障害差別禁止法に関しては，障害を有するとされる（1条1項）。精神的欠陥とは，臨床上公知の精神病に起因し（resulting from）またはそれから構成される（consisting of）欠陥を含む（付則1，1条1項）。ある欠陥の影響が少なくとも12カ月継続し，または，継続する見通しであるか，あるいは，その者の余生の間継続する見通し，または，現に鎮静しているとしても再

---

[78] Tolley's Employment Handbook (9th ed.), p. 68 (Tolley, 1995).

発の見通しがある場合，その欠陥は，「長期にわたる影響」であるとされる（付則1，2条1項および2項）。ある欠陥が次のいずれかに影響を与える場合に限り，その欠陥は通常の日々の活動を行う能力に影響を与えるものとみなされる。移動，手作業の機敏さ，肉体的協調，日常的に物体を持ち上げ，運びまたは移動させる能力，話し，聞き，見る能力，記憶または集中する能力，肉体的危険を感知する能力（付則1，4条1項）。「障害者」とは，以上のように定義された障害を有する者を意味する（1条2項）。障害を有していると自覚している者，潜在的な条件（例えば，HIVに感染しているが発病していない者）および疾病素因を有する者は，障害者とはいえない。なお，雇用に関しては，過去に障害を有していた者についても「障害者」と同様の規制が適用される（2条および付則2）。

(4) 間接差別規定の不存在

障害差別禁止法上は，性差別や人種差別の場合におけるような間接差別の規定は，存在しない。以上の定義に該当する障害者（以下では，過去の障害を有する者も含めて使用する）は，募集から解雇に至るあるゆる雇用上の差別から保護される。具体的には，使用者が採用決定方法，雇用提供およびその条件等について障害者を差別することは違法となる（4条1項）。また，使用者が，採用後に，障害者を，雇用条件において，昇進，配転，訓練，または，手当，施設ないしサービスの受給の機会において，あるいは，解雇その他の不利益に服さしめることによって差別することは違法となる（4条2項）。

(5) 使用者の調整義務

使用者は，自分で，または，自分のために行った取決めあるいはその職場の物理的な構造が，障害のある志願者または被用者を障害のない志願者または被用者と比較して実質的に不利になることを防止する合理的な措置をとる義務がある（6条1項）。この義務を正当な理由なく履行しない場合には，障害者に対する差別となる（5条2項）。不履行の正当な理由は，それが諸般の事情において重要でかつ実質的でなければならない（5条4項）。「取決め」とは，雇用が与えられるべき者を決定するための取決め，お

よび，雇用，その他雇用に関する給付をなす規定，条件，その他の取決めをいう（6条2項）。雇用が与えられるべき者を決定するための取決めに関する使用者の義務は，使用者に対し自分が雇用の志願者たり得ることを通知した障害者に関しても及ぶ（6条5項）。もし，使用者が職場を賃借している場合には，その賃貸借は使用者に賃貸人の書面の合意をもって変更の権限を与え，その合意は不当に拒否されないものと規定されているものとしての効果を与えられる（16条）。

使用者がとるべき措置の例としては，構内の調整，障害者の職務内容の一部の他の被用者への割当，配転，労働時間の変更，障害の回復，評価，手当措置のための欠勤の許可，職業訓練の付与または取決め，用具の取得または改良，指示や手引きの改善，試験や評価手続の改善，朗読または通訳者の提供，監督の提供が規定されている（6条3項）。また，次の事項が，当該措置をとることの合理的の判断要素として規定されている。すなわち，当該措置が不利益な効果を防止する程度，使用者が当該措置をとる実行可能性，使用者の金銭的またはその他の負担，使用者の金銭的またはその他の援助の利用可能性（6条4項）がそれである。

(6) 救済方法

雇用差別を受けた者は，3カ月以内に雇用審判所に申立てを提起しなければならない。ただし，審判所は，時期に遅れた申立てについても，諸般の事情に照らして，そうすることが正義かつ公正であると判断する場合には，当該申立てについて審理することができる（8条1項，3条，付則3，3条2項）。審判所は，申立てに理由があると判断するときは，被用者の権利について宣言し，補償金の裁定を行う。この裁定には，慰謝料および補償金の利息をも含めることができる。また，最高限度額の規定はない。また，差別行為により生じた不利益を除去しまたは減殺する措置を命ずることができる。使用者が審判所の命じた措置命令に従わなかった場合には，審判所は，補償金額を増額し，補償金裁定を行っていない場合には，その裁定を行うことができる（8条2項から6項）。

1999年障害者権利委員会法によって設置されることとなった障害者権利委員会は，教育・雇用大臣により任命される10名から15名の委員（うち半数

以上が障害者でなければならない）からなり（同法付則 1 ），機会平等委員会や人種平等委員会と同様の権能を有する。

［6］ パートタイム労働者差別禁止

　社会条項がアムステルダム条約によって欧州共同体設立条約（Treaty establishing the European Community）に盛り込まれた結果，パートタイム労働に関する理事会指令 (Council Directive 97/81/EC concerning the Framework Agreemnet on Part-time Work concluded by UNICE, CEEP and the ETUC)を国内法化する義務を負うことになった。同指令は，パートタイム労働者の不利益取扱いの禁止（4条1項），適切な場合における時間比例原則の適用（4条2項），労働者の要求によるフルタイムからパートタイムへの異動およびその反対を考慮すること（5条3項）等を規定している。イギリスにおける同指令の履行期限は2000年 4 月 7 日とされたため，イギリス政府は，1999年雇用関係法で一定の規定を置いた。19条は，特定の目的に関し，パートタイムの雇用にある者がフルタイムの雇用にある者より不利益に取り扱われないようにするための規則を制定する旨定めた。また，20条は通産大臣がパートタイム労働の行為準則を発する権限を定めた。そして，2000年パートタイム労働者（不利益取扱防止）規則（The Part-time Workers (Prevention of Less Favourable Treatment) Regulations 2000）は，次の事項を定めた。

　1．この規則でパート労働者とは，賃金を全部または部分的に労働する時間に基づいて支払われ，かつ，同一の種類の契約に基づいて当該使用者によって雇われる労働者達に関する慣習および慣行に鑑みて，フルタイム労働者と同一視できない場合をいう（規則 2 条 1 項）。

　2．パートタイム労働者は，その労働条件または当該使用者の作為または意図的不作為によるその他の不利益に服せしめられることによって，比較可能なフルタイム労働者に比べ，不利益に取り扱われない権利を有する（5条1項）。この比較にはそれが不適当でない限り比例原則が適用される（同条 3 項）。

　3．使用者が規則 5 条によって与えられた権利を侵害するような仕方で取り扱われたと考えるパートタイム労働者が書面で要求すれば，21日以内

に使用者からその理由書を得る権利がある（6条1項）。

　4．被用者は，次の理由により解雇された場合は不公正解雇とみなされ（7条1項），また労働者は，同一の理由によって，使用者の作為または意図的不作為による不利益に服せしめられない権利を有する（同条2項）。その理由とは，本規則に基づく訴訟を提起し，理由書を要求し，他の労働者の訴訟に関し証拠または情報を与え，本規則に基づくその他の行為をし，使用者の本規則違反を主張し，本規則上の権利の放棄を拒否し，あるいは，使用者が以上の行為を行ったまたは行うと信じまたは疑ったことにある場合である（同条3項）。

　5．パートタイム労働者は，3カ月以内に権利侵害を雇用審判所に申立てることができる。不公正解雇については，通常の不公正解雇制度のもとで救済され，不利益取扱いについては，審判所が正義と衡平に沿うと思料する次のような措置のいずれかまたはすべてを取ることによって救済される。すなわち，審判所は，申立てに理由ありと判断する場合，原告とその使用者の権利を宣言し，使用者が原告に補償金（権利侵害の結果として被った費用およびその侵害がなければ支払われたと期待される得べかりし利益の損失額を含むが，精神的損害の補償は含まない）の支払いを命じ，原告への悪影響を除去または軽減するものと思料する措置を一定期間内にを行うよう勧告する（8条7項，9項，10項，11項）。なお，損害緩和の原則が適用され（同条12項），権利侵害への原告の寄与行為がある場合には補償金が減額される（同条13項）。他方，使用者が合理的理由なく，前記勧告に従わない場合，すでに補償金裁定がなされていればその増額，なされていなければ新たに補償金裁定がなされる（同条14項）。

［7］　年齢差別

　イギリスでは今のところ年齢差別を禁止する制定法は存しない。しかし，教育・雇用省は，「雇用の年齢の分散」という行為準則を作成した。これは，他の行為準則のように訴訟において雇用審判所はこれを考慮する義務はないが，事実上，これを考慮する可能性はある。同準則は，例えば，使用者は，仕事に必要な技術と能力に基づく募集を奨励し，募集に関し年齢制限や年齢の幅を用いないよう求めている。また，同準則は，剰員整理の

決定は営業に要求される技術を確保するための客観的かつ仕事関連基準によるべきであること，退職制度は労働者個人と営業の必要性を考慮に入れて公正に適用されるべきことなどを定めており，準則に添付されたガイドは，労働力削減手段としての年齢に基づく早期退職制度の思慮のない使用は好ましくないなどとしている。

第5節　労働者の個人情報の保護

［1］　序

　イギリスでは，基本的人権を定める憲法的規定がなかったこともあって，労働者の個人情報の保護は他の欧州連合諸国に比べ後れをとっていたといえる。確かに，コモン・ロー上，使用者は被用者に関する内密の情報を第三者に開示してはならない義務を負っているとはいえても（例えば，Dalgleish v. Lothian and Borders Police Board ［1991］ IRLR 422 (EAT)），コモン・ローは個人にプライヴァシーが保護される一般的な権利を認めてはいない。例えば，Halford 事件（Halford v. United Kingdom ［1997］ IRLR 471 (ECHR)）において，イギリス政府は，使用者がその被用者に供与した電話機で当該被用者がかけた電話を盗聴することはできると主張した。しかし，欧州人権裁判所（the European Court of Human Rights）は，そのような盗聴はプライヴァシーの尊重を規定する欧州人権条約第8条（私生活および家庭生活の尊重）に違反すると判示した。イギリスでも，1984年には一応個人情報保護法が制定されたが，保護の内容は充分とはいえない状態であった。しかし，ブレア政権誕生直後に既存の1984年個人情報保護法を廃止して，その内容を欧州連合の個人情報保護指令(95/46/EC)に沿うものにする目的で1998年個人情報保護法（Data Protection Act 1998）が制定された。同法は，1998年人権法と同様に，すべての個人にかかわるものではあるが，労働者に深くかかわる。同法は，旧法のもとでは，コンピューターに保存された情報の保護のみを対象としていたが，1998年法は対象をペーパーファイルにも拡張した(同法1条1項c号およびd号)。同法は旧法になかった「センシティブな個人情報」という新たな概念を導入した。また，同法は，情報収集活動にも規制を加えた。イギリスでは，これとは別に，医療情報に

関する規制を定める1988年医療報告書アクセス法（Access to Medical Report Act 1988）および1990年健康記録アクセス法（Access to Health Record Act 1990）が定められている。なお，1998年個人情報保護法制定の年，イギリスが欧州人権条約を国内法化する人権法を制定したことはすでに指摘したとおりである（第1章第4節参照）。

［2］ 1998年個人情報保護法
(1) 規制対象としての情報
　同法が新たに規制対象にした「関係ファイリングシステム（relevant filing system）」とは，「その情報が目的に対応して自動的に機能する設備によって処理されないが，いつでも特定の個人に関する特定の情報にアクセスできるかたちで，その個人または個人の特性に関して集められている個人情報の集合」と定義されている。保護される「個人情報（personal data）」は，その情報自体からまたはそれに加えて「個人情報管理者（data controller）」（情報処理の目的・方法を決定する者）の所持（またはその見込み）にある他の情報から同一性が認識できる（生存する）個人の情報をいい，それは個人情報管理者その他の者による当該個人に関する意見の表明および当該個人に関する意向の識別を含む。

(2) 情報処理の原則
　同法付則1，個人情報の処理（収集，保管，編成，訂正，修正，開示，廃棄を含む）に関し次の8原則を定めている。①個人情報は公正かつ適法に処理されなければならない。②個人情報は特定された適法な目的のためにのみ獲得され，かつ，その目的にあった仕方でのみ処理されなければならない。③個人情報はその処理目的に鑑みて相当，妥当かつ応分なものでなければならない。④個人情報は正確なものとし，必要があれば，更新されなければならない。⑤処理に必要な期間を超えて維持してはならない。⑥個人情報は本法上の諸権利を遵守して処理されなければならない。⑦個人情報は適切な技術的・組織的な手段に服しなければならない。⑧個人情報の欧州経済地域外の国または領土への移動は当該国または領土の十分な情報保護の保証がない限り行ってはならない。

個人情報の対象者たる「個人情報対象者（data subjects）」（被用者を含む）は、個人情報管理者（使用者を含む）によって自分の個人情報が処理されているか否かを知らされ、当該情報の内容とその受領者を知らされ、かつ当該情報をわかりやすく提供される権利を有する。この個人情報対象者から個人情報管理者に対する請求は、書面でかつ、特定の場合を除き、有料で行われなければならない。右請求がなされた場合、個人情報管理者は40日以内に請求に応じなければならない。ただし、その請求された情報が他人の情報の開示を必要とするものである場合には、その者の同意がある場合または同意がなくとも請求に応じることが諸般の事情から合理的といえる場合でない限り、個人情報管理者はその請求を拒否できる（同法7条）。

(3)　「センシティブな個人情報」

1998年法は、新たに「センシティブな個人情報」という新たな概念を導入した。これは、民族的または人種的出身、政治的見解、宗教的または類似の信条、組合員資格、身体的精神的健康状態、性的生活、犯罪、刑事訴追などに関する個人情報をさす（2条）。これに関しては、すでに述べた同法付則1の一部に規定された8つの原則に服する他、付則3に定める次の条件の少なくとも1つを満たさなければならない。その条件とは、①情報対象者がその個人情報の処理に明示的に同意したこと、②その処理が雇用に関し法によって個人情報管理者に付与されまたは課せられた権利または義務の行使または履行のために必要であること、③個人情報対象者または他の者の重大な利益の保護に必要なこと、④その処理が政治、哲学、宗教または組合の目的のために存する非営利団体の適法な活動の中で行われ、個人情報対象者の権利および自由の保護を伴い、当該団体の構成員または日常的関係者のみに関し、かつその開示が当該情報対象者の同意を条件としていること、⑤その個人情報が個人情報対象者の意識的にとった措置の結果として公開されたこと、⑥その処理が訴訟手続に関しまたは法的助言を得るために必要であること、⑦その処理が裁判の実施および制定法上与えられた機能の実施のため必要であること、⑧その処理が医療目的でかつ医療専門家またはそれに準じる者によってなされる必要があること、および⑨人種または民族的出身の情報の処理が機会均等または平等取扱いのた

第5節　労働者の個人情報の保護

め必要であること，である。

(4)　執行機関と救済方法

　1998年法の執行は，旧法によって設けられた個人情報保護記録官（Data Protection Registrar）の事務所が担当し続けるが，新法上は個人情報保護委員（Data Protection Commissioner）の事務所と呼ばれる。同委員は女王により開封勅許状をもって任じられる（6条）。委員が個人情報管理者に上記原則の違反があると思料する場合，右原則に従うよう求める履行通知を発する。履行通知を決定するときには当該違反が損害または精神的苦痛を生ぜしめるものか否かを思料する（40条）。委員は，自らまたは個人情報管理者の書面の申請に基づき，書面の通知をもって履行通知の撤回または変更をなすことができる（41条）。個人情報の処理によって直接影響を受ける者またはその代理人は，個人情報保護委員に当該個人情報の処理が本法の規定に従ったものか否かの評価を求めることができる（42条）。履行通知の不遵守は犯罪を構成する（47条）。なお，履行通知を受けた者は個人情報保護審判所に異議申立てをなすことができる（48条および6条）。

　情報対象者は，自分の個人情報が不正確であると理由で高等法院または郡裁判所に訴えを提起することができる。訴えに理由があると思料する場合，裁判所は個人情報管理者に対し，不正確な情報に基づく意見の表明を含む情報の訂正，廃棄，削除を命じることができる。そうした情報が第三者に開示される場合には，当該情報が修正されていることを通知するように命じることができる（14条）。また，個人情報対象者は，個人情報管理者に対し，実質的かつ不当な損害と精神的苦痛を生ぜしめる恐れがある個人情報の処理を行わないようにもとめる書面の通知を発することができる（10条）。個人情報対象者が請求できる補償金は，不正確な情報処理または不当な情報開示の結果生じた損害に対するもののみならず，一定の場合には，それによって生じた精神的苦痛に対するものをも含む（13条）。個人情報対象者は，個人に重大な影響を与える個人情報管理者の決定がもっぱら個人情報の自動的処理のみに基づいてなされないように求める書面の通知をなすことができる。この場合，個人情報管理者は，21日以内に，右通知に従う措置を特定する書面の通知を与えなければならない。個人情報対象

者の訴えに理由があると思料する場合，裁判所は，個人情報管理者に対し，決定の再考を命じまたは自動的処理にだけに基づかない新たな決定を命じることができる（12条）。

［3］ その他の制定法

上記のような個人情報の一般的保護に加え，1988年医療報告書アクセス法が雇用に関し医師によって提供された自己の医療報告書を閲覧する権利を与えている（同法1条）。使用者は，被用者の同意を得ずに医師に対して医療報告書を求めることはできない（3条1項）。被用者は自己の医療報告書に対する使用者の右申請を許可する前に当該報告書を閲覧することができ（4条），被用者が右申請に同意する旨通知しない限り，使用者は当該報告書を与えらない（5条1項）。また，被用者は，右申請に同意する前に，医師に対して，当該報告書に修正を加えるよう求めることができる（5条2項）。同法の違反に関し，被用者は郡裁判所に提訴し，裁判所は同法に従うよう命じることができる（8条）。

また，1990年健康記録アクセス法（Access to Health Record Act 1900）は，個人が自己の健康記録，または患者の親権者,後見人等，患者と一定の関係にある者が，当該患者の健康記録にアクセスする権利を与えている（同法3条）。したがって被用者は医療専門家の有する自己の健康記録を閲覧する権利を有する。また，不正確な健康記録の修正を請求することもできる（6条）。健康記録の保持者が同法に違反する場合は，被用者は郡裁判所に提訴することができる（8条）。

第6節　安全衛生に関する制定法

［1］ 概　説

(1)　安全衛生に関しては，すでに，本章第1節［4］(2)(B)(d)で，コモン・ロー上の雇用契約の黙示的義務条項の1つとして，使用者の安全注意義務について述べているので，ここでは，制定法上の規定についてのみ説明する。ローベン報告(1972年に公表された職場の安全に関する委員会の勧告書)に基づいて，1974年職場安全衛生法が制定される以前は，職場の安全と健康

第6節　安全衛生に関する制定法

に一般的に適用される制定法は存在しなかった。1961年工場法，1963年事務所商店鉄道構内法（Offices, Shop and Railway Premises），1954年鉱山採石場法などの法律が特定の職場の安全と健康について規定していたが，多くの職場がそのような規制によりカバーされていなかったのである。しかし1974年法の制定により，職場で働く，または，職場の活動により影響されるすべての者が制定法の適用を受けることになったのである。もっとも，1974年法により当然に従来の制定法上の規定が廃止されるのではなく，同法に基づく新たな規則にとって代わられるまで，従来の制定法上の規定は効力を有するわけである。なお，1974年法は，使用者，被用者，自営業者（self-employed）のみならず，職場で使用する物品および物質の製造者，供給者，企画者および輸入者にも安全と健康上の責任を課していることを特筆しなければならない。

(2)　1974年法は，基本的には刑罰法規の性格を有する。そして，特に，同法は，民事責任を生ぜしめない一般的義務条項を有するが，その他の規定に基づいて制定された規則の違反は，反対の趣旨が規定されていない限り，民事責任を生ぜしめるのである。同法は，事故の防止にその主眼があるため，監督官に新たな権限を与えている。また，産業の当事者に自己規制を促すように企図されており，このため安全代表と安全委員会の仕組みが導入されたのである。

[2]　一般的義務
(1)　はじめに

1974年法は，いろいろな種類の者に一般的な義務を課している。そうした義務条項には，多くの場合，「合理的にみて実行可能な限り」という条件が付いている。これは，当該義務が課せられている者が，一方で，その義務を達成するために用いる費用と努力と，他方で，生じる危険とのバランスをとることを認めるものであるといわれる[79]。下記の(2)から(6)までに，一般的義務の内容を略述する。なお，その他の義務(7)についても略述する。

---

(79)　Edward v. NCB [1949] 1 KB 704 (CA).

(2) **使用者の義務**

(A) 同法2条は，まず，「合理的にみて実行可能な限り，すべての被用者の職場における健康，安全および厚生を確保することはすべての使用者の義務である」と定めている（1項）。使用者は，ことに，安全な機械設備および作業組織，安全な物品および物質の使用，取扱，保管および運送，安全のための情報，指示，訓練および監督，安全な職場および入出の手段，および，安全な職場環境および十分な厚生施設の施設と取決めを配慮しなければならないとしている（2項）。すなわち，この義務は，極めて広く，コモン・ロー上の安全注意義務違反として損害賠償の対象とされるようなものはすべて同法の監督官による調査・刑事訴追の対象となし得るものである。

(B) 使用者は，被用者の職場における安全と健康に関する一般的な方針およびその実施のための組織と取決めを記述した文書を準備し，すべての被用者に知らせなければならない（2条3項）。使用者は，2条4項に基づいて制定された1977年安全代表安全委員会規則（Safety Representatives and Safety Committes Regulations 1977）に従って任命された安全代表を承認し，便宜を与え，その訓練のためのタイム・オフを認めなければならない。安全代表は，組合員である被用者の中から使用者に承認された組合により任命される（規則3(1)および8(2)）。安全代表は，それが実行可能である限り，過去2年間当該使用者に雇用されていたか，あるいは，2年以上の類似の雇用経験を有する者でなければならない（規則3(4)）。安全代表は，職場の安全と健康に関する取決めに関する使用者との協議において被用者を代表する。そして，使用者はその協議を行う義務がある（1974年法2条6項）。また，使用者は，規則所定の安全と健康に関する事項について協議し，安全代表が1974年法2条4項に定める任務を遂行するために必要な便宜および援助を与えなければならない（規則4A）。安全代表は，有害物質の調査，ならびに，安全，健康および厚生に関する苦情の調査を含むその他の任務を有する。それらの問題について主張し，また，安全委員会の会議に参加することができる（規則4(1)）。2名以上の安全代表の書面による要求がある場合，使用者は，少なくとも1名の安全代表を含む安全委員会を設置しなければならない（1972年法2条7項および規則9）。安全委員会

第6節　安全衛生に関する制定法

は，職場の安全と健康の確保のための対策の審議その他を行う。これを超える問題は，使用者と組合が決定することになる。なお，1996年安全衛生（被用者協議）規則（Health and Safety (Consultation with Employees) Regualations 1996）は，1977年規則に基づいて安全代表によって代表されない被用者らが存する場合，使用者は，それらの被用者と直接または一定の被用者集団の場合はその集団から選挙で選ばれた「安全被用者代表（representatives of employee safety)」と協議する義務を有するものとした。

(C)　使用者の義務の履行に関して，使用者が被用者を次のような理由で解雇した場合には，解雇は不公正とみなされる（1996年雇用権法100条）。(a)被用者が職場の安全と健康に対する危険を防止し，または，減少させることに関する活動の任務を与えられてきた者がその活動を行い，または，その活動をしようとしたこと，(b)職場の安全と健康に関する被用者の代表または安全委員会の委員であるものがその任務を遂行し，または，遂行しようとしたこと，(c)そうした労働者の代表または安全委員がいないか，または，それらの機関をとおして問題提起することが合理的にみて実行可能ではなかったときに，その被用者が安全と健康に有害と信じる事情につき，合理的手段により，使用者の注意を促したこと，(d)その被用者が重大かつ緊急の危険回避のためと合理的に信じて，その職場またはその職場の危険な部分を離れ，または，離れようとし，あるいは，危険の存する間その場に戻らなかったこと。(e)その被用者が重大かつ緊急な危険があると合理的に信じて，自分または他の者を保護するに適切な措置をとり，または，とろうとしたこと。不公正解雇の救済申立ては，雇用審判所が取り扱う。以上の理由による不公正解雇のうち，(a)および(b)を理由とするものに関しては，後述する第11節の通常の不公正解雇の救済より，被用者に有利な救済が与えられる（128条1項）。すなわち，基礎裁定の最低限度額が設定され（122条3項）また，仮救済が与えられる（128条）。また，以上の不公正解雇の場合と同様な理由により，使用者が，解雇以外の不利益処分をした場合にも，被用者は審判所に救済を申立てることができる（44条）。この場合の救済は，同規定に違反する行為があったことの宣言と補償金の裁定である（48条）。

(3) 使用者と自営業者の義務

使用者および自営業者は，合理的にみて実行可能である限り，自分または他の者（被用者でない者）が健康または安全に対する危険に曝されないような仕方でその事業を行わなければならない（1974年法3条1項および2項）。また，使用者および自営業者は，その事業の影響を受ける可能性のある者に，その事業の仕方に関する情報を与えなければならない（3条3項）。

(4) 不動産を支配する者（occupiers）の義務

1974年法4条は，その不動産で労働し，または，その不動産での使用のため提供された機械設備または物質を使用している被用者以外の者に関し，家事用不動産以外の不動産を支配している者に対し義務を課している。その者は，合理的にみて実行可能である限り，その不動産が安全で，そこで労働する被用者以外の者の健康に危険がないようにするために合理的な措置をとらなければならない。

(5) 製造者等の義務

職場で使用する物品および物質の製造者，供給者，企画者および輸入者は，それが合理的にみて実行可能な限り，その製品の企画が安全であるようにし，そのための必要な検査を行い，その使用およびその安全な使用条件に関する十分な情報を与えなければならない（6条）。ただし，その顧客が，その物品が適切に使用されれば，安全で，健康に危険はないということを十分に保証する特定の措置をとる旨の書面の保証を得た場合には，この限りではない。

(6) 被用者の義務

職場にいる被用者は，自分の健康と安全および自分の作為・不作為による影響を受ける可能性のある者の健康と安全に合理的な注意を払う義務があり，また，制定法上の規定により課せられた義務が履行されるようにするために，その使用者その他の者に協力する義務がある（7条）。このため，使用者が被用者に保護眼鏡を付与するように義務づけられている場合，

その担当の職長は，保護眼鏡が付与されるようにする義務があり，労働者はそれを着装する義務がある。

［3］ その他の義務
制定法の規定に基づき，健康，安全または厚生のために与えられたものを故意または認識ある過失で（recklessly）妨害または悪用してはならない（8条）。使用者は，制定法上の義務の履行として行ない，または，付与したものについて，被用者に費用負担させてはならない（9条）。

［4］ 安全衛生委員会および執行局
(1) 組織・任務
1974年法10条は，安全衛生委員会（Health and Safety Commission）と安全衛生執行局（Health and Safety Executive）を設置した。委員会は，国務大臣が任命する議長と6名ないし9名の委員からなる。執行局は，委員会が国務大臣の承認を得て任命する3名の執行局員からなる。まず，その中1名が執行局長として任命され，次に，執行局長と協議の上，他の2名の施行局員が任命される。安全衛生委員会の主要な任務は，1974年法の諸規定の執行に関する助言，研究の承認および提案（法規の制定に関するものも含む）である。また，執行局の主要な任務は，大臣の求めに応じて，情報と助言を与えることである（11条）。委員会は，執行局に命ずるか，その他の者にその権限を与えて，事故，事件，状態，その他調査が必要または適切と考える事項につき，調査し，報告書を作成させることができる。また，国務大臣の承認を得て，そのような事項について審問調査の開催を命ずることができる(14条1項および2項)。事故についての民事または刑事責任がこの審問調査による可能性があるので，その手続に関しては，特に1975年安全衛生審問調査（手続）規則が定められている（14条4項）。安全衛生委員会は，その任務の遂行に必要な情報，または，執行機関の任務遂行に必要な情報を得る権限がある（27条）。

(2) 安全衛生に関する行為準則
委員会は，同法の一般的義務条項および他の既存の法規の運用のための

行為準則を承認し，発布する権限を有する（16条）。委員会は，すでに，安全代表安全委員会，安全代表の訓練のためのタイム・オフ，健康に有害な物質の規制，発ガン性物質の規制，有害生物の規制に関する行為準則を発布している。刑事民事責任を追及されている者が法定で行為準則の規定を遵守しなかったことが明らかになった場合，その者は，当該規定を遵守以外の方法で法令上の義務を履行し，または，禁止を避けたことを証明しなければならない。

[5] 執行手続
(1) 執行権限
同法その他の健康と安全に関する法規の執行権限は，安全衛生執行局にある。ただ，国務大臣は一定の規定に関する執行権限を地方自治体に委ねることができる。執行局その他の執行機関は監督官を任命する権限を有する（18条）。そして，監督官には，不動産への立入検査を行うこと，物品および物質のサンプルを取ること，必要な調査をし，人を尋問し，書類の提出を命じ，その写しをとることなど広範な権限が与えられている（20条）。さらに，差し迫った人身の危険の恐れがあると判断する場合には，不動産に立ち入って，その物品または物質を押収し，または，危険性を除去することができる（25条）。

(2) 是正通告（improvement notice）
監督官は，ある者が同法その他の健康と安全に関する法規に違反し，その違反が継続または繰り返される恐れがあると判断する場合，是正通告を発することができる。その通告は，どの規定を，どのように違反しているのかを特定し，21日以内の特定の期間に是正するように求めるものである（21条）。是正通告に対する異議申立ては，21日以内に雇用審判所に対して行わなければならない（1993年雇用審判所（組織および手続規定）規則付則4）。審判所は，その通告を取り消し，確認し，または，変更することができる（24条2項）。申立てが処理されるまでは，是正通告の効力は停止する（24条3項a号）。

(3) 禁止通告 (prohibition notice)

監督官は，ある活動が人身に重大な危険があると判断する場合，問題が処理されるまでその活動を停止することを命ずる禁止通告を発することができる。その通告は，即時に効力を発することも，それに特定された期間まで効力の発生が延期することもできる (22条)。禁止通告に関する異議申立ての申立期間および審判所の権限は，是正通告と同じであるが，その申立ては，審判所が特にその旨を命じない限り，通告の効力を停止する効果を有しない (24条3項b号)。

[6] 刑事・民事訴訟

(1) 対象となる犯罪は，一般的義務規定違反，安全衛生規則の違反，監督官の業務の妨害，是正または禁止通告違反などであり，刑事訴追は，略式の場合は治安判事裁判所，正式の場合は刑事裁判所で行われる。同法33条は，治安判事裁判所に対し，(a)一般的義務規定違反（被用者のものを除く），(b)是正または禁止勧告違反，および(c)裁判所の是正命令（裁判所は，刑罰の代わりに被告に是正を命ずることができる）違反の場合には，最高20,000ポンドの罰金の支払いを命じ，また，(b)および(c)の場合には，それと同時またはそれに代えて，6カ月までの自由刑を命ずる権限を与えた(33条1A項および2A項)。また，安全衛生規則の違反，監督官の業務の妨害，および被用者の一般的義務規定の違反に関しては，略式判決で，最高5,000ポンドの罰金が課せられる(1991刑事裁判法17条)。なお，1974年法は，会社が同法その他健康と安全に関する法規に違反し，その取締役，支配人，秘書その他同様の地位にある者がその違反行為に同意または黙認し，または，過失ある場合には，会社とともにそれらの者にも責任を課する両罰規定を有する (37条)。

(2) すでに述べたように，一般的義務規定の違反は，民事責任の根拠とならない(47条1項a号)。ただし，安全衛生規則の違反は，当該規則が反対の趣旨を明示していない限り，民事責任の根拠となる (47条2項)。また，安全衛生規則に違反する場合の責任を免除する契約は，当該規則が反対の趣旨を明示していない限り，無効である (47条5項)。

第7節　労働災害補償

[1] 労働災害の法制

　イギリスにおいては，第3章第1節[4](2)(B)でみたように使用者に雇用契約上の黙示的義務として安全注意義務が認められており，その義務に基づき，労働災害に関して利用者の不法行為法上の賠償責任を問うネグリジェンスの法理が発展したといわれる。そして，近代産業発展期におけるイギリスの労働災害からの救済は，主に，過失責任に基づくコモン・ロー上の不法行為法および各種の制定法上の規定によってなされてきた。しかし，その限界から，19世紀末期に「業務に起因し，かつ業務遂行中に発生した事故（accident arising out of and in the course of the employment）によって」労働者が負傷・死亡した場合に，その労働者またはその生計依存者に補償を与える目的で1897年労働者災害補償法（Workmen's Compensation Act 1897）が制定された。同法はその後修正発展されてきたが，1946年の国民保険（業務災害）法（National Insurance (Industrial Injuries) Act 1946）により社会保険法に取り込まれることとなった[80]。しかし，社会保険による労働者の災害補償は，その後の修正を経て社会保障制度の一部として統合され，現在では，1992年社会保障拠出給付法（Social Security Contributions and Benefits Act 1992）および1992年社会保障管理運営法（Social Security Admimistration Act 1992）に規定されている。すなわち，1975年社会保障法（Social Security Act 1975）の成立後，労災保険基金は廃止され，国民保険基金に一本化され，1990年からは労災給付の費用の全額が税金で賄われる統合基金（Consolidated Fund）から支払われ，労災補償給付は保険料に依拠しない無拠出給付となった。この結果，現在では，労働災害は，不法行為に基づく損害賠償と労災補償制度に基づく労災給付の二者択一の状態にあるといってよい。過失責任に基づく損害賠償に関する法についてはすでに述べたので，本節では，社会保障制度としての労災補償について概説

---

　(80)　イギリス労災補償の発展とその理論的考察については，岩村正彦『労災補償と損害賠償』（東大出版会，1984年）参照。

する[81]。

[２] 業務災害 (industrial accidents)

　何が業務災害に該当するかの基準は，1897年労働者災害補償法で定められていた「業務に起因し，かつ業務遂行中に発生した事故 (accident arising out of and in the course of the employment) によって生じた身体的負傷 (personal injury)」という判断基準が今日の制定法規定にも継承されており (1992年社会保障拠出給付法94条1項)，膨大な裁判例が蓄積されているといわれる。そして，この条文に含まれる文言については以下のような解釈がなされてきた。

(1) 身体的負傷 (personal injury)

　「身体的負傷」とは身体的および精神的な損傷 (impairment) を含み，したがって，精神的疾患またはショックを含む (R (I) 22/52; R (I) 22/59)[82]。人工的な補助具の損傷は，それが身体の一部となっていない限り，身体的

---

(81) 本節の記述については，労災補償研究会「イギリスの労災補償法制等に関する調査報告書」(1995年，非売品)に負うところが多い。イギリスの文献としては，注(83)に掲げるものを参照した。

(82) 本節では，R(I)22/52等の記号・数字を付加する。それらは，社会保障審査会(前身は国民保険審査会)の裁決例を意味する。このうち，記号は，Rが裁決集に登載されたことを示し，(I)が労働災害給付に関する裁決例であることを示す。数字は，前者が裁決の通番号，後者が裁決年次を表している。ただ，筆者自身は，これらの裁決集に直接あたってはいないことをお断りしておきたい。筆者が参照したイギリスの文献は主に以下の限られたものであり，本書がこれらの記号・数字を表示する唯一の理由は，その記述が参考文献の執筆者の個人的見解ではないことを示すことである。なお，参考文献は以下のものである。Tolley's Health and Safety at Work Handbook 1999 (Tolley, 1999); R. East, Social Security Law (MacMillan, 1999); AI Ogus et al., Ogus, Barendt & Wikeley's The Law of Social Security (4th ed.) (Butterworths, 1995); ITSmith & JC Wood, Industrial Law (5th ed.) (Butterworths, 1989).

負傷とはいえない (R (I) 7/56)。人工的な股関節の損傷は身体的負傷とされた (R (I) 8/81)。なお，疾病は身体的損傷たり得るが，疾病に罹ることは「事故」とみられないことがある。このため，ある仕事に一般的に起こり得る病気を，わが国と同様に，リストに掲載し補償の対象（「指定疾病」という）としている。わが国との違いは，リストに掲載されていない場合には，職業病としての補償の可能性がないという点である。

(2) **事故**（accident）

「事故」の定義は，制定法にはなく，一般に，Fenton v. Thorley & Co. Ltd. [1903] AC 443 (HL) の傍論としてMacnaghten卿判事が述べた「予期しない災難または予想または企図されたい不運な出来事」を意味すると理解されている。しかし，Orgus教授らは，次の2つの点で，この定義が正確なものでも十分でもないことが明らかになったとする[83]。その1点目は，右の定義は被害者自身による故意的な行為は排除すると解釈されてきたが，第三者の故意的な，しかも違法な行為は排除しないと判示されてきたことである。したがって，被害者の負傷が加害者の完全に故意的な行為，例えば，暴行によって生じたものであっても，「事故」によるものといえる。生徒が懲戒処分の責任者たる校長を襲って殺害した事件などでこの点が明らかにされた[84]。このため，右の定義は被害者の見地からみてのことであると制限的に解されている。その2点目は，「予想されない」という文言は重くは捉えられ得なかったことである。ある出来事が必ずしも予想できず例外的なものでなくとも「事故」に該当し得る。例えば，無理をして働けなくなった労働者は，その労働の負荷がその仕事にとってひどく重いまたは例外的であったことを証明する必要はないとされる[85]。なお，自殺行為と仕事に関係する要因との間に強い因果関係がある場合，例えば，その要因が死に至らしめる抑鬱ないし精神障害を作り出す場合，その自殺行為はMacnaghtenの「事故」の定義に該当し得る，とされる[86]。「事故」の

---

[83] Orgus et al, op. cit., p. 303.
[84] Trim Joint District School v. Kelly [1914] AC (HL).
[85] CI5/49（不登載・労災・1949年5番事件）。

定義に関するグレーゾーンとして問題にされてきたのが,「事故」と「経過(process)」の関係である。「経過」とは,特定の出来事に帰することのできない身体的,肉体的変質を意味し,これは「事故」とは区別される。この「経過」による健康の損傷は,指定疾病(prescribed disease)とされない限り,業務災害(industrial injury)に当たらないとされる。しかし,そもそも,「事故」と「経過」のいずれに該当するのか自体が極めて曖昧なのである。すなわち,Roberts v. Borothea Slate Quarries Co Ltd. [1948] 2 All ER 201 (HL)で,貴族院は,事故は継続的な経過による労働不能の増大を含まないが,ある出来事あるいは一連の出来事が疾病の発症またはその進行の原因となりまたはそれに寄与したことを示すことができたら,被用者は勝訴できたであろう,と述べた。なお,事故によって「身体的負傷」が生じたものでなければならないので,その因果関係が問題となる。しかし,因果関係が中断されるような特別の場合を除き,一般に,必ずしも,厳格な処理がなされてはいない。当該事故が背景的要因にすぎない場合を除き,たとえそれが唯一の原因でなく,寄与的原因 (contributory cause) であればよいとされる。したがって,事故が既存の状態を悪化させた場合や既存の状態のために身体的負傷が生じた場合も事故によって「身体的負傷」が生じたとみとめられる (R (I) 12/52; R (I) 19/63)。

(3) 業務遂行性と業務起因性

(A) 事故は「業務に起因し,かつ業務遂行中に」発生したものでなければならない。Moore v. Manchester Liners Ltd. [1910] AC 489 (HL)で,貴族院のLoreburn卿判事は「雇用されている者がその勤務時間内に合理的にみて行うことのできることを,合理的にみて行うべき場所で行っている間に事故が起こる場合,その事故はその業務の「遂行中に」その者に生じる」と判示した。したがって,業務遂行性の存在は,場所,時間および活動の3要素によって判断される。当該事故が通常の労働時間に通常の労働場所で生じた場合には,業務遂行性が推定される。通常の就労場所や就労時間の外で事故が起こった場合に,業務遂行性をみとめるためには,当

---

(86) Smith & Wood, op. cit., p. 556.

該被用者がそのとき何を行っていたかが決め手となる。そこで，当該活動が当該業務と十分に関係しているかが問題となる。仕事に必要な道具や衣服を収受（R (I) 72/54），坑内作業終了後の入浴（CI22/49），賃金受領のための出頭（R (I) 34/52）は明らかに業務に入るとされ，また，特定の使用者との労働条件に直接関わる労働組合の会議への参加も業務の範囲に入るとされる（R (I) 63/51）。レクリエイション活動もその参加が使用者により要請されていた場合は業務となる（R (I) 3/81）。移動・旅行中の事故に関しては，まず，被用者が業務に必要または付随する旅行をすることを義務づけられている場合には，その旅行為は業務であることは明らかである。次に，被用者の業務が販売または渉外のようなに通常頻繁に旅行する必要がある場合には，その目的での旅行は業務に当たる。しかし，使用者が交通の経路または仕方を特定しない限り，その業務は最初の訪問地に到達するまで開始されない（R (I) 19/57）。最後に，被用者が通勤する場合であるが，この被用者は他の大衆と同様の地位に置かれるので，一般に，通勤は労災補償の対象とされない。ただ，緊急事態で使用者によって自宅から呼び出され，最短経路をたどってできるだけ早く職場に到達するよう要求された場合は，1番目の事案と同様労災補償の対象となる（R (I) 21/51）。

(B) 業務遂行性に加え，事故が業務から生じたこと，すなわち，業務起因性が必要とされる。業務起因性とは，「業務」と「事故」との因果関係を意味する。1992年社会保障拠出給付法94条3項は，「業務災害給付に関して被用者の業務の遂行中に生じた事故は，反対の証拠のない限り，当該業務に起因して生じたものとみなす」とのみなし規定を置いている。なお，1992年社会保障拠出給付法には，以下のような業務遂行性と業務起因性に関する補充規則が定められている。まず，被用者が明示または黙示の許可を得て，就業場所との往復を乗客として乗物（船，大型船，ホーバークラフト，飛行機）で移動している間に生じた事故は，被用者がその移動を義務づけられていなくとも，義務づけがあった場合には業務遂行中に業務に起因して生じたであろうと考えられ，使用者またはそれに代わる者または使用者との取決めで乗物が運行されており，かつ，公共輸送の通常のサービスがない場合には，常の就労場所や就労時間の外で事故が起こった場合には，その事故は業務遂行中に業務に起因して生じたものとみなされる（99条）。次

に，被用者の就労している建物またはその付近で，他人の危険や財産に対する損害を防止するための緊急事態の措置を行っている間に生じた事故は，業務遂行中に業務に起因して生じたものとみなされる(100条)。また，業務遂行中に生じた事故であれば，それが(i)他の者の非行，悪ふざけまたは過失，(ii)動物の行動や存在，もしくは(iii)物体または雷に打たれたこと，によって生じ，かつ，その業務の範囲外または業務に付随しない行為により，被用者が直接または間接に事故発生を誘発またはそれに寄与したといえない場合には，被用者の業務遂行中に業務に起因したものとみなされる (101条)。

[3] 指定疾病 (prescribed desease)＝職業病

「事故」によらない疾病については，イギリスにおいても，いわゆる職業病のリストが作成されていてこれに掲載されている疾病を指定疾病という。そこで，被用者は，(i)指定疾病に罹患したこと，(ii)自己の業務が指定疾病の原因業務に該当すること，(iii)自己の罹患が右業務に従事したことに起因すること，を立証することにより，労災補償を受けられる。このうち，特に，(iii)について補足すると，この因果関係の立証は，事故による業務災害と同様に，業務が疾病の唯一の原因である必要はなく，実質的な原因であることを証明すればよい。特定の疾病を除き，被用者が疾病の発症前1カ月以内に当該業務に従事していた場合には，当該疾病は，反証のない限り，当該業務に起因するものと推定される。

[4] 労災補償給付

(1) イギリスにおいては，労災補償給付は，労災に独自な給付としては，業務障害年金 (industrial injuries disablement pension) およびその補足的給付としての常時付添手当 (constant attendance allowance) および特別重度障害手当 (exceptionally severe disablement allowance) があるだけであり，あとはすべて，一般の社会保障給付に依拠している。業務障害年金とは，業務上の負傷または疾病の結果として残った身体的精神的な機能喪失につき，どの程度の障害が生じたかを障害評価表に照らして判断して支給される年金である。なお，右の労災補償独自の給付とその他の社会保障給付と

の調整および不法行為に基づく損害賠償との調整については省略する。

(2) 労災補償給付についての請求は，通常，請求が可能となってから社会保障省の地方給付事務所に対して3カ月以内に行わなければならない。この給付請求は，国務大臣の任命した裁定官（adjudication officer）によって審査される。ただし，重度障害手当および障害手当に関わる障害の問題は，医療問題の裁定を行う裁定医事官（adjudicating medical practitioner）が判断する。この医療問題の決定の再審査は医事上訴審判所である。前記給付請求者が右裁定官の決定に不服である場合は，原則として3カ月以内に，社会保障上訴審判所（social security appeal tribunal）での審判を求めることができる。この審判所は，法律家，労使を代表する者からなる三者構成機関である。障害および障害に関する給付についての裁定官の決定に関する不服は障害上訴審判所に対して行われる。さらに，請求者がいずれかの上訴審判所の審判に不服な場合は，社会保障コミッショナーに再審査を求めることができる（1992年社会保障管理運営法17条から29条）。

第8節　規律処分 (disciplinary action)

[1] 規律処分の権限
(1) はじめに
一般に規律処分は制裁的機能ではなく矯正的機能を有するものと考えられている。すなわち，規律処分は被用者の労務遂行の量的質的レベルの維持向上（労働規律の維持も含む）をはかるものであり，そのために妥当な種類の処分が選択されるべきであるとされる[87]。規律処分として一般に認められているものには次のようなものがある。

(2) 減　給
1996年13条により契約上の規定があるか，事前の書面の合意がある場合

---

[87] NM Selwyn, Selwyn's Law of Employoment (11th ed.), p. 283 (Butterwaorths, 2000).

に限定されている。また，小売業に働く労働者に関しては，同法18条が金銭または在庫の不足に関しする控除の控除限度制限をおいている（第3章第2節参照）。黙示条項や慣行に基づく減給処分はできない。

(3) 停職（無給）

雇用契約上，停職（無給）処分を認める契約条項がある場合には，使用者はその特定の事由に基づいて被用者に対して停職処分をなすことができる。これは，明示の契約の場合のみならず，就業規則，労働協約，慣行などによって契約内容となっていると認められる場合でもよい[88]。被用者は，停職期間終了後に職場復帰する権利を有する[89]。また，その停職処分が違法なら被用者は停職処分を使用者による履行拒絶として取り扱い[90]，違法解雇または不公正解雇の訴えをなすことができる（次節以下参照）。ところで，この停職(無給)処分と異なるものとして，予防停職(precaustionary suspension)と称されるものがある。これは警察の捜査および起訴の結果を待って無給で出勤停止するものであり，わが国の起訴休職に相当するものである。審判所は，使用者の利益と財産を保護するための予防措置として予防停職を行うことは合理性があるとしている[91]。もっとも，訴訟の結果が被用者が無罪となった場合は，使用者は，この予防停職期間の未払賃金の支払義務を有する。

(4) 降　格

契約上の明示の条項があり，かつ，公正な仕方でなされた降格処分は適法とされる。違法な降格処分は，停職処分の場合と同様，違法解雇または不公正解雇の訴えの対象となる。例えば，舞台大工として14年間働いてきた被用者が1回の不注意で賃金の劣るビルメインテナンスの大工に降格さ

---

[88] Bird v. British Celanese Ltd [1945] 1 All EA 488 (CA); Tomlinson v. London, Midland and Scottish Rly Co. [1944] 1 All EA 537 (CA).
[89] Marshall v. Englishi Electric Co. Ltd [1945] 1 All EA 653 (CA).
[90] Davies v. Anglo Great Lakes Corps. [1973] IRLR 133 (T).
[91] Jones v. British Rail Hovercraft Ltd. [1974] IRLR 279 (T).

れた事案では，降格を理由に辞職した大工の不公正解雇の訴えが認められた[92]。

(5) 解　雇

イギリスでは，解雇が規律処分のうちで最も厳しい処分として位置づけられている。しかし，解雇については，論点が多いので第11節および第12節で詳述する。

(6) その他の処分

使用者は，契約で認められる範囲内で労働者に規律目的の配転を行い，契約に基づき一定の期間にわたり年功に基づく利益を停止し，契約外の利益供与を停止することができる。

[2] 規律手続

(1) 1996年法3条は，同条1条の労働条件記述書の中に使用者が規律の規則，決定，苦情処理およびその手続を記載しなければならないと定めている。したがって，被用者の雇用開始から2カ月以内にそれらについて書面の通知をしなければならない。なお，この規律規則手続の記載は20名未満の被用者を雇用する使用者には適用されない（3条3項）。また，助言斡旋仲裁局が1975年雇用保護法6条（現在，1992年労働組合労働関係（統合）法199条）に基づいて作成した「助言斡旋仲裁局行為準則1：雇用上の規律処分と手続」が公正な解雇手続のガイドラインを定めている。この準則によれば，公正な手続は，書面の警告，調査，被用者の事情説明および不服申立ての機会の必要性を定めている。もっとも，この行為準則は，基本的には，不公正解雇の公正不公正の判断に適用されており，その他の解雇以外の規律処分で問題とされることは少ないので，第12節不公正解雇で取り扱うことにする。

(2) ところで，1999年雇用関係法 (Employment Relations Act) は，労働

---

[92] BBC v. Beckett [1983] IRLR 43 (EAT).

者が使用者によって規律処分または苦情処理の審問への出席を求められた場合には，次のような1人の同伴者（companion）に付き添われることを求める権利を導入した。その同伴者となり得る者は，自主的労働組合の幹部，審問の同伴者としての経験を有しまたはその訓練を有することを組合によって証明された組合幹部，または，当該使用者に雇われる他の労働者である。これらの者は同伴者となることを拒否することができる。同伴者として選ばれた者が予定された審問の時間に都合が付かない場合は，使用者は労働者の提案するときまで延期しなければならない。その場合，代替的日時は使用者の提案した日から5日以内の合理的時間でなければならない。同伴者は，審問で陳述し，当該労働者と協議する権利は有するが，当該労働者に代わって質問に答えることはできない。使用者は同伴者の同伴のためのタイム・オフを認めなければならない。また，同伴者が使用者に承認された自主的労働組合の組合幹部である場合，同伴時間は1992年労働組合労働関係（統合）法168条1項の組合用務の遂行の時間とされ，その時間は有給のタイム・オフされる（10条）。使用者が同伴請求権を認めなかった場合には，労働者は，3ヵ月以内に，雇用審判所に申立てを提起することができる。そして，審判所が申立てに理由があると認める場合は，2週給を限度とする補償金の裁定をなさなければならない（11条）。また，労働者が同伴してもらおうとし，または，他の労働者に同伴しようとしたことを理由として解雇された場合は，その解雇は当然に不公正解雇となる。また，不公正解雇訴訟の資格期間や年齢制限は適用されず，また仮救済（interim relief）が適用される。また，解雇以外の不利益取扱い（detriment）をした場合には，1996年雇用権法48条および49条に基づき救済が与えられる（12条）。

第9節　解雇以外の不利益取扱い
(detrimental treatment)

　(1)　前節では，被用者の労務遂行の量的質的レベルの維持向上（労働規律の維持も含む）をはかるための規律処分を概説した。しかし，そこで掲げられた処分ないしその他の手段（例えば，昇進や職業訓練をさせないなどの不作

為的行為）を用いて使用者が労働者の権利行使を阻止しまたは権利行使に報復する場合がある。そのため，一定の労働者の制定法上の権利保障を守るため，制定法は当該権利行使を阻止しまたは報復する解雇や不利益取扱いから被用者ないし労働者を保護・救済しようとしている。しかし，解雇以外の不利益取扱いからの保護・救済規定により実効性を確保しようとしている制定法上の権利規定の多くについては，他の章や節で記述しているのであるから，ここでは，なるべく重複を避けるかたちで触れておきたい。

(2) ①使用者が職場の安全と健康に関する義務の履行に関して被用者に対して行った不利益取扱い(1996年法44条)（第6節[2](2)参照)，②日曜労働拒否を理由とする不利益取扱い（45条）（第3節[2]参照)，③1998年労働時間規則の諸規定に違反する理由を理由とする不利益取扱い（1996年法45A条)，④職域年金制度の受託者であることまたはその活動を理由とする不利益取扱い(46条)，⑤1992年労働組合労働関係（統合）の剰員整理協議規定（同法188条から198条）および1981年営業譲渡（雇用保護）規則の協議規定（同規則規則10条および11条）の被用者代表（employee representatives）またはその候補者がその地位に基づく活動をすることを理由とする不利益取扱い（1996年法47条)，⑥16または17歳の年少労働者で全日制中等教育以上の教育を受けておらず，規則で要求される水準に達していない被用者が資格達成に必要な勉学訓練のためのタイム・オフまたはその時間の報酬の権利を行使したことを理由とする不利益取扱い(47A条)，⑦保護される情報の開示を理由とする不利益取扱い（47B条)，⑧妊娠，出産，母性（maternity)，通常，強制または付加的母性休暇，育児休暇（parental leave）または57A条(配偶者，子，親，その他の扶養者のためのタイム・オフ）に関しかつ労働大臣が定める規則に規定される理由とする不利益取扱い(47C条)，⑨全国最低賃金の実施に関する訴訟提起を理由とする不利益取扱い（1998年全国最低賃金法23条）（第2節[3](5)(A)参照)，⑩労働組合員資格または組合活動を理由とする不利益取扱い（1992年労働組合労働関係（統合）法146条）（第4章第4節[3]参照)，⑪組合承認に関する活動を理由とする不利益取扱い(1992年法付則A156条）（第4章第2節[5]参照)，⑫パートタイム労働者がパートタイム労働者（不利益取扱防止）規則上の権利を行使したことを理由とする不利益取扱

第9節 解雇以外の不利益取扱い (detrimental treatment)

い（パートタイム労働（不利益取扱防止）規則7条2項）（第3章第4節[5]参照），⑬被用者の規律処分または苦情処理の審理の同伴者としての権利の行使を理由とする不利益取扱い(1999年雇用関係法12条)。また，⑭欧州労使協議会制度との関係で，特別交渉団体，欧州労使協議会，情報・協議代表またはその選挙の候補者がその任務を遂行し，その者またはその者のために行為する者がそのためにタイム・オフを申請したことを理由とする不利益取扱い(1999年多国間被用者情報協議規則31条2項および3項)。さらに，欧州労使協議会制度との関係で，被用者が1999年規則に定める自己の権利を行使したことなどを理由とする不利益取扱いの保護の対象とされている（同条5項および6項）。

(3) 以上のうち，ここでは①から⑧の救済について述べるが，これらの場合，被用者または労働者は，3カ月以内（一連の作為・不作為の場合は最後のものから3カ月以内）に雇用審判所に申立てを提起し(48条)，審判所がその申立てに理由があると判断する場合には，その旨宣言しなければならず，また，その侵害およびその作為・不作為に帰することのできる損失に照らし，事案のすべての事情に鑑み正義かつ衡平に適すると思料する補償金の裁定を行うことができる。考慮できる損失は，合理的にみて当該作為・不作為の結果被った経費および合理的にみて得べかりし利益の喪失を含む(49条)。

(4) なお，右の⑦にいう「保護される情報の開示」について，本書の構成上，他の箇所で述べることができないので，便宜上，ここで触れることにする。この「保護される情報の開示」という概念は，1998年公益情報開示法 (Public Interest Disclosure Act 1998) によって導入された。この法律は，保安局 (Security Service)，国家機密局 (Secret Intelligence Service)，政府情報本部 (Government Communications Headquaters) の雇用や警察官等には適用されない（11条および13条）。同法により修正された1996年法は，保護された情報の開示を理由とする不利益取扱いのみならず解雇をも禁止している。これに反する解雇は，後述するように当然に不公正解雇とされる。不利益取扱禁止は被用者のみならずその他の「労働者」をも対象とし

ている。とりわけ，医師，歯科医師，眼科医等も対象としている（1996年法43L条1項(c)）。労働者がその開示に関して不利益取扱いから救済されるための2つの要件が定められている。その開示が「保護に値する開示 (disclosures qualifying for protection)」といえる内容を有し，一定の範囲の者に対してのみなされるということである（43A条）。

⑸　まず，その内容についていうと，次の6つの事柄のうち少なくとも1つが行われ，行われつつあり，または行われようとしていることを示す情報の開示である。この場合，労働者がそうと信じたことが合理的である必要がある。①犯罪行為，②ある者の法的義務不履行，③裁判上の誤審，④健康または安全の危殆，⑤環境の汚染および⑥以上の事柄を示す情報の故意的な隠蔽。この場合，以上の非違行為がイギリス国内で行われたか否か，およびそれらの非違行為に適用される法がイギリスの法か否かを問わない。しかし，その開示が犯罪を構成する場合または法的助言の過程でその開示を受けた者が行う情報開示は訴訟上法職特権が主張され得る情報に関するものである場合は保護に値する情報開示とはいえない（43B条）。次に，保護に値する情報開示が次のような相手に対してのみなされたものである必要がある。その相手方は，原則として，(i)当該労働者の使用者（ただし，その情報が他の者の行為または使用者以外の者が法的責任を有する事柄に関する場合は，その者），(ii)法的助言を得る過程にある法職者，(iii)労働者の使用者が国務大臣の命令に基づき任命された者あるいは大臣により任命されたメンバーからなる団体の場合は当該大臣，(iv)国務大臣により前記①から⑥の情報の開示を受ける目的で定められた命令に規定される者である。しかし，さらに，次の2つの特別規定がある。1つは，労働者が誠意から開示をなし，その情報が真実であると信じたことが合理的であり，当該労働者が私益を目的としておらず，かつ，他の3つの法所定の要件を満足する場合には，すべての事情に照らして合理性を有すると判断されれば，前記(i)から(ii)の相手方以外に対して行われた開示も保護される（43G条）。もう1つは，右の3つの法定要件に替えて，その非違行為の内容が例外的に重大な場合である（43H条）。なお，労働者が保護される情報の開示をしない旨の契約は無効とされる（43J条）。

第10節　雇用の終了

(1)　雇用の終了の形態

　雇用契約は，当事者の変更・消滅，フラストレーション（契約目的達成不能），契約期間の満了，仕事・プロジェクトの完了，合意，解雇，辞職，および履行拒絶の承認によって，終了する。このうち，当事者の変更・消滅，フラストレーション，仕事・プロジェクトの完了および期間の満了は，その事実の発生により当然に契約終了がもたらされる。しかし，プロジェクトの終了および期間の満了は，それが広い意味での契約当事者の合意に基づいているとみることができる。また，契約時の合意に基づく契約終了事由といってもよいであろう。しかし，典型的な当事者の意思に基づく終了は，合意，解雇および辞職であり，そのうち，解雇と辞職は，契約の一方当事者による契約の終了である。ところで，こうした解雇と辞職に関しては，コモン・ロー上の適正な予告が与えられる必要がある。しかし，もし，その解雇または辞職が相手方の重大な契約違反（履行拒絶）による場合には，その解雇または辞職には右の予告は不要とされる。このような契約の終了は，履行拒絶の承認による契約の終了とみることができるのである。解雇については後に詳述することとし，ここでは，重要と思われる幾つかの終了事由について簡単に述べておきたい。

(2)　当事者の変更・消滅

　契約当事者の変更・消滅は，契約の履行不能をもたらし契約を自動的に終了させる。この当事者の消滅は，広い意味でのフラストレーションによる契約の終了に該当する。具体的には，労働者または使用者の死亡，会社の強制解散（compulsory winding up），財産保全管理人（receiver）の任命，会社の営業譲渡，パートナーシップ（民事上の組合および合名会社）に雇用される被用者の場合のパートナーシップの解散または重大な変更などがこれに入る。しかし，任意解散の場合は，営業が停止されない限り雇用契約を自動的に終了させない。ただ，以上はコモン・ロー上の原則であり，また，今日では，雇用の継続が制定法上特に保障されている場合がある。例えば，

営業譲渡に関しては，1981年営業譲渡（雇用保護）規則（Transfer of Undertakings (Protection of Employment) Regulations 1981）が雇用上の地位と雇用条件の継続を保障した（5条1項）。また，1996年雇用権法218条は，営業譲渡，使用者の地位の変更（パートナーの変更，代表者，受託者等）の変更は雇用の継続を破らないと規定している。また，同法136条5項は，使用者に影響を与える出来事（自然人の場合の使用者の死亡を含む）による雇用の終了を解雇とみなしている。

(3) フラストレーション（frustration）

フラストレーションとは，当事者の過失なく，契約当事者の契約目的の達成が不可能になること，あるいは，契約が当事者の意思に全く沿わないものになってしまうこと，と定義することができる。この場合，コモン・ロー上，契約は，当事者の意思表示によることなく当然に終了する。ラジオのディスクジョッキーが徴兵されて仕事を継続できなくなった事案に関するMorgan v. Manser [1948] 2 All EA 666 (K.B.) で，Streatfeild 判事は，フラストレーションの法理を次のように要約している。「総体としての契約の根底に打撃を与え，両当事者の予測を超えるものと法的にみなされる出来事や変化が存在し，それ故に契約の維持を求めることは，その出来事や変化の発生を予測したなら合意しなかったであろう条件に両当事者を縛り付けることになる場合，両当事者の意志または意思ならびにその出来事に関する知識に関わりなく，その出来事により即時的に当該契約はフラストレートされるのである。このことは，しばらくの間，両当事者がその契約はまだ存在すると取り扱ってきたとしても異ならない。」

フラストレーションの成立が，特にしばしば争われてきたのは，病気と投獄による就労不能の場合である。裁判所は，適用を否定はしないが，雇用契約にフラストレーションを適用することには一般に極めて慎重である。例えば，病気については，Williams v. Watsons Luxury Coaches Ltd. [1990] ICR 536 (EAT) で，雇用控訴審判所は，次のように述べている。「まず，裁判所は余り安易なフラストレーション法理の適用を制御すべきである。剰員状態があり，また，本当は職務能力不良を理由とする解雇かも知れない場合はとくにそうである。第2に，フラストレーションが生じ

た特定の日を決定する必要はないが，その日を決定する試みは，実際にフラストレーションの状態があったのか否かにつき裁判所が意を決するのに役立つのであるから，無意味なものとはとうていいえないのである。第3に，フラストレーションか否かを決定するのに，そのポイントとなる多くの要素がある。これらは，Egg Stores (Stamford Hill) Ltd. v. Leibovici [1977] ICR 260，265におけるフィリップス判事の次の判示から得られるのである。『そのような事案で決定に際し考慮すべき事項の中には，次のようなものがある。(1)今までの雇用期間，(2)見込まれる雇用期間，(3)仕事の性格，(4)傷病の性格，期間および効果，(5)その仕事の必要性と代替労働者の必要性，(6)使用者が剰員整理手当，または，不公正解雇の補償金を支払うリスク，(7)賃金の支払いが継続されたか否か，(8)当該被用者の解雇の是非を含む雇用に関する使用者の言動，(9)諸般の事情からみて合理的使用者がこれ以上待つことができなかったか否か。』

ところで，拘禁がフラストレーションを構成するかは興味深い問題である。なぜなら，投獄は労働者の側の事情で生じた事柄であるから通常は過失ある被用者の就労義務を免れさせることが不合理にみえるからである。しかし，判例上，使用者が自己および当該被用者に過失がないことを主張・立証しなければならないが，これに対して被用者の方が自己に過失があるということを主張することはできないとされる。このことは，被用者が不公正解雇制度上（この制度については後に詳述する）の救済を申し立てたF. C. Sepherd & Co. Ltd v. Jerrom事件の控訴院判決で明らかにされた。控訴院によれば，それはフラストレーションによる相互的義務免除をもたらすであろう出来事が自己の過失によって生じたという理由でその法的効果が否定されるという主張により被用者の立場を有利にすることを認めることは，常識に反することであり，また「人が自己の非違行為を有利に利用することは許されないという基本的な法的かつ道徳的な原則」として言い表された原則に反するからである[93]。しかし，この見解に対しては，フラストレーション法理の適用を認めず，解雇として不公正か否かを判断することにより実質的には被用者敗訴の結論に至るのであるから，この処理

---

[93] [1986] IRLR 358 (CA).

の仕方は不公正解雇制度の適用を安易に回避するもので妥当でないとの批判を加える有力学説が存する[94]。

(4) 合意解約

契約は，いつでも自由に合意により終了させることができる。しかし，被用者が解約に合意するしか選択の余地がなかったと主張するような場合は，裁判所はなお真の合意があったか否かを審理する。そして，雇用終了の合意の原因が，解雇の脅威のみであった場合には，解雇があったものとするのが一般である。しかし，他の要因，例えば，金員の支払い等がある場合には，合意による解約があったとの結論に達しやすい。例えば，剰員整理解雇の可能性も否定できない状況を告げて，早期退職制度のもとでの早期退職募集に応じた被用者は，相互的合意解約で退職したものと判断された[95]。のみならず，会社の取締役兼被用者が同社の支配的株主と喧嘩し，もし辞職しないなら解雇すると脅されたがその日のうちに辞職に応じるための金員支払いを含む合意が成立したという事案でも，「その意思が他の配慮によって引き起こされ，辞職の実際の原因がもはやその脅しにはなく，辞職する被用者の心理状態にあり，その被用者が交渉して満足を得た条件で納得して退職する場合」には解雇にはあたらないと判断された[96]。なお，一定の事実が発生した場合に契約が終了するとの合意(例えば，休暇延長に際し，一定の日までに会社に戻らなければ，雇用は自動的に終了することを合意した場合)は[97]，雇用保護に関する制定法上の権利を否定する効果を否定される（1996年雇用権法203条1項）。

---

(94) S. Deakin & G.S. Morris, Labour Law (2nd ed.), p. 461 (Butterworths, 1998).

(95) Birch v. University of Liverpool [1985] IRLR (CA).

(96) Sheffield v. Oxford Controls Ltd. [1979] ICR 396 (EAT). この判決は，Jones v. Mid-Glamorgan County Council [1997] ICR 815 (CA)で，控訴院により支持された。

(97) Igbo v. Johnson Matthey Chemicals Ltd. [1986] IRLR 215 (CA).

(5) 辞　職
　辞職に際して被用者は，コモン・ロー上，使用者の解雇と同一の長さの予告を与える必要がある。これに違反する場合は，債務不履行責任を負う。しかし，使用者が行った重大な契約違反(例えば，理由なく賃金を与えない停職処分を行った場合)を理由として，辞職する場合には，その使用者の行為自体が履行拒絶を構成するため，被用者は予告を与える必要がない。そして，そのような場合には，不公正解雇および剰員整理解雇法上，被用者はその使用者の行為を解雇（厳密には，「みなし解雇」に該当する）として不公正解雇の救済または剰員整理解雇手当の請求をなすことができる。

第11節　違法解雇法

[１]　違法解雇

　(1)　コモン・ロー上，期間の定めがある雇用契約は，その期間の満了により当然に終了する。その期間の途中で被用者を解雇する場合は，労働者側の重大な契約違反などの雇用を継続できない特別な理由がない限り期間満了まで雇用すべき使用者の義務に違反する。したがって，そのような理由のない解雇は違法解雇（wrongful dismissal）となる。これに対し，雇用契約に期間の定めがない場合，その契約の当事者も，相手方にいつでも適切な予告を与えて，契約を終了させることができる。予告期間は，当事者の合意によって決定される。もし，契約が予告期間について何も定めていなければ，合理的な予告期間が必要とされる。判例によれば，その合理性を決定する要素としては，特定の職種に関する慣行的予告期間の存否，その被用者の地位および賃金支払期間があげられ，例えば，肉体労働者の場合は，１日ないし１週間とされていた[98]。しかし，合理的予告期間は，1963年雇用契約法により導入された法定の最低予告期間の規制を受けるに至り，現在，その規制は1978年雇用保護（統合）法49条に引き継がれている。これによれば，２年以上勤務した被用者は，その雇用期間１年ごとに１週間の

---

　[98]　P. Davis & M. Freedland, Labour Law (2nd ed.), p. 433 (Weidenfeld and Nicolson, 1984).

予告期間が与えられ，その雇用期間の長さにより最高12週の予告期間が与えられることになっている。しかし，ホワイト・カラーの場合は，一般に月単位または年俸で賃金が支払われるので，合理的予告期間は，その雇用期間によって決まる法定の最低予告期間より長いことが多い(99)。

(2) 右のような適切な予告期間を与えない場合，被用者は，違法解雇の訴えを裁判所に提起できる。しかし，これに対しては，使用者は，解雇の理由として被用者の重大な雇用契約違反行為（履行拒絶）があったことを立証することにより，違法解雇の責任を免れることができる。この場合，その違反行為は，その解雇のときに使用者が気づかなかった事由であってもよいとされている(100)。また，使用者は，被用者に対して予告期間相当分の賃金 (money in lieu of notice) を支払うことにより，即時かつ適法に被用者を解雇することができる。この予告に代わる手当の支払いは，法的には，損害賠償額の支払いの性格を有するので，手取賃金額でよいとされている(101)。

(3) ところで，雇用契約が直接的に，または，協約などを通じて間接的に被用者に雇用保障を与える旨規定している場合がしばしばある。例えば，雇用契約が使用者に一定の解雇手続に従うことを義務づけていたり，解雇の理由を限定していたり，あるいは，独立の解雇審査委員会に解雇の決定を委ねている場合がある。こうした例は，多くの場合，公共部門の雇用契約にみられるところである。Gunton v. Richmond-upon-Thames London Borough Council [1981] ICR 355 (CA) で，控訴院は，使用者に対して，契約上の手続遵守義務違反に関し，予告付与義務違反に関して与えられるべき額を超える損害賠償額の支払いを命じた。また，McClelland v. Northern Ireland General Health Services Board [1957] 1 WLR 594 (HL) で，

---

(99) Nokes v. Doncaster Amalgamated Collieries Ltd. [1940] AC 1014 (HL).

(100) Bonner v. H. Gilbert & Co. [1989] IRLR 475 (EAT).

(101) Dixson v. Stenor Ltd. [1973] ICR 157 (CA).

貴族院は，被用者の雇用契約は解雇を正当事由がある場合に限定しているとの理由で，その契約は解雇によって終了せず存在していることを確認する宣言的判決を下した。さらに，Jones v. Gwent County Council [1992] IRLR 521 (QB) では，契約上の規律処分手続に従って規律処分委員会により処分理由なしとの判断が下されているにもかかわらず，カレッジの学長がその講師の解雇を決定したため，同講師が群議会の解雇の差止めを求めた。高等法院は，群議会が学長の決定に基づいて解雇することを差止める判決を下した。

［2］ 違法解雇の救済

(1) 違法解雇の救済は，通常は，損害賠償に限定されている。期間の定めのない雇用契約の場合，その額は予告が与えられたとすれば得られたと考えられる手取賃金額である。それは，使用者は，適切な予告期間を置けば，いつでも解雇できるからである。したがって，被用者が前記Gunton事件のように，一定の手続に対する契約上の権利を有する場合には，適正な予告期間を置いた場合得られたであろう手取賃金額では，賠償額として不十分ということになり，手続に要する期間の手取賃金額が請求できるとされる。しかし，最近の雇用控訴審判所の判決は，所定の手続がとられたならば雇用が継続したであろうことを前提として，雇用の喪失に対する損害まで請求することはできないとした。なぜなら，使用者の雇用契約上の義務は，合理的理由によってかつ公正な仕方で解雇するか否かを決定する義務まで含まないからであるというものである[102]。また，期間の定めのある雇用契約についていえば，その期間中は予告を置いても適法に解雇できないのであるから，その期間満了までの期間に見合った手取賃金額が損害賠償額であるとされるのが通常である[103]。

(2) 裁判所はその損害賠償額の決定に当たっては，使用者の明確な契約上の支払義務が存在することを前提とするわけであるから，裁量的なボー

---

[102]　Janciuk v. Winerite Ltd. [1998] IRLR 63 (EAT).
[103]　Isleworth Studio Ltd. v. Richard [1988] IRLR 137 (CA).

ナスなどは損害額にふくめることはできない。しかし，その支払いが契約上使用者に義務づけられているものである限り，コッミッションといえども損害額に含まれる。また，慰謝料は損害賠償の対象とならないが[104]，芸人の人気の低下や徒弟の将来性の低下など収入の低下などは損害賠償の対象となるとされる[105]。すでに述べたように，賃金の喪失に対する損害賠償は，税金および社会保障拠出金等を控除した手取賃金である。そして，失業給付分は控除され[106]，また，後に述べる不公正解雇の補償裁定等も将来の収入に代わるものであるから控除される[107]。さらに，損害賠償を求める者は，コモン・ロー上，損害を緩和すべき義務を負うため，被用者は，解雇の後に代替雇用を探す合理的な努力をする必要があり，それを怠った場合には相応の額が損害賠償額から控除される。因みに，当該使用者から代替雇用の提供があった場合，それを拒否することは，被用者に要求される合理的努力の不履行とされる[108]。

(3) 上記のように違法解雇の救済は，通常は，損害賠償に限定されているが，特別な事情がある場合には，裁判所は，その裁量で，衡平法(equity)上の救済，すなわち，差止命令または宣言的判決を行うことができる。例えば，Hill v. Parsons [1972] Ch. 305 (CA)は，クローズド・ショップ協定に基づく組合加入を断っていたため，1カ月の予告を与えられて解雇された被用者が仮差止めを求めたのである。控訴院は，適切な予告が与えられていたなら，新法の施行により不公正解雇により保護された可能性が強いこと，および，使用者はクローズド・ショップに基づき解雇したのであって，使用者の原告の仕事に対する信頼は失われていないことを理由として，仮差止めの請求を認容したのである。この事件以降，裁判所の衡平法上の

[104] Addis v. Gramophone Co. Ltd. [1909] AC 488 (HL).
[105] Marbe v. George Edwards (Daly's Theatres) Ltd. [1928] 1 KB 269 (CA); Dunk v. George Waller & Son Ltd. [1970] 2 QB 163 (CA).
[106] Parsons v. BNM Laboratores Ltd. [1964] 1 QB 95 (CA).
[107] Babcock FATA Ltd. v. Addison [1987] IRLR (CA).
[108] Shindler v. Nothern Raincoat Ltd. [1960] 1 WLR 1038 (QB).

救済の付与が以前と比べて多くなってきた。そして，先に述べたように，雇用契約上，手続または実体的雇用保障の定められている場合にも，その違反に対して，衡平法上の救済を与える判例が出てきたのである。こうした衡平法上の救済について若干付け加えておくと，まず，差止めは，通常，労働者と使用者の間に必要な信頼の要素が失われていない場合にのみ命じられ得るのである。この判定のため，裁判所は，仕事の性格，仕事の同僚，使用者への影響など諸般の事情を考慮している[109]。また，宣言的判決は，かつては，オフィス・ホルダー（すなわち，役職保持者とは，特定の役職が財産として取り扱われ，それゆえに特別の保護を与えられていた時代の名残である）または制定法上の特別の地位を有する者に限って認められてきたのである。なお，オフィス・ホルダーとして取り扱われてきた例としては，聖職者，受託者，組合役員，警察官，会社役員などがある。また，制定法上の特別の地位を有する者として宣言的判決が認められた例としては，登録港湾労働者の例がある[110]。従来，通常の被用者には宣言的判決は認められなかった[111]。しかし，比較的最近になって，オフィス・ホルダーでもなく制定法上の特別の地位を有する者でもない被用者にも適用されることが明らかになっている[112]。さらに付言すれば，公的機関の決定に関して，公的な権利が争われた場合には，裁判所は，その決定を審査し，取消すことができる。例えば，国家公務員審査委員会（Civil Service Appeal Board）の裁定はこの司法審査の対象となり得る[113]。しかし，同事件で控訴院は，原告を雇用審判所の救済のみに委ねるのが妥当でない例外的な場合に限られると判示した。

---

[109] Irani and Powell v. London Borough of Brent [1987] IRLR 466 (CA); Peace v. City of Edinburgh Council [1999] IRLR 417 (CS).

[110] Vine v. National Dock Labour Board [1956] 1 QB 658 (HL).

[111] Francis v. Municipal Councillors of Kuala Lumpur [1962] 1 ELR 1411 (PC).

[112] Gunton v. Richmond-upon-Thames London Borough Council [1981] ICR 355 (CA); Jones v. Gwent County Council [1992] IRLR 521 (QB).

[113] R. v. Civil Service Appeal Board, ex parte Bruce [1988] IVR 649 (CA).

(4) 高等法院または群裁判所に対する違法解雇の訴えの提訴期間は，他の雇用上の権利に関する提訴期間と同じであり，契約違反時から6年以内とされている。

第12節　不公正解雇法

［1］　解雇の定義

(1) 不公正解雇制度は，1971年法労使関係法により導入された後，いろいろな修正を受けてきたとはいえ，その制度的枠組は，ほぼ現在までそのまま維持されてきたといってよい。ところで，この不公正解雇制度および次節で述べる剰員解雇制度などに関しては，1996年雇用権法が，解雇の意味を広くとらえる定義を置いて，その規制対象を広げている。同法95条1項は，解雇を次のように定義している。

「次の場合，そして，その場合に限って，被用者は，その使用者に解雇されたものとされる。(a)使用者が，その被用者を雇用している契約を終了させた場合。この場合において右の契約が予告を与えられて終了せしめられたか否かは問わない。または，(b)被用者が期間の定めのある契約で雇用され，その期間満了時に，更新されなかった場合。または，(c)被用者が，その使用者の行為を理由として予告なくその契約を終了させることができる状況のもとで，予告を与えまたは与えず，その契約を終了させた場合。」

(2) このうち，(a)号の解雇は，コモン・ローの「解雇」概念に相当するものといえる。(b)号の解雇は，期間の定めのある契約の自動的な終了を解雇として取り扱うものである。これに関しては，1年以上の雇用期間を定める有期契約で雇われる被用者が不公正解雇の救済の権利を放棄する旨，書面をもって，合意した場合には，期間満了後更新されなかったことを理由に救済を申立てることはできないとされていた（197条）。しかし，この規定は，1999年雇用関係法18条1項によって廃止された。(c)号の解雇は，みなし解雇（constructive dismissal）と呼ばれるものであり，コモン・ロー上，使用者に履行拒絶に該当する行為があった場合，被用者はそれを承認して雇用を終了させることができるのであるから，この場合の被用者によ

る雇用の終了を解雇として取り扱うことにしたのである。

　(3)　みなし解雇に該当する場合としては，例えば，使用者が契約上の賃金，休暇手当，コッミッションなどを支払わず，あるいは，それらを一方的に減額した場合，契約で定まっている勤務場所や職務内容を一方的に変更した場合，権限なく停職処分を行った場合，所定の懲戒手続を遵守しなかった場合，安全問題に関する合理的な苦情を無視した場合，管理職をその部下の前で不当に罵倒した場合など，契約の根幹に関わる明示または黙示的義務に違反する使用者の行為を理由に被用者が離職する場合である。

［2］　不公正解雇
　(1)　不公正解雇制度の導入以来，被用者は，使用者に不公正に解雇されない権利を与えられることになった。しかし，この制度の適用を受けられない被用者もいる。もっとも重要な適用除外者は，1年以下の勤続しか有しない被用者（108条1項）と定年年齢または65歳以上の被用者である（109条1項）。しかし，これらの被用者は，①家族的理由による休暇（妊娠，出産，母性，通常の，強制的または母性休暇，育児休暇および被扶養者に関するタイム・オフ）を理由とする解雇，②健康または安全の管理活動等を理由とする解雇，③商店労働者または賭博場労働者の日曜労働拒否を理由とする解雇，④労働時間規則に違反する労働を拒否したことなどを理由とする解雇，⑤職域年金受託者の任務遂行を理由する解雇，⑥被用者代表の任務遂行を理由とする解雇，⑦保護さる情報の開示を理由とする解雇，⑧制定法上の権利の主張を理由とする解雇，⑨全国最低賃金法に違反する解雇，⑩1999年税金免除法に違反する解雇，⑪労働組合員資格または組合活動を理由とする解雇（108条3項，109条2項および1992年労働組合労働関係（統合）法154条），⑫剰員整理の解雇選抜理由が右の理由による場合，⑬被用者の規律処分または苦情処理の審理の同伴者としての権利の行使を理由とする場合（1999年雇用関係法12条），⑭組合承認に関しする活動を理由とする解雇（1992年法付則A161条および164条）第4章第2節［5］参照），⑮欧州労使協議会制度との関係で，特別交渉団体，欧州労使協議会，情報・協議代表またはその選挙の候補者がその任務を遂行し，その者またはその者のために

行為する者がそのためにタイム・オフを申請したことを理由とする解雇（1999年多国間被用者情報協議規則28条2項および3項）および被用者が1999年規則に定める自己の権利を行使したことなどを理由とする解雇（同条5項および6項および29条）に関する不公正解雇の申立てには適用除外されない。

(2) 解雇の公正・不公正の決定のため，1996年法98条1項は，まず，使用者が解雇理由または主な解雇理由を立証する義務を課している。解雇の理由は，被用者の資格または行為，被用者が剰員に該当すること，被用者の雇用の維持が法律の義務または制限に違反すること，解雇を正当化する「その他の実質的理由」に限られる（同条2項）。最後の「その他の実質的理由」は，その意味を相当広く解されている。すなわち，被用者が会社の組織再編などにより，契約内容に該当するような職務変更を要求された場合でも，その組織変更が健全かつ良好な経営上の理由による場合は，その職務変更の上受入拒否による解雇は，「その他の実質的理由」[114]に該当すると解釈されるのである。また，経歴詐称を理由として解雇した場合や禁固刑に処せられた被用者を解雇した場合のみならず，使用者が資金上の理由で被用者を解雇した場合[115]，支配的な顧客の要求に応じるために正月休暇に労働を命じたがこれに従わなかった被用者を解雇した場合[116]，児童休暇キャンプの保全雑役婦がホモ活動をしたため解雇した場合[117]などについても，この「その他の実質的解雇理由」が適用されてきたのである。また，前記のような労働者の申立権の放棄がなされていない場合，その有期契約が真に一時的な性格を有する場合，有期契約の更新拒否が解雇にあたっても，「その他の実質的理由」に該当し，不公正解雇に当たらないとした例が

---

[114] Hollister v. National Farmer's Union [1979] IRLR 238 (CA).
[115] Wilson v. Underhill House School Ltd. [1977] IRLR 475 (EAT).
[116] Branclon v. Murphy Bros. [1983] IRLR 54 (EAT).
[117] Sunders v. Scotish National Camp Association Ltd. [1980] IRLR 174 (EAT).
[118] North Yorkshire County Council v. Fay [1985] IRLR 347 (CA).

ある[118]。なお，1981年営業譲渡（雇用保護）規則8条2項は，営業譲渡の前後における労働者の解雇を伴う経済的，技術的または組織的変更は「その他の実質的理由」を構成するとするが，詳細は次節に譲る。その他，特に制定法上の規定を有するものとして，妊娠のため欠勤中の労働者または法定の傷病休職(medical suspension)および母性休職(maternity suspension)をとって休職中の労働者を職場復帰させることは，その休職者の代替労働者の解雇に関して「その他の実質的理由」を構成する（106条）。

(3) 使用者が上記の是認され得る解雇理由を立証できないとき，解雇は不公正とされる。また，次のような理由による解雇は，当然に不公正とされるので，そのような理由で解雇したのではないことを使用者が立証しなければならない。その理由として，まず，前掲(1)の①から⑮までの理由があげられるが，その他にもパートタイム労働者がパートタイム労働者(不利益取扱防止)規則上の権利を行使したことの理由（パートタイム労働者（不利益取扱防止）規則7条1項）（第3章第4節［6］参照）などがある。ところで，右の是認され得る解雇理由の立証について，どの程度の立証を必要とするかが問題となる。この場合，コモン・ロー上の違法解雇の場合と対照的に，雇用審判所は，解雇のときに使用者が知っていた理由のみを審査対象としなければならない[119]。他方，立証されなければならないことは，使用者がその主張する理由が実際にあると信じたという事実であり，その理由が実際にあったという事実ではない。したがって，使用者は，解雇理由を裏づける事実を立証する必要はなく，ただ，解雇はその理由によったということを立証するだけでよいのである[120]。ここで指摘すべきことは，1年以上の勤続を有する被用者は，使用者に対し，解雇理由書の交付を要求することができるということである。この要求がなされた場合，使用者は2週間以内にそれを交付しなければならず，この不履行または不十分ないし虚実の理由書の交付があった場合には，被用者の申立てに基づき，雇用審判所は，裁量により本当の理由が何かについて宣言することができ，また，2

---

[119] Davis & Sons Ltd. v. Atkins [1973] IRLR 314 (HL).
[120] Taylor v. Alidair [1978] IRLR 82 (CA).

週給分の補償金の裁定をしなければならない。なお，解雇理由書の交付に関する訴えは，その解雇に関する不公正解雇の訴えが同時になされている場合にのみ審査対象とすることができる（93条）。ところで，使用者が渡した理由書の内容を後で否定することは，禁反言の原則に反して，許されないとされるべきとの主張もあるが[121]，控訴院のAbernethy v. Mott, Hay and Anderson事件判決はこの主張を否定するものといえる。同事件判決で，Cairnes卿判事は，「解雇のときに使用者がある解雇理由を与えたら，それはともかく真実の理由に関して彼に不利な証拠となることは疑いない。しかし，それが常に真の理由を構成するとは限らない」と述べた。彼によれば，与えられた理由が真実でない場合としては，(i)用語または法的誤解により間違った理由を与えてしまった場合，(ii)親切心から虚偽の理由を与えた場合，および(iii)実際の解雇に至らしめた事実の立証が困難な場合が考えられるとする。そして，(i)の場合のみならず(ii)の場合には是認される真の理由の立証は必ずしも困難ではないと考えられる。

(4) 是認される解雇理由が立証された場合には，次に，その理由で解雇するのが当該事件の諸般の事情に照らして，公正か否かが問われるのである。1996年法98条4項は，「(a)(使用者の事業の規模および管理資源を含む)諸般の事情に照らして，使用者が当該理由を当該被用者を解雇するための十分な理由として取り扱うために合理的に行動したか否かにより，かつ(b)衡平（equity）と当該訴訟の実体的事項（the substantial merits of the case）に従って決定される」と定めている。そして，この立証責任は，一般原則に基づき，不公正を主張する被用者側にあると解されるようにみえる。しかし，審判所がこの判断に用いている基準は，「如何なる良識ある使用者も解雇しなかったであろう」場合には[122]，解雇は不公正とされるとするものである。そして，審判所は「労使陪審としての労使審判所（industrial tribunal）の役割は，各事案の特定の事実関係の下で，被用者の解雇の決定が良

---

[121] S. Deakin & GS Morris, Labour Law (2nd ed.), p. 466 (Butterworths, 1998).

[122] British Leyland UK v. Swift [1981] IRLR 91 (CA).

識ある使用者がなし得ると考えられる合理的な対応の範囲内にあるか否かを判断することにある」としており，むしろ立証責任は被用者に課せられているものではなく労使に中立であると考えられている[123]。

(5) 次に，使用者が合理的に行動したか否かを決定するにあたって，解雇の決定に至る手続が重要な判断要素となる。そして，助言斡旋仲裁局が1975年雇用保護法6条（現在，1992年労働組合労働関係（統合）法199条）に基づいて作成した「助言斡旋仲裁局行為準則1：雇用上の規律処分と手続」が公正な解雇手続のガイドラインを定めている。この準則によれば，公正な手続は，書面の警告，調査，被用者の事情説明および不服申立ての機会の必要性を定めている。行為準則は，それ自体法的効果を有しないが，その規定がその訴訟上の問題に関係すると判断する場合は，その問題の決定において考慮しなければならないとされている。このため，審判所は，行為準則の手続規定を重視しており，その手続に違反する解雇は通常不公正なものと判断される。そして，使用者は，行為準則の規定を遵守しなくても結果は変わらなかったと主張することはできない。Polkey v. Dayton Services Ltd. [1987] ICR 142 (HL)で，次のように述べている。「審判所の考慮すべき問題は，解雇理由を被用者を解雇する十分な理由として取り扱う使用者の行動である。それは，その行為であり，審判所がそれが合理的か否かを決定しなければならない行為なのである。審判所には，使用者が違う行動をしたならば，被用者を解雇し得たか否かを判断する余地は残されていないのである。判断されるべきは，使用者がどうしたかであり，どうすることができたかではない。他方，使用者が行ったことが合理的であったか否かを判断するに際しては，良識のある使用者であれば，解雇を決定したとき，協議または警告を与えなかった結果として何を考えたかを判断すべきなのである。」すなわち，ある使用者が例外的な事情のもとで通常の適切な段階的手続を踏むことが無意味であると考えて手続を踏まないで解雇し，その判断が良識ある使用者の判断といえる場合に限って，手続

---

[123] Elizabeth Slade (ed), Tolley's Employmnet Handbook (13th ed.), p. 631 (Tolley, 2000).

を踏まない解雇も公正と判断されるというのである。

[3] 不公正解雇の救済

(1) 被用者は，雇用終了から3カ月以内(それが実行不可能な場合はそれ以上の合理的期間)に審判所に不公正解雇救済の申立てをすることができる(1996年法111条)。労使審判所は，申立てに理由があると判断するときは，第一次的(優先的)救済として，復職または再雇用の命令，それが実行不可能な場合には，第二次的(副次的)救済として金銭補償を与えるものとされている(112条)。復職を命ずる際，審判所は解雇の日から復職までの期間に解雇がなければ使用者が支払うべきであった金額，被用者が回復すべき権利と利益，当該命令が履行されるべき期間を特定しなければならない。また，被用者は解雇がなければ改善されたであろう雇用条件をも得たものとして処理しなければならない(114条)。復職命令をなすべきか否かを決定するに際し，(i)当該被用者が復職を希望しているか，(ii)当該使用者が復職命令に従うことが実行可能か，(iii)当該被用者が解雇に相当の原因を与えまたは寄与している場合には，復職を命ずることが妥当かを考慮しなければならない(116条1項)。

再雇用の命令は，復職命令を行わないことに決定した場合に考慮されるものである(116条2項)。再雇用命令とは，被用者を以前の雇用に比すべき雇用，その他適切な雇用につけることを使用者，その承継者または関連使用者に命ずることである。審判所が解雇に対する被用者の寄与的過失があると判断する場合を除き，再雇用命令は，合理的にみて実行可能な限り，復職命令と同等に有利な条件のものでなければならない(115条)。再雇用命令をなすか否かの決定に際しては，復職と同様の3つの基準を考慮しなければならない(116条3項)。

復職または再雇用の命令がなされたが，その命令の内容が完全に履行されなかった場合，審判所は，その不履行の結果として被用者の被った損害に相応する補償金の裁定を行わなければならない(117条1項および2項)。被用者が全く復職または再雇用されなかった場合は，不公正解雇の補償金の裁定を行わなければならない。それに加えて，使用者が命令の履行が実行不可能であったことを立証しない限り，審判所は，26週から52週給分の

第12節　不公正解雇法

付加裁定を行わなければならない(同条3項および4項)。この具体的な額の上限は，1万1,960ポンドとなる。

　(2)　審判所は，復職または再雇用を命じないことに決定した場合，2つの異なる裁定，すなわち，基礎裁定(basic award)および補償裁定(compensation award) と呼ばれる補償金の裁定を行う (118条1項)。基礎裁定は，被用者の選任権または職の喪失を補償するものである。それは，3つの要素，すなわち，被用者の年齢，勤続年数および週給に基づいて算出される (119条)。この算出方式は剰員整理手当と同じであり，2000年12月現在の基礎裁定額の最高額は，計算上，6,900ポンドとなる。剰員整理解雇の場合はその主な選抜理由，その他の解雇の場合はその主な理由が，健康または安全の管理活動等にある場合(第6節[2]参照)，1998年労働時間規則に定める労働者代表またはその候補者としての地位または活動を理由とする場合，職域年金制度の受託者の地位または活動を理由とする場合，および1992年労働関係労働組合(統合)法の剰員整理協議規定(同法188条から198条)および1981年営業譲渡 (雇用保護) 規則の協議規定 (同規則規則10条および11条) に関する被用者代表 (employee representatives) またはその候補者がその地位に基づく活動をすることを理由とする場合には，以下に規定する控除がなされる前の額に最低限度額が定められている(121条1項)(2000年12月現在，3,100ポンド)。また，主な解雇理由または剰員整理解雇の場合はその主な選抜理由がその労働者の組合員資格または組合活動にある場合も同様である(1992年法152条，153条および156条)。基礎裁定は，次のような4つの法定控除に服する。(i)審判所が解雇以前の被用者の行為に照らして妥当と考える割合 (ただし，その剰員整理解雇選抜理由が前記の組合員資格・組合活動，健康または安全の管理活動，労働者代表・候補者および被用者代表に関する場合を除き剰員整理解雇には適用されない)，(ii)剰員整理解雇に関し被用者に支払われた手当，(iii)使用者の行った職の提供を被用者が不当に拒否した場合には，審判所がその事実に照らして妥当と考える額，(iv)後述する「解雇手続協定」に基づいて補償金が支払われた場合の支払額(1996年法122条および1992年法156条)。なお，解雇理由が剰員整理であり，かつ，当該労働者が適切な代替雇用を拒否または契約更新または再雇用されたが故に剰員解雇との関係で

は解雇とみなされない場合には，基礎裁定額は2週給分となる（121条）。

(3) 補償裁定は，被用者が被った金銭的損害の補償を目的とするものである。その損害とは，解雇の結果として合理的にみて当該被用者が被った出費と解雇がなければ合理的にみて当該被用者が得たであろう利益の喪失とを含む（123条1項，2項および3項）。損害額の確定に際して，審判所は，使用者に課せられた争議行為またはその脅しの圧力を考慮してはならない（同条5項）。また，コモン・ロー上回復されるべき損害に適用される損害軽減義務を適用しなければならない（同条4項）。したがって，被用者が解雇の後に新たな雇用を得たならば，その雇用から得た準収入が損害賠償額から控除されなければならない。のみならず，実際に新たな雇用を得なくとも，合理的な努力をしたならば得られたであろう収入額が控除されなければならないとされるのである。また，審判所が，被用者の行為が解雇に相当の原因を与えまたは寄与したと判断する場合は，それに相応して妥当と考える額を補償裁定額から控除する（同条6項）。なお，剰員解雇に関し被用者に支払われた手当で，基礎裁定額から控除しても余りある額は，補償裁定額から控除される（同条7項）。補償裁定額および復職または再雇用の命令の内容が完全に履行されなかった場合には補償金の裁定（117条1項，2項）を行い，右の命令が全く履行されなかった場合には補償金の裁定に加え付加裁定を行う（同条3項）。復職または再雇用命令がなされなかったか(112条4項)，または，なされたが，全く復職または再雇用されなかった場合で，使用者が企業内の不服申立手続を有しかつその旨当該被用者に書面で通知した場合には，審判所は正義と衡平に鑑みて補償裁定額を減額し，反対に，その不服申立手続上の被用者の権利行使を妨げた場合には，審判所は正義と衡平に鑑みて相当な補充的裁定（supplementary award）を含む補償金の裁定となる(127A条)。以上にみた補償裁定および補償金の裁定には，一般的には，上限額が設定されているが（124条）（2000年12月現在，50,000ポンド），下限額は設定されていない(124条1項)。しかし，健康または安全の管理活動等を理由とする解雇(100条)，保護される情報の開示を理由とする解雇(103A条)，選抜理由が健康または安全の管理活動等，または，保護される情報開示を理由とする剰員整理解雇に関しては，この一

般原則は適用されない（124条1A項）。

(4) 仮救済（Interim relief）――ところで，次のような場合には，解雇された被用者は仮救済の申立てを行うことができる。健康または安全の管理活動等を理由とする解雇，労働時間規則に違反する労働を拒否したことなどを理由とする解雇，職域年金受託者の任務遂行を理由とする解雇，1992年労働関係労働組合（統合）法の剰員整理協議規定（同法188条から198条）および1981年営業譲渡（雇用保護）規則の協議規定（同規則規則10条および11条）に関する被用者代表（employee representatives）またはその候補者がその地位に基づく活動をすることを理由とする解雇，保護される情報開示を理由とする解雇，組合の承認に関連してなされた解雇(1992年法付則A161条2項)の場合にである(128条1項)。この仮救済の申立ては，雇用の終了日から7日以内に雇用審判所に対してなさなければならない(128条)。審判所は，申立人が右のような理由で解雇されたと判断される見込みが強いと思料し，かつ，使用者が申立人を復職させる意思を有する場合には，復職を命じる。使用者が申立人をその前職に劣らない特定された雇用条件で再雇用する意思を有し，かつ，被用者がその再雇用を受け入れる場合には，再雇用を命じる。もし，被用者が合理的理由でその再雇用を拒否する場合は，審判所はその事件の審問が完全に終了するまで被用者の雇用が継続する旨の命令を下す。使用者が審問に出頭せずまたは被用者を復職または再雇用する意思を有しない場合も同様の命令を下さなければならない（129条）。しかし，使用者が最終的に雇用継続命令に従わない場合でも，審判所ができるのは，使用者に補償金の支払いを命じることしかない（132条）。

(5) 最後に，雇用審判所による不公正解雇の救済に代替する紛争処理制度について簡単に触れておきたい。まず，1996年法110条の定める「解雇手続協定」に基づく紛争処理がある。この協定についての規定は，1978年雇用保護（統合）法に定められていたものであるが，1998年雇用権（紛争処理）法（Employment Rights (Dispute Resokution) Act, 1998）によって実効性が強化されている。まず，次のような要件を満足する協定のすべての当事者が共同で申請した場合は，国務大臣はその協定を解雇手続協定として指

定することができる。その要件としては，①その協定の当事者たるすべての組合が自主的労働組合であること，②その協定は被用者が不公正に解雇された（またはされる）場合に従うべき手続を定めていること，③その手続はその適用対象範囲に入る差別なくすべての労働者に利用できること，④不公正解雇に関しその協定が与える救済が不公正解雇制度により与えられるものと同等のものであること，⑤その協定があらゆる事案の仲裁に関する規定を有するか，または，（賛否票が伯仲するなど）仲裁がなければ協定に基づく決定ができない場合の仲裁と当該決定から生じる法律問題を仲裁に委ねる権利に関する規定を有していること，⑥その協定の規定が特定の被用者が協定の対象になるか否かを合理的に確定できるものであること，である。解雇手続協定に指定された場合，当該雇用および被用者がその協定の適用対象である場合，本節で解説した不公正解雇制度に関する規定の適用はない。

(6)　もう1つは，1998年雇用権（紛争処理）法7条によって，1992年法の212A条として盛り込まれた新制度である。もっとも，この執筆の段階では具体的な制度の詳細を筆者は把握していない。ここでいえることは，212A条が助言斡旋仲裁局（ACAS）に不公正解雇についての紛争を処理する仲裁制度を設けることができる旨定めたということである。雇用審判所の不公正解雇手続遅延の問題が深刻化し，この問題の解決に仲裁制度の活用を求める声が強くなり，すでに1996年の保守党政府の法案も任意仲裁の導入が盛り込まれていたのであるが，労働党政府のもとで制定された1998年法によって実現されることになった。ACASは，この任意仲裁手続を設立するに当たっては，労働争議の仲裁制度の特質，すなわち，任意性，迅速性，非公式性，秘密性と非法律性に固執して制度設計するとしている[124]。同条によれば，新制度に基づいて紛争当事者が紛争を仲裁に委ねることを書面で同意する場合，当該紛争はACASが任命する仲裁人の仲裁に付託される。この場合，被用者は不公正解雇の訴えを雇用審判所に提起する権利を失う。

---

[124]　ACAS, ACAS Arbitration Scheme For the Resolution of Unfair Dismissal Disputes (1998).

第13節　剰員整理と営業譲渡

[１]　剰　員　整　理
(1)　**剰員整理解雇の定義**

　1996年法139条は，剰員整理解雇の解雇を次のように定義している。その解雇が，主に「使用者が当該被用者をそのために雇った事業または当該被用者が雇われている場所における事業を止めまたは止めようとし」または「特定の種類の仕事を当該被用者が遂行することに対する事業の要求が止み，もしくは，減少するか，または，そのことが予想される」という事実に起因する場合をいうとする。したがって，剰員整理解雇は，次の３つの場合に生じる。第１に，被用者がそのために雇われた事業が停止した場合。停止が一時的である場合も含む。第２に，被用者が雇われた場所における事業が停止した場合。被用者の労働契約が明示的または黙示的の移動条項を含んでいる場合には，合理的な範囲内で勤務場所を変えることができるから，剰員整理解雇に該当しない場合が生ずる。第３に，「特定の種類の仕事」の必要がなくなりまたは減少する場合である。特定の種類の仕事が技術革新や職務再編成などにより以前よりも少ない人数で行えるようになった場合をも含む。

(2)　**剰員整理手当**

　剰員整理手当は，1965年剰員整理手当法(Redundancy Payments Act 1965)により導入されたものであるが，現在は，1996年法135条ないし181条に規定されている。163条2項は，解雇は，反対の証明がない限り，剰員を理由とするものと推定すると定めている。なお，剰員整理解雇に関しては，解雇についての特別な定義がなされており，その内容は，ほぼ不公正解雇の場合と同じであるが(136条1項)，それに加えて，使用者の死亡，会社の清算，パートナーの解散も解雇とみなされる (同条5項)。剰員整理手当の額は，当該被用者の年齢，勤続期間および週給額に基づき決定される(162条1項)。剰員整理手当の請求権は，一定の被用者には与えられていない。その勤続期間が２年未満の者(155条)，通常の65歳未満でかつ男女同一の定年

退職年齢または65歳に達した者(156条)，2年以上の有期契約で雇われ，期間満了前に剰員整理手当の権利を放棄する旨書面で合意した者（197条3項）などである。また，当該被用者がそのようなカテゴリーの被用者に該当せず，かつ，解雇が剰員を理由とする場合でも，被用者が剰員整理手当を請求できない場合がある。それは，解雇に先立ち使用者が当該被用者に対し，その契約の終了の直後またはその4週間以内に当該労働契約を更新または再雇用する申込みを行い，かつ，更新される契約の条項または新たな契約が従来の契約とその条件において異ならず，または，異なるが使用者の申込みが被用者に適した雇用の申し込みである場合に，それらの申込みの承諾を不当に拒否した場合である（141条1項ないし3項）。同様に，被用者が適した代替雇用を与えられ，法定試用期間内にその契約を不当に終了させた場合も同様である（同条4項）。なお，剰員整理手当の請求に関しては，6カ月以内に，審判所に申立てを行わなければならない（164条1項）。使用者が必要に手当の支払いを拒否し，あるいは，支払不能状態にある場合，被用者は雇用大臣に対して手当支払いを求めることができる（166条）。

(3) 不公正剰員整理解雇

剰員は，不公正解雇制度上，是認される理由の1つとされているのであるが，一般原則に従い，使用者がその理由を解雇理由として取り扱うために不合理な行動をした場合には，その解雇は不公正とされる。この判断に関しては，Williams v. Compair Maxam Ltd. [1982] IRLR 83 (EAT)における雇用控訴審判所の判決がガイド・ラインを与えている。その後の審判所の判決は，ほぼこれに従っており，これを否定する裁判所の判例も出ていない。雇用控訴審判所は，そのガイド・ラインとして，雇用審判所は，客観的な剰員選抜基準が採用され，かつ，公正に適用されたか，他の雇用に配転される可能性が検討されたか，および，組合がもっとも公平に剰員整理を行う方法について協議を要請されたか，を考慮すべきであると述べている。また，審判所および裁判所が，行為準則の手続規定を重視し，被用者への警告および組合および被用者との協議の存否を不公正解雇の重要な判断基準としてきたことは，前述の通りである。

第13節　剰員整理と営業譲渡

(4)　**レイ・オフ期間中の法定保障手当**

　すでに第3章第1節[4](2)(B)(b)で述べたように，コモン・ロー上，使用者は，その原因がその支配力の範囲にある限り，仕事がない場合でも，賃金支払義務を免れない。言い換えれば，レイ・オフまたはショート・タイムが，使用者の全く正誤できない事由，例えば，原料不足，停電，その他の災難による場合には，使用者は賃金の支払いを免れる。使用者が労働契約上，被用者をレイ・オフする権利を与えられている場合には，同契約に特別の定めがなければ，使用者は，その間に関する手当支払いの義務はない。しかし，1975年雇用保護法は，制定法上の被用者の権利として使用者に対し，一定の保障手当（guarantee payment）を請求する権利を与えた。その権利は，現在，1996年法28条ないし35条に規定されている（第2節[4]参照）。

(5)　**レイ・オフおよびショート・タイム期間と剰員整理手当**

　さらに，1996年法は，レイ・オフおよびショート・タイムが一定の条件を満足させる場合には，被用者は，自ら雇用を終了させ，かつ，剰員整理手当を請求することができるようにしている。その条件は，まず，被用者が継続する4週あるいは13週間の中の継続6週以上において賃金が全く支払われないか，または，通常の週給の半分以下しか支払われなかったことである（147条および148条）。この場合，被用者は右の期間の後4週間以内にその旨を文書で使用者に通知する必要がある。この通知の後7日以内に，使用者は，仕事が次の4週間以内にできるようになり，少なくとも13週間はレイ・オフまたはショート・タイムを行わず仕事を継続できる旨の反対通知をなすことができる。反対通知がない場合，被用者は4週間以内に離職する旨の予告を与えなければならない。反対通知がなされたが，後に撤回された場合には，その撤回通知の3週間以内に予告を与えなければならない。仕事の回復の見通しにつき争いがあり，審判所がその判断を下した場合には，その決定通知受領後3週間以内に予告を与えなければならない（149条および150条）。

[２] 営業譲渡（transfers of undertakings）
(1) **営業譲渡の法的効果**

コモン・ロー上，労働契約は人的な契約関係であることから，一般に，使用者とその被用者との関係が消滅すれば労働契約は終了する。したがって，被用者の同意を得ない使用者の営業譲渡は，当該被用者に対する履行拒絶を構成し，当該被用者は違法解雇の救済を求めることができる。しかし，使用者は適切な予告期間を置きさえすれば適法に解雇できるから，被用者は予告期間分の賃金を請求することができるに止まり，被用者は営業譲渡の差止めを求める労働契約上の権利を有しない[125]。他方，営業が譲渡された場合，譲受人は誰を雇うかの自由を有し，被用者は誰に雇われるかの自由を有する[126]。したがって，営業譲渡がなされる場合，雇用の継続を譲受人に求めることはできない。このように営業譲渡は被用者の雇用に重大な影響を与える。しかし，欧州共同体の「既得権指令（Acquired Rights Directive）」（77/187）に基づいて制定された1981年営業譲渡（雇用保護）規則（Transfer of Undertakings (Protection of Employment) Regulation 1981）は，譲渡人に雇用される被用者の雇用契約は，営業譲渡により終了せず，譲受人との雇用契約として効力を有するとみなされる（5条1項）と定めた。なお，同規則は営業の譲渡にのみ適用になるのであって，営業を行う会社の株式の譲渡などには適用されない[127]。

この1981年規則の作り出している制度の概略を示すと次のようになる。

①「営業譲渡の直前に」譲渡人に雇われていた被用者らは，営業譲渡のときから，それ以前の労働条件で，譲受人の被用者となる。②譲受人は譲渡人の当該被用者らの権利義務を承継する。③譲渡人によって承認されていた労働組合との間で締結された労働協約は譲受人に承継される。④譲渡人が譲渡対象の営業に雇われる被用者に関して労働組合を承認している場合で，かつ，譲渡後，当該営業が譲受人の他の営業部分と区別できる場合，

---

[125] News v. British Airways plc. [1992] IRLR 575 (CA).

[126] Nokes v. Donckster Amalgamated Collieries Ltd. [1940] AC 1014 (HL).

[127] Brookes v. Borough Care Services [1998] IRLR 638 (EAT).

譲受人は当該被用者らに関し当該組合を承認しなければならない。⑤譲渡人は営業譲渡の結果について自己の承認した組合（承認組合）に情報を与え，譲受人はこれに関して譲渡人に十分な情報を与えなければならない。⑥場合によっては，譲渡人または譲受人は営業譲渡に関し承認組合または選出された被用者代表（employee representatives）と協議する必要がある。⑦営業譲渡に関する理由で解雇された被用者は，その理由が労働者構成の変化を伴う経済的，技術的または組織的理由でない限り，当然に不公正に解雇されたものとみなされる。

(2)　「営業（undertakings）」および「譲渡（transfer）」の意味

1981年規則にいう「営業」とは，あらゆる種類の営業（trade or business）を含み（同規則2条1項），営業の一部も含む（2条2項）。また，専門的職業活動や慈善団体の活動をも含むと解されている[128]。「譲渡」は，それが売買による場合，その他の処分による場合，あるいは法律による場合でも1981年規則の対象となる（3条2項）。例えば，自己所有のレストランをリースしていた者が，リースの相手の違反を理由にリース契約を解約し自ら経営を引き継いだ場合[129]や会社が解散された後以前の取締役達がその営業を継続した場合[130]などを含む。また，譲渡が1回の取引でなく複数の取引で生じまたは財産が譲渡人によって譲受人に移転させられたかどうかを問わない（3条4項）。欧州司法裁判所は，営業がリース契約者から所有者に再移転され，しかる後に所有者が新リース契約者に譲渡したSpijkers事件で，その営業が経済単位としての同一性が維持している限り，移転が2回に分けて行われたか否かを問わないとした[131]。したがって，譲渡があったか否かを決する重要な要素は，営業が同一性を維持しながら，譲受人によ

---

[128]　Jeetle v. Elster [1985] IRLR 227 (EAT); Dr Sophie Redmond Stichting v. Bartol [1992] IRLR 366 (ECJ).

[129]　Landsorganisationen i Danmark v. Ny Molle Kro [1989] IRLR 3 (ECJ).

[130]　Charlton v. Charlton Thermosystems (Romesey) Ltd. [1995] IRLR 79 (EAT).

り行われていることである(132)。会社が食堂サービスを外注した場合や銀行がその清掃を外注した場合も、営業譲渡に当たり、したがって、食堂や銀行に雇われていた被用者は、同規則の保護を受ける(133)。欧州司法裁判所は、それが1人の被用者によって行われていてかつ物的資産の移転もない清掃業務の移転にすぎない事案であるSchmidt事件(134)においても、譲渡前後の清掃業務の類似性から営業の同一性維持が認められるので労働者保護という指令の目的に照らして、営業譲渡の存在が肯定されるとした。しかし、同裁判所は、その後、営業の譲渡は「安定した経済的組織体(stable economic entity)」に関連したものでなければならないとの制限を加えるようになり(135)、Suzen事件(136)では、外注先の変更の前後で類似の活動が行われていたという事実だけで営業譲渡があったとはいえないと判示した。しかし、その後の事件で、同裁判所は、「安定した経済的組織体」の要件を強調しつつも、特定的かつ永続的に共通の任務を与えられている賃金稼得者の組織集団は他の生産要素の存しない場合も経済的組織となり得ると判示した(137)。控訴院は、一時、Sezen事件判決によりつつ、外注先が労働者を全く引き受けず、前の外注先の資産もほんの一部しか引き受けない場合は、営業譲渡はなかったと判示したが(138)、最近のCox事件で(139)、Sezen事件判決はそれ以前の判決を否定するものではなく、Spijkers事件判決で示さ

(131) Foreningen of Arbejdsledere i Danmark v. Daddy's Dance Hall A/S [1988] IRLR 315 (ECJ).

(132) Spijkers v. Gebroeders Benedik Abbattoir CV, Case 24/85 [1986] CMLR 296 (ECJ).

(133) Rask v. ISS Kantineservice A/S, Case 209/91 [1993] IRLR 133 (ECJ).

(134) Schmidt v. Spar-und Leihkasse der Fruheren Amter Bordersholm, kiel und Cronshagen [1994] IRLR 302 (ECJ).

(135) Rygaard v. Stro Molle Akustik [1996] IRLR (ECJ).

(136) Suzen v. Zehnacker Gebaudereingung GmbH Krankenhavsservice [1997] IRLR 255 (ECJ).

(137) Francisco Hernandez Vidal v. Perez [1999] IRLR 132 (EAT).

(138) Betts v. Brintel Helicopters Ltd [1997] IRLR 361 (CA).

れた判断要素を考慮して必要な事実評価をするのが国内裁判所の仕事であると判示した。

(3) 労働契約上の権利・責任の承継

営業譲渡の直前に労働契約により譲渡人に雇用されていた被用者は、そのことに反対しない限り、当該営業譲渡のときからそれ以前の労働条件で当然に譲受人により雇用されたものとされる。このことは、譲渡人と譲受人の反対の意思あるいは合意により妨げることはできない[140]。このように労働契約上の権利や責任が承継されるのは、5条3項の文言上は「営業譲渡の直前」に雇われていた労働者に関してであるとされているのであるが、貴族院は、この文言の意味を限定する解釈を行っている。すなわち、Lister v. Forth Dry Dock & Engineering Co. Ltd. [1989] IRLR 161 (HL)で、貴族院は、8条1項の「『譲渡の直前に』という文言の後に、『または、8条1項に規定される事情のもとで不公正に解雇されなかったら譲渡の直前に雇われていたであろう』という文言を読み込むべきであると判示したのである。これは、5条1項を文字通りに解すると、譲渡の直前に解雇された被用者は、その譲渡人たる使用者を相手取って不公正解雇の申立てを行わなければならないが、そうすると、その譲渡人が清算手続に入ってしまったような場合に、困難が生じるからである。ところで、会社の財産保全管理人(receiver)および清算人(liquidator)または更生管財人(administrator)が当該会社の営業をその全額出資子会社に譲渡する場合には、特別な規則が適用される。この場合、1981年規則は、次の場合にのみ適用される。すなわち、当該子会社が全額出資子会社でなくなり、または、当該営業が当該子会社から第三者に譲渡された場合である。その場合には、そのいずれかが生じる直前に営業譲渡があったものとみなされる、とされる（4条1項）。この特別規則の目的は、営業の存続可能な部分を購入したい者を引きつけるために、子会社への被用者の自動的移動を妨げることにある。これ

---

[139] ECM (Vehicle Delivery Service) Limited v. Cox [1999] IRLR 559 (CA).

[140] Rotsart de Hertaing v. J Benoidt SA [1997] IRLR 127 (ECJ).

により，親会社の雇用に残し子会社に貸し出した被用者を営業譲渡規則の影響を受けずに財産保全管理人らが解雇できることを可能にすることにあると思われる。

さて，営業譲渡により労働契約が譲受人に承継される被用者は，1981年規則がなければ営業譲渡により雇用が終了してしまう被用者に限られる（5条1項）。したがって，営業譲渡の対象とされていない営業の部分に雇用されていた被用者の労働契約は承継されない。このことは，当該被用者が労働契約上いずれの営業の部分で雇用されてきたかを決定するという困難な問題を生ぜしめる。

譲受人は，営業譲渡により労働契約と関連するあらゆる既得の権利や責任を承継する。これには，ネグリジェンス，制定法上の義務違反，契約違反，人身傷害に関する請求権などが含まれる。ただし，刑事責任および老齢，廃失，遺族給付に関連する職域年金規定に関する権利や責任を含まない（5条4項および7条）。

(4) 営業譲渡と不公正解雇

譲渡された営業に雇われていた労働者は，営業譲渡の前に譲渡人により，または，譲渡後譲受人によって解雇された場合，公正解雇，剰員整理解雇または違法解雇の訴えを提起することができる。営業譲渡それ自体は解雇とはみなされず，コモン・ロー上は営業譲渡により解雇されたであろう被用者の労働契約は譲受人に承継される（5条1項）。譲受人が譲渡の前に譲渡人の被用者を雇用しようとしない場合，当該被用者は譲渡の直後に譲受人によって解雇されたものとみなされる[141]。譲受人が譲渡後に承継した被用者の労働条件を不利益に変更した場合，当該被用者は辞職してみなし解雇を主張できる。のみならず，譲渡人から譲受人への使用者の変更が当該被用者に不利益に働く場合，例えば，譲渡前から譲受人と当該被用者との人格的対立があった場合でも，みなし解雇の主張は認められ得る（5条5項）。被用者が営業譲渡に関する理由で譲渡人または譲受人によって解雇さ

---

[141] Premier Motors (Medway) Ltd. v. Total Oil (Great Britain) Ltd. [1984] ICR 58 (EAT).

れた場合は，解雇は，当然に，不公正とされる（8条1項）。ただ，解雇が労働者数の変化を伴う「経済的，技術的または組織的理由」による場合は，当該解雇は，不公正解雇制度上，是認される解雇理由である「一つの実質的理由」によるものとみなされる（8条2項）。したがって，使用者がその理由を解雇の十分な理由として取り扱うために合理的に行動した場合には，解雇は公正なものとされる。譲受人が営業譲渡により承継する譲渡人の被用者を受け入れるために自己の被用者は解雇する場合も，それは営業譲渡に関連する解雇である。また，譲受人が営業譲渡の結果としての組織再編を行って自己の労働者の仕事がなくなった場合も同様である。営業権を購入しようとする者が事前に既存の被用者の解雇を主張する場合，それは8条2項の意味における「経済的理由」ではないから，不公正な解雇であるとされる[142]。さらに，Berriman v. Delabole [1985] ICR 456 (CA)で，控訴院は，8条2項は労働者数全体の変化を当然に伴う経済的理由のみを対象とするものであるから，譲渡人の被用者の賃金を自己の被用者の賃金レベルまでカットすることは不公正「みなし解雇」に該当すると判示した。この意味において，「一つの実質的理由」は，組織再編成などの「その他の実質的理由」よりはその対象範囲が狭いものである。

なお，1981年規則の適用を排除ないし制限する合意は無効である（12条）。営業譲渡の後，労働条件を変える合意をした場合，他に理由がない限り，その変更の合意は無効である[143]。

第14節　元被用者の義務――営業制限約款

(1) 営業制限約款の効力

被用者が使用者の秘密情報を開示・使用しないコモン・ロー上の義務については，第4章第1節[4](2)(A)(e)で説明したのであるが，そこで明らかになったのは，秘密性の低い情報の開示・使用は，雇用関係終了後には，雇用契約上の義務に違反しないので，その禁止には，別途，制限的約款を

---

[142] Wheeler v. Patel [1987] ICR 631 (EAT).
[143] Wilson v. St Helens Borough Council [1998] IRLR 706 (HL).

必要とするということであった。そこで，ここでは，制限的約款すなわち営業制限約款の効力について，説明する。ことの性質上，当然のことではあるが，裁判所は，この問題に関しては，極めて慎重な態度をとってきたといわれる。まず，そのような約款自体が，契約原則に照らして，強制可能なのかという問題がある。約款が雇用関係の終了時に合意された場合，使用者が被用者の将来の雇用を制約する約束に対して使用者が約因（consideration）を与えない限り，法的強制力をもたない。同様に，使用者の側の履行拒絶的契約違反は，約款を含む契約全体の履行を不能にするので，約款の効力をも失わしめることになる。Briggs v. Oates [1990] IRLR 472 (QB)では，ソリシターが2人のパートナーに雇われていたが，パートナー・シップが変更されたため，ソリシターの契約は終了した。しかし，この変更が予告なくなされたので，履行拒絶的契約違反であると判断された。高等法院は，使用者が履行拒絶的契約違反を犯したのであるから，ソリシターはもはや約款には縛られないと判示した。これと反対に，Rex Stewart Jefferies Parker Ginsberg Ltd. v. Parker [1988] IRLR 483 (CA)では，約款の拘束力が肯定された。この事件では，被用者は広告代理店の専務取締役であり，使用者との契約には，雇用終了後18カ月当該代理店の顧客を勧誘してはならないとの約款があった。にもかかわらず，退職後自分の代理店を設立し，解雇され，解雇予告に代わる解雇手当をもらったので，使用者は，右約款上の権利を主張できないとの抗弁を提出した。しかし，控訴院は，解雇予告に代わる手当の支払いは，契約違反にならないので，営業制限約款は効力を失ってはいないと判示したのである。

次に，約款は，契約が変更された場合も有効かという問題がある。Marley Tile Co. Ltd v. Johnson [1982] IRLR 75 (CA)では，雇入れの時の契約には営業制限約款が含まれていた。当該被用者が地域支配人に昇進したときにも昇進通知には同一の約款が含まれていたが，2回目の昇進のときには，昇進通知に右約款は含まれていなかった。しかし，控訴院は，被用者が同じ会社にとどまる場合，契約変更時には，契約当事者は，特にそれに反する言動のない限り，同一の契約条項が適用されると判示した。

以上のように約款が約因理論との関係では有効とされるとしても，その内容が不当である場合には，なお，約款の効力は否定されざるをえない。

第14節　元被用者の義務——営業制限約款

Nordenfelt v. Maxim Nordenfelt Guns and Ammunition Co. [1894] CA 535 (HL)で，貴族院は，営業制限約款は，その有効性を主張する者が当事者間における合理性と公共の利益における合理性を証明できない限り，無効であるとの法理を確立した。そして，これに続くEsso Petroleum Ltd. v. Harper's Garage (Stourport) Ltd. [1968] AC 269 (HL)判決以降，裁判所は，右の2つの合理性の立証を約款の効力要件としてきた。そこで，以下にこの2つの要件について説明する。

(2) **当事者間における合理性**

　使用者は，営業上の秘密，秘密の方法または顧客情報を有し，それらの開示は自己の営業を害することを立証する必要がある。さらに，当該被用者が秘密または秘密の方法についての知識を有し，あるいは，当該被用者が顧客を自己の新たな雇用に持っていける地位にあることを立証しなければならない。被用者がそうした知識を有せず，または，顧客との関係を有しない場合は，営業制限約款は無効となる。Herbert Morris Ltd. v. Saxelby [1916] 1 AC 688 (CA)では，被用者の雇用契約には雇用終了後7年間は，競争相手の企業に雇われないとの定めがあった。しかし，当該被用者は，使用者の営業上の秘密に対する知識はなく，また，顧客との接触もなかった。裁判所は，当該約款は競争を妨害しようとするもので無効であると判示した。ここにいう営業上の秘密または秘密の方法とは，保護が可能な特許権を与えられたものである必要はないが，公知のものではない内々のものでなければならない。すなわち，被用者がその職務の遂行から獲得した職業上の知識では不十分である。したがって，営業制限約款が有効なのは，例えば，秘密の製法，機械のデザイン，特殊な事業の運営方法の詳細な知識などであるとされる。

　顧客に関する制限約款の効力はなお厳しく制限されている。すなわち，使用者が保護されるのは，当該被用者がその雇用において，自ら獲得した顧客に限定される。Strange v. Mann [1965] 1 All ER 1069 (CA)では，製本会社の支配人の契約に，雇用終了後は，直径12マイルの範囲内で同様の営業をしないとの規定があった。裁判所は，当該支配人はほとんどの顧客と電話で取引したのであって顧客に対する影響力をほとんど持たなかっ

たとの理由で，使用者の訴えを斥けた。事態は営業マンに関しても同様である。Mason v. Provident Clothing and Supply Co. [1913] AC 724 (CA)では，約款は営業マンがロンドンの中心部直径25マイルで使用者との競業を営むことを禁止していた。しかし，当該被用者は，ロンドンの特定地域の顧客に接していただけであった。貴族院は，当該約款は，被用者が実際に会ったことのない顧客をも含めるもので範囲が広すぎ，無効であると判示した。また，Office Angels Ltd. v. Rainer Thomas and O'Connor [1991] IRLR 214 (CA)では，営業制限規定は，被用者は雇用終了から6カ月間はその雇用中に会社の顧客だった者に取引を勧誘してはならないと定めていた。控訴院は，当該約款の対象とする顧客は，被用者が実際に取り扱った顧客の人数と比べて広すぎるので，当該約款を無効とした。

(3) 公共の利益における合理性

営業制限約款の制限対象が広く，使用者に必要以上の保護を与える場合，当該約款は，公共の利益に反し無効とされる。Fellowes & Son v. Fisher [1976] 2 QB 122 (CA)では，ソリシターの事務所に譲渡証書作成係として雇われた被用者は，雇用終了後5年間，同郵便地域内の如何なる法的職業にも雇用されないし関係しない，また，彼が同事務所に勤務している間に同事務所の顧客だった如何なる者をも勧誘しない旨合意した。しかし，控訴院は，これは，同使用者が地方自治体を含むあらゆる法律職に就くことを妨げるもので，その制限が使用者の必要性を超えるもので，無効であると判示した。同様に，Commercial Plastics Ltd. v. Vincent [1965] 1 QB 621 (CA)では，被用者は粘着テープ用のポリ塩化ビニール紙製造の仕事に就いていたが，彼の雇用契約には，契約終了後1年間は，ポリ塩化ビニール紙の分野に雇われない旨の約款が含まれていた。しかし，裁判所は，当該被用者は粘着テープ製造の分野に就いていたのであって，すべてのポリ塩化ビニール紙の分野を対象とする約款は，対象範囲が広すぎ無効であるとした。

制限地域が広すぎる場合も，同様に，使用者に必要以上の保護を与える。Spencer v. Marchinton [1988] IRLR 392 (CA)では，約款の制限範囲は，25マイルであったが，使用者はその地域まで未だ営業を拡大しておらず，

それ故，制限地域が広すぎ，約款は効力を有しないと判示された。しかし，すでに述べたように，約因の問題があるので，使用者は，通常，雇入れのときに，雇用契約に約款を挿入しようとする。そうすると，これから事業拡大をめざそうとする使用者は，約款の保護を受けることができないという問題がある。Greer v. Sketchley Ltd. [1979] IRLR 445 (CA)では，ミッドランドとロンドンで営業していた使用者が全国展開しようとして，全国レベルの営業制限約款を挿入した。しかし，当該被用者は，使用者が全国展開する前に退職してしまったため，約款は無効であると判示された。裁判所は，使用者の保護の必要に合わせて約款を解釈しないのである。

また，制限地域の広さの問題は，その地域の人口密度とも関係している。例えば，Fitch v. Dewes [1921] 2 AC 153 (HL)では，タムワース町政庁舎の半径7マイルの範囲内でソリシター事務所員をすることを生涯にわたって禁止する約款が有効とされた。貴族院は，人口密度の低いところの小さな地域であり，生涯的制限も不当ではないと判示した。さらに，地域の広さ，密度と並んで，制限期間の長さが公共の利益おける合理性判断において，重要な要素となることはいうまでもない。一般に，制限の地域的範囲が広いほど，制限期間が短くなければならないとされるようである。

(4) 営業制限約款の履行強制

使用者は，約款に違反する被用者の行為の差止め，または，それによって被った損害の賠償を求めることができる。しかし，差止めといっても，通常，仮差止めを求めることになる。そのリーディング・ケース，Lansing Linde Ltd. v. Kerr [1991] IRLR 80 (Y)は，A会社に雇われた後，A会社がX会社に譲渡された。X会社との契約には営業制限約款が定めてあった。Yが他の競争会社に移ったので，使用者が仮差止めを求めたものである。控訴院は，まず，American Cynamid Co. v. Ethicon Ltd. [1975] AC 396 (HL)仮差止命令の要件に依拠した。それによれば，まず，正式に審理 (trial) するに足る訴えであるか否か，そして次に，もし仮差止めを認め，あるいは，認めなかったことが誤りだったとした場合，その誤りは損害賠償で適切に保障できるか否か，によって仮差止命令の適否が判断されるとするものである。Lansing Linde Ltd.事件で，Yは，マーケティングを担

当しており，定期的に顧客を訪問してはいなかったが，イギリス国内のマーケティングの運営に関する営業上の秘密には接していた。しかし，約款は世界規模の営業制限であり，イギリス国内に限定されたものではなかった。したがって，裁判所は，制限約款の効力を認めることに疑問を呈した。そして，この事件では，1年の制限約款であるから当事者は，正式事実審理には行かない可能性が強いこと，その期間内に正式審理が終結しない可能性が強いこと，および，制限約款の対象地域の広さから見て正式審理で勝訴する見込みが少ないことから，仮差止めの申請を棄却した。結局，通常の営業制限約款の制限する期間は短期間であるため，実際に，仮差止めは認められ難いことになる。しかし，他方で，使用者が損害賠償請求をしようとすると，損害額を確定するのが難しいという問題があるといわれる[144]。

第15節　未払賃金の確保

[１]　序

　使用者が経営危機に陥ったり倒産した場合，労働者の賃金の保護が重要な問題となる。イギリスでは，1986年支払不能者法 (Insolvency Act 1986) および1996年雇用権法がこの賃金確保について規定している。前者は債務の支払不能に陥った使用者に対する被用者または元被用者の未払賃金債権の弁済に一定の範囲で優先権を与えるものであり，後者は右のような被用者が国に対して一定範囲の未払賃金の立替払いを求めることができるようにするものである。

[２]　支払不能者法と賃金の優先順位

(1)　1986年支払不能者法は，いわゆる会社倒産のみではなく，倒産していない会社の株主任意清算，倒産と関係のない財産保全管理人制度および個人の破産その他の債務免除・整理を包括的に定めている。特に，財産保全管理人制度は，担保権者がその債務証書 (debenture) に基づいて保全管

---

[144] D.J. Lockton, Employment Law, pp. 236-246 (MacMillan, 1994).

理人を任命して，その担保物件の管理・処分に従事されるものであるが，その担保物件が浮動担保（floating charge）の場合には，更生保全管理人（administrative receiver）が任命される。この更生保全管理人は，会社更生のために任命される更生管財人（administrator）と同一の権限を与えられているが，その浮動担保権者の債務証書の契約内容に抵触する場合は債務証書の契約内容が優先するとされている点が異なる。清算および事業の継続をもその任務としており，浮動担保債権者の利害を代弁しつつ会社やその利害関係者にも責任を負っている。更生保全管理人制度の特徴は，更生手続とは異なり訴訟や強制執行の凍結効果が発生せず，しかも，更生申立ては浮動担保債権者の反対で棄却され得る。更生担保管理人が任命されていなかった場合でも，更生申立てに対抗して更生保全管理人が任命されれば同一の結果となる。したがって，この場合には，固定担保権者が独自に固定担保の実行に着手したり，強制執行や清算などの手続が停止したりしない。ただし，更生命令が下されれば，その任命根拠たる浮動担保権自体が解除されたり否認されたりすることがあり得る。また，先順位の担保権である固定担保が付いている資産でも，裁判所は，当該担保権者の弁済充当を前提として，更生担保管理人による処分を許可することができるとされている[145]。

(2) 更生保全管理および清算の手続における各債権の弁済順位は，必ずしも，支払不能法により体系的に定められているわけではないが，同法の条文，判例，学説を総合すると，下記のようになっている。和議手続では，担保権者および優先債権者の権利を侵害するような内容の和議提案は当該債権者の同意なく承認されない（4条3項および4項）。更生手続については，特別な弁済順位は定められていない。更生管財人が更生計画を策定する場合を除き，資産配分を伴わないからである。更生手続の実施は，それに続いて清算手続に入った場合の優先債権額の算定の基準時である「該当

---

[145] 詳細は，田作朋雄『イギリスのワークアウト』（近代文芸社，1998年）参照。同書は，イギリスの企業倒産法を要領よく整理しており，1986年法を理解する上で極めて有用である。

日」（使用者が会社の場合は，更生命令，暫定清算人の命令，清算命令または任意清算決議の日を意味する）の決定に影響を与える。

1．更生保全管理人の報酬・手数料，物件処分にかかる経費など（44条2項C，45条3項），更生管財人の報酬・手数料，物件処分にかかる経費など（19条4項から10項）。
2．固定担保権者への弁済（43条3項）。
3．清算人の報酬・手数料，物件処分にかかる経費など（115条，116条，規則4.218）。
4．最優先債権者への弁済（ただし，個人の破産の場合のみで，内容的には，例えば，徒弟および司法実務修習生によって支払われた謝金または指導料の払戻しとしての合理的な金額の請求権，友愛会の受託者の債権，葬祭，遺言および管理費に関する債権が含まれる）（328条6項）。
5．優先債権者への弁済（386条，付則6）。
6．浮動担保権者への弁済（176条2項b号）。
7．一般無担保権者への弁済（規則4.181）。
8．無担保権債権者および優先債権者の債権についての清算命令後の期間の利息（189条2項）。
9．劣後債権者への弁済。
10．株主への払戻し（割合は定款による）。

以上のうち，賃金債権については，一定の範囲に関してのみ第5位の優先債権とされ，その他の部分は7位の一般無担保として弁済される。その一定範囲とは，1986年法の「該当日」から4カ月分の賃金または国務大臣がその都度命令で定める額（1998年現在800ポンド）を超えない額である。この対象となる賃金は，通常の賃金(賃金，給与，ボーナス，コッミッションなど）を含むほか保障手当，職探しまたは職業訓練タイム・オフ手当，産前ケア・タイム・オフ手当，組合任務遂行タイム・オフ手当，傷病休職手当，母性休職手当および保護裁定金である(付則6の13条2項)。この一定範囲の賃金債権と同順位の優先債権とされるものとして，国内歳入庁の債権(同日から1年分の直接税)，関税・間接税省の債権（同日から6カ月分。ただし，自動車税と宝くじ税は1年），社会保障未拠出債権(同日から12カ月)，職域年金などの未拠出債権および石炭・製鉄製造付加税が定められている（付則6の

1条から9条)。

(3) 右の「該当日」以降の賃金債権の弁済については，次のようになっている。清算の場合は，清算人(会社のofficerと位置づけられる)の費用，経費に優先して弁済される (規則4.218)。更生管財人(会社の代理人と位置づけられる)の場合，その任命後14日間(猶予期間)を経過すると，会社に雇われていた被用者は更生管財人との契約関係に入ったものとみなされ，更生管財人の報酬，費用に優先して弁済される。ただし，その優先弁済の範囲は，更生管財人との契約に入った後の賃金および年金拠出金に限定されている (19条)。更生保全管理人(会社の代理人)の場合は，14日を経過すると更生保全管理人との契約に入ったものとみなされ，その後の賃金および年金拠出金については更生保全管理人が個人的責任を負い，その責任分を自己の報酬と共にその管理下にある会社の財産から担保権者等に優先して弁済される(1994年法によって改正された1986年法44条2項C)。その他の財産保全管理人(会社の代理人)の場合は，14日経過すると更生管財人または通常の財産保全管理人(これらの会社の代理人)との契約関係に入ったものとして取り扱われ，その後の賃金および年金拠出のみならず解雇予告手当など契約から生じるすべての賃金債権に個人的責任を負い，その責任分を自己の報酬と共にその管理下にある会社の財産から担保権者等に優先して弁済される。

[3] 未払賃金立替制度

(1) 未払賃金立替制度は，1986年支払不能者法の制定と相まって，使用者が支払不能になった場合の労働者の保護，とりわけ賃金債権の支払いを保障することを目的として1980年採択された欧州共同体指令 (80/987/EEC, 87/164/EEC) につきイギリスが負うことになった加盟国としての義務の履行として設けられたといってよい。この制度は，賃金および一定の法定手当につき，国務大臣が，被用者の申請に基づき，支払不能になった使用者の債務を一定の範囲で国民保険基金 (National Insurance Fund) から支払うことができるとするものである。同制度は，もともと，1975年雇用保護法により導入されたものであり，現在では，1996年法の182条以下に規

定されている。当初は，使用者の拠出によって賄われる剰員整理基金（Redundancy Fund）から支払いがなされていたのであるが，現在では，労使の拠出で賄われる国民保険基金から支払いがなされている。被用者がこの未払賃金の立替えを申請するには，(i)当該被用者が支払不能となり，(ii)該当日に，当該被用者が立替制度の適用対象になる債権を支払われる権利を有しなければならない(182条)。そして，国務大臣が当該労働者に対して基金から立替払いをした場合には，当該被用者の賃金債権は，その限度において，国務大臣に帰属することになる(189条)。なお，未払賃金の立替払制度は，別途規定されている未払剰員整理手当，法定母性手当および職域年金拠出金の国民保険基金からの支払制度の一環として規定されている。

(2) 賃金立替払いの要件

(A) 立替払いを受けることのできる者は，支払不能となった使用者の被用者または元被用者に限られる。また，被用者であっても，通常欧州連合加盟国およびノルウェーとアイスランドの領土外で労働する被用者（196条7項），分益漁業労働者（share fishermen）および商業船の船員（merchant seamen）（199条2項および4項）は立替払制度の適用を排除されている。

(B) 立替払いを受けるには，当該労働者の雇用が終了していなければならない（182条b号）。

(C) 使用者が支払不能でなければならない（同条a号）。「支払不能」とは，その使用者が個人である場合は，(i)破産(bankrupt)が宣告され，または債務免除ないし整理（a composition or arrangement with his creditors）がなされた場合，および(ii)使用者が死亡し，その財産が1986年法に基づいて管理された場合である。また，使用者が会社である場合は，(i)清算命令，更生命令または任意清算決議がなされた場合，(ii)当該会社の財産に関する財産保全管理人または管理者が任命され，浮動担保により保障された債務証書を所持する者のために，浮動担保を構成する会社の財産の保全管理が開始された場合，および(iii)和議提案がなされた場合である。

(3) 立替払いの対象となる賃金

賃金立替払いの対象となる賃金は，1週以上8週を超えない週に関する

未払賃金であり，それには，通常の賃金の他，以下のようなものが含まれる。ただし，その金銭債務がある期間ごとに支払われるものである場合には，当該賃金債務は，それぞれ，国務大臣が決定する週あたりの上限額(1998年現在，1週当たり220ポンド)を超えることはできない(182条)。(i)保障手当，(ii)職探しまたは職業訓練タイム・オフ手当，(iii)産前ケア・タイム・オフ手当，(iv)年金制度受託人タイム・オフ手当，(v)従業員代表の任務遂行タイム・オフ手当，(vi)組合任務遂行タイム・オフ手当，(vii)傷病休職手当，(viii)母性休職手当および(ix)保護裁定金である。

(4) 国務大臣は，被用者からの書面の申請があり，使用者に支払不能があり，雇用が終了しておりかつ「該当日」に当該被用者の賃金の不払いがある場合に立替払いを行う。「該当日」とは，①剰員整理解雇協議義務違反の保護裁定額および不公正解雇の補償金の基礎裁定額に関しては(i)当該使用者が支払不能となった日，(ii)当該被用者の雇用の終了日および(iii)当該裁定がなされた日，のいずれかであり，②未払賃金と休暇手当に関しては，上記(i)の日であり，③その他の債務に関しては，上記(i)または(ii)の日のうちどちらか遅いほうの日である(185条)[146]。

第16節　失業給付金制度

[1] 1995年求職者手当法の制定

1995年，メージャー政権のもとで，従来の国民保険の失業給付(unemployment benefit)にかえて，求職者手当を定める求職者手当法(Jobseeker's Allowance Act 1995)が制定された。これは，失業給付が1年間支給され，この給付を受けた者や保険料拠出要件を満たさない者は，さらに，補助給付(supplementary benefit)で保護されるという従来の制度が，労働者が低賃金の雇用に就かない行動をとらせ，労働市場をゆがめてきたという認識

---

[146] 制度のより詳細な解説としては全国労働基準関係団体連合会『諸外国における未払賃金救済措置及び労働債権の優先順位に関する調査研究報告書』(1999年，非売品)，小宮執筆部分参照。

に基づく改革であったといわれる[147]。同法により，1996年10月から，労働能力のない者，就労意思のない者などにのみ所得補助（income support）を支給し，真に求職活動を行う者に求職者手当（jobseeker's allowance）を支給することになった。この場合，保険料拠出要件を満たす者には最初の6カ月間資力調査（means test）なしの拠出制求職者手当（contribution-based JSA）が支給され，これを超える期間失業が継続した者および保険料拠出要件を満たさない者には，資格調査による所得調査制求職者手当（income-based JSA）が支給される。1996年春に政権に返り咲いた労働党政府は，この求職者手当制度に変更を加えた。それがニューディールと呼ばれる制度の導入である。それは民営化された公益企業からの利益課税により賄われ，特に求職が困難な労働者の求職を援助する制度である。しかし，求職者手当，所得補助，住宅手当などの申請者が，用意されたニューディールのプログラムに参加することを正当な理由なく拒否すると，その手当の受給資格を失うという仕組みになっている。

［2］　求職者手当
(1)　受給要件

　求職者手当を受給するためには，まず，次の要件を満足しなければならない。(i)就労能力があり，(ii)就労意思があり，(iii)雇用局との合意書に署名し，(iv)積極的に求職活動をしており，(v)拠出制求職者手当または所得調査制求職手当のための固有の要件を満たし，(vi)報酬の伴う仕事に従事しておらず，(vii)18歳以上であり，かつ年金年齢に達しておらず，(viii)フルタイムの学生でなく，(ix)イギリスに在住すること（1条）。右の(v)の固有の要件とは，拠出制求職者手当の場合は，給付が行われる直前の2年間のうち1年間最低稼得収入額の25倍以上の収入額にかかるクラス1保険料を実際に拠出し，かつ，給付が行われる直前の稼得収入額の50倍以上の収入額にかかるクラス1保険料を拠出しまたはそのクレジットが認められたこと（2条）。所得調査制求職者手当の場合は，一定額以上の稼得収入がなく，自己または家族が所得補助を得ておらず，家族が所得調査制求職手当を得てお

---

[147]　R. East, Social Security Law, p. 71 (Macmillan, 1999).

らず，配偶者が収入を伴う労働に就いておらず，かつ18歳以上の者，16歳未満で特別の困難ありと国務大臣が認定した者または所定期間を考慮に入れるべき状況にある16歳以上18歳未満の者であること（3条）。以上の要件を満足する場合でも，一定の求職手当申請者(25歳未満の者，2年を超えて失業する者，最年少の子が5歳以上の子を持つ片親，障害者と長期疾病者）は，ニューディール・プログラムに参加しなければ求職者手当その他の社会保障手当(拠出，無拠出を問わない）の受給資格を失うことがある。このニューディールは，1992年社会保障拠出給付法および求職者手当法の付則1によって委任された国務大臣の規則制定権限に基づいて制定されている。

(2) 資格喪失・給付額減額

1995年求職者手当法19条は，申請者が受給資格を満足しても，1週間以上26週以下の期間の範囲内の一定期間，手当が支給されない場合を定めている。まず，手当が規則により右の期間一律に支給されないのは，申請者が，正当な理由なく，雇用局係官から発せられた合理的な指示に従わなかった場合，適切な職業訓練や雇用プログラムへの参加を怠り，拒否，放棄した場合，および，自己の非行の故に参加できなかった場合である（2項および5項）。また，手当が右の期間の範囲内で裁定官（adjudication officer＝1992年社会保障管理運営法38条に基づき国務大臣によって任命される）によってその不支給期間が決定されるのは，自己の非行により雇用を失った場合，正当な理由なく自主的に退職した場合，雇用官の雇用の通知にもかかわらず正当な理由なく当該通知に示された雇用に志願せずまたは雇用の提供を受け入れなかった場合，正当な理由なく合理的な雇用の機会に対応することを怠った場合である（3項および6項）。ただし，剰員整理で解雇されることに同意したような場合は，自主的に退職したものとは取り扱われない（7項）。

(3) 労働争議 (trade dispute)

1995年法14条は，労働争議と求職者手当の受給資格について規定している。まず，争議行為により職場業務が停止したために申請者が就労できなかった場合は，その争議の日を含む週について求職者手当の受給資格がな

い（1項）。この原則の例外は，(i)申請者がその争議に直接利害関係を有しないことを証明した場合（1項），(ii)他の場所で真正に就労し（bona fide employed）雇用された後，その雇用が終了した場合（2項a号），剰員整理を理由に解雇された場合（2項b号）または同一の使用者のもとで再就労した後，争議以外の理由で離職した場合である（2項c号）。なお，ここにいう労働争議は，第4章で後述する1992年法244条に定義された「労働争議」とは必ずしも一致するものではないが，労働者と使用者との間の雇用条件および非雇用条件に関わる幅広い争議を意味する（35条）。

(4) 再就職奨励制度（back to work schemes）

1995年法は，失業者の再就職を奨励する制度を導入した。この制度は，求職手当申請者がパートタイム労働に就くことを奨励するものと（26条），使用者が長期失業者を雇用することを奨励するもの（27条）からなる。前者は，申請者がパートタイム労働に就き，最低13週間の待機期間を経過した後に当該申請者が受給資格を失ったとき（フルタイムの雇用に就いた場合など），それまでのパートタイム労働で蓄積された金員が，一部を除き，無課税の一時金として，1,000ポンドを限度に支払われる制度である。後者は，使用者が2年以上継続して求職者手当を受給してきた被用者，または，2年以上継続して失業してきた年金受給年齢以下の年齢でかつ特定の範疇に該当する被用者を雇用した場合に，使用者の社会保険拠出金から一定額を控除するという制度である。

第4章　集団的労働関係法

第1節　集団的労働関係の実態

[1]　序

　イギリスの集団的労働関係法について説明する前に，イギリスの集団的労働関係，特に組合と団体交渉の実態（ないしあり方）について少し説明しておきたい。集団的労働関係法は，実際の集団的労働関係のあり方に密接に関係しており，その実態に関する最小限度の知識を有することは，少しでも具体的なイメージを抱きながら集団的労働関係法の意義をより正確かつ興味深く学ぶことができると思われるからである。なお，本節の記述に用いる用語は，必ずしも法律的定義に沿ったものではないことを予めお断りしておきたい。例えば，労働組合という場合，次節で説明する制定法上の定義ではなく，イギリスの労使関係の専門家の間で一般的であるような意味，すなわち，「被用者をそのメンバーとし，職場と社会においてその利益を組織し，代表しようとする組織，ことに，経営者との直接的な団体交渉過程において，そのメンバーの雇用関係を規制しようとする組織」という程度のものとして用いている[1]。

[2]　労働組合の発展と構造
(1)　発展と規模

　イギリスでは，18世紀の後半から19世紀の全般にかけて，多くの小規模

---

(1) M. Salamon, Industrial Relations (2nd ed.), p. 85 (Prentice Hall, 1997).

な，地域的，かつ職種別の労働組合が形成された。すでに，1861年には，最初の労働組合録が編纂され，そこには，405の街にクラフト（craft＝熟練工）ないし職種別組合が掲載されていたのである。これらの組合のいくらかは，その後，現存する全国的組合の支部となったのである。19世紀の中頃から，組合は石炭や綿糸紡績といった主要産業を組織化し始めた。これらの組合に組織された労働者は，ほとんどが炭鉱労働者や紡績工などでクラフトマンではなかった。こうしたノン・クラフトの組合が，重要な役割を演じるようになったのは，1920年代以降に，労働技術の希少性ではなく，組合員の数の多さでその交渉力を獲得した一般労働組合（general unions）を結成し始めたときからである。しかし，他方で，クラフトの組合も次第にその加入要件を緩め，半熟練労働者や非熟練労働者を組織する部門をつくり始めた。もともと機械工のクラフト組合であった合同機械工組合（Amalgamated Engineering Union＝AEU）でも，1960年までには，その組合員の約50％が熟練労働者以外の労働者になっていたといわれる。実際問題として，こうしたクラフト性は，技術革新によって最近急速に希釈されてきた。従来，比較的クラフト性が強いといわれてきた右の合同機械工組合の他，電気電子通信配管工組合（Electrical, Electronic, Telecommunications and Plumbing Union＝EETPU）および全国グラフィック組合（National Graphic Association＝NGA）は，いずれも他組合と合併して，そのクラフト組合としての特質をさらに弱めることとなった。すなわち，1992年に，AEUはEETPUと合併して合同機械電気労働組合（Amalgamated Engineering Electrical Union＝AEEU）となり，NGAもグラフィック関連職業組合（Society of Graphical and Allied Trade＝SOGAT）と合併してグラフィカル・ペーパー・メディア組合（Graphical, Paper and Media Union＝GPMU）となった[2]。

　ところで，イギリスでは，1850年代に，すでにホワイト・カラーの労働組合結成をみているが，それが本格化したのは第一次大戦後である。それでも，公共部門の労働者および銀行労働者を除けば，1970年代までは，ホ

---

　(2) F. Burchill, Labour Relations (2nd ed.), pp. 40, 55 and 56 (Macmillan, 1997).

ワイト・カラーの組織率はそれほど顕著ではなかった。しかし，その後，一般組合，クラフト組合，および産業組合などがホワイト・カラーの部門を発展させてきた。

統計によれば，1892年に1,233の組合が存在したが，その数は，1920年には1,384に達したが，2000年3月には221に減少している[3]。この減少の一番の原因は，組合間の合併によるものと考えられている。このため，イギリスの労働組合の平均組合員数は，1998年で3万5,486名となり，1945年の約1万名の約3.5倍になっている。しかし，中には，極めて小規模の組合があり，1998年には，100名未満の組合が30あったのみならず，イギリス労働組合会議 (TUC) に加盟している組合の中にも，1999年において100名未満の組合が4つあり，極端な例としては，組合員が10名しかいない組合も存在していた[4]。

(2) 職場における複数組合の存在

1998年のイギリスにおいて，組合が存在しているイギリスの事業場（従業員25名以上）の割合は54％であり，1980年の73％と比べて，その落ち込みは極めて大きい。中でも，民間製造業の事業所における落ち込みが激しく，77％から42％に激減しているのに対し，公的部門では，99％から97％への微減となったにとどまる[5]。ところで，イギリスの過半数の事業場には，複数の組合が存在している。組合に組織されている事業場の4分の1において，4つ以上の組合が存在しており，中には，15の異なった組合が存在していた事業所もあることが，1998年の調査で確認されている[6]。このように，同様の職種ないし関連職種を複数組合が組織しているため，これが組合間の争いの原因となる。その原因の1つは，組合の組織対象の職種は，技術革新や組織改革により変化を来すことである。また，特定の組合が既存の組織対象境界線を超えて労働者の勧誘を行う場合もある。こうした労

---

(3) Labour Market Trends, July 2000, p. 329.
(4) TUC, TUC Directory 2000, p. 51.
(5) N. Millward et al., All Change at Work?, p. 85 (Rutledge, 2000).
(6) M. Cully et al., Britain at Work, p. 91, p. 91 (Rutledge, 2000).

働者を代表する組合が事業場に複数存在するだけではなく，交渉単位が複数存在する職場も割合は少ないが存在している。複数の交渉単位が存在する場合，相互の調整が困難であり，また，複数の交渉単位が相互に競争的賃上げを繰り返す方向での圧力を醸成する危険性があるといわれる。もっとも，事業場における複数組合や複数交渉単位の存在は，最近の組合の合併・吸収により，減少の傾向にあるといってよい。

(3) 組合連合体

組合の連合体は，右の複数組合の問題を解決する方法を提供できる。イギリスには，イングランドの労働組合会議（TUC）やスコットランドのスコティシュ労働組合会議（STUC）などのように組合間に共通するサービスを提供し，組合の対外的な一般的政策決定を可能にするためのものがあるほかに，造船機械労働組合連合（CSEU），公務員会議（CCSU），興業組合連盟（FEU），保険労働組合連合（CITU）および電力供給労働組合会議（ECTUC）のように交渉のために組合を統一するためのものもある。しかし，後者の目的を持った連合体は，組合自体が合併を繰り返して同一の目的を達成してきたためその意義が失われてきたといわれる。なお，これとは別に，労働組合会議加盟組合がスト資金を引き出すことのできる基金を有する機関として設立された労働組合一般連合（GFTU）という連合体があるが，現在では，楽団組合，ジャーナリスト組合，全国クラブ給仕組合等主に中小の34組合（約25万2,000名）を加盟組合として，資金，教育，訴訟などの援助を目的として活動している。

(4) 労働組合会議

労働組合会議は，1868年に労働組合の共通問題を討議する毎年の会議として誕生したが，その後議会委員会をつくり，労働組合の共通の利益を守る立法を促進する圧力団体として活動し，1871年労働組合法および1875年共謀・財産保護法の成立を始めとする労働立法の成立，改廃に影響を与えてきた[7]。労働組合会議の特徴は，他国の労働組合のナショナルセンターと

---

(7) 関嘉彦『イギリス労働党史』（昭和44年，世界思想社）18頁。

異なり，重要かつ大規模組合のほとんどを加盟させていることおよび加盟組合の構成員や組織形態に何ら介入しないことにあるといわれる[8]。全組合員の約86%が労働組合会議の加盟組合の組合員である。現在，労働組合会議に加盟していない組合で比較的重要なものは，クラフト組合に分類し得る看護婦組合(Royal College of Nursing)およびイギリス医師組合(British Medical Association)ぐらいしかないといってよい。しかし，労働組合会議の加盟組合に対する統制力は，比較的弱いものであるといってよい。すなわち，各組合がその組合員の利益の保護と追求のためにその独立性を保持し，その活動に関してはその組合員にのみ責任を負うという原則によって労働組合会議の役割は限定され，その加盟組合に対する統率力は各組合とその組合員の自主的な受入れが前提となるとされるのである。したがって，労働組合会議の総評議会 (General Council) は労働組合会議の方針に反する組合または労働組合運動に害になるような活動を行う組合を労働組合会議から除名する権限を有するが，大規模組合に対してそうした権限を行使することは極めて難しい[9]。

(5) 組合間紛争の自主的解決のための取決め

組合の縄張り争いを解決する手段としては，労働組合会議の紛争処理委員会がある。同委員会により使用されている紛争解決のための原則は，1924年起草され，1939年のブリドリントン総会で正式に認められたためブリドリントン協定と称されている。同協定の目的は，組合員の組合間移動を規制し，不正な手段による組合員の獲得を阻止することにある。この協定は，ブリドリントン原則といわれる主要原則と，手続および付属規定を含む法的効力を有しない「TUC 行為準則」を内容としている。ブリドリントン原則，その他の規定はその時々の労使関係のあり方や立法との関係で何度か改正されてきた。1980年代には多くの深刻な縄張り争いがあったが，その多くは，使用者による唯一組合協定の要求を原因とするものであった。これは，組合員の減少と組合に不利な産業の環境のため組合が労働者代表性

---

(8) M. Salamon, op. cit., pp. 151 and 157.

(9) Ibid., pp. 157-58.

第4章　集団的労働関係法

をめぐって激しく争わざるを得なくなったことや，失業率の上昇，企業競争力の低下などの環境により使用者が協調的労使関係とともに唯一組合協定の締結を要求するようになったからである。このため，1988年には，唯一組合協定に関する規定が導入された。労働組合議会の特別検討委員会は，新たに使用者と組合承認協定を締結しようとする組合は，まず，労働組合会議にその旨の通知することを義務づけることにより，他組合との協議を可能にしようとしている（この点については，下記のブリドリントン原則の原則3を参照）。最近のもっとも大きな改正は，おそらく，1993年の改正であると思われる。その改正は，主に，1993年労働組合改革雇用権法14条によって修正された1992年労働組合労働関係（統合）法174条が，個人が他の組合員資格の故に組合を除名されまたは排除されないと規定するに至ったことによる。因みに，2000年版のTUC Disputes Principles & Proceduresに掲載されたブリドリントン原則を以下に訳出しておくこととする。

原則1　協力と紛争防止

　すべての加盟組合は，組合間に生じる諸問題を防止し，必要なら合意に基づき解決する合同作業取決めを行うようあらゆる努力をなすことによって，積極的な組合間関係を築く義務を有している。

　合同作業取決めは，例えば，次の事項を含むものである。特定の問題を解決する手続，勢力範囲の取決め，組合員および利権の移転の取決め，組合員証の承認および仕事についての縄張り。

　組合員と組合役員が既存の合同政策取決め／協定の条件と紛争の回避および紛争解決のために合意された手続を遵守することの重要性を十分に認識すべきである。

　すべての加盟組合は，組合間関係の問題について責任を負う上級組合役員を指名し，また紛争回避のための組合間取決めを含む共通の関心事項に関する加盟組合間の緊密な行動の促進に努める全国役員のTUCネットワークに参加すべきである。

原則2　組合員資格

　労働組合員資格はすべての加盟組合の利益であり，また労働組合員の獲得運動，そして安定した労働組合の構造を発展させ維持する運動の利益である。合意された規則および手続なしの組合員の組合間移動は団体交渉シ

ステムを傷つけ，特定の会社または特定の労働者層の内部の労働組合組織の存在を脅かしかねない。

すべてのTUC加盟組合が他組合の既存のまたは「最近の」組合員を当該組合の承諾なしに直接または間接的に勧誘して故意かつ積極的に自己の組合に加入させようとしようとしないことをTUCに加盟し続けるための拘束力ある制約として承認する。

原則3　組織化と承認

ある組合がある会社または事業所に雇用されている労働者層の過半数を組織しており，かつ／または，労働条件について交渉するために承認されている場合，他の組合は当該組合との取決めを得ずして当該種類の労働者を組織化する活動を開始してはならない。また，そのような状況のもとにおいては，その確立した組合の地位を直接または間接に危うくする効果をもつことになるので，組合はある使用者に接触しまたはある使用者の指導に応じてはならない。

ある組合が他の加盟組合がある組織内部の労働者集団に関し低い組織率しか有さず，かつ協定を締結していないか，または協約がほとんど実効性を失っていると考える場合，その組織化活動を開始する前に(または，当該加盟組合の利益を知るや否や)当該組合と協議しなければならない。合意に至ることができない場合，事案はいずれかの組合によりTUCに付託されなければならない。

原則4　組合間紛争と争議行為

組合間紛争(労働組合員資格，労働組合の承認および／または交渉権，仕事についての縄張その他の困難な事項に関する紛争を含む)の事案では，TUCに検討の時間を与えることなく，非公認または授権のない労務停止またはストライキ以外の争議行為は行ってはならない。関係する1つまたは複数の組合はその組合員を通常の労働に戻すために即時的かつ積極的な措置を講ずる義務を負っている。

(6)　組合の職場組織

事業場レベルに関しては，機械産業では，ショップ・スチュワード委員会(複数組合事業場における組合間調整を目的とする委員会)を正式に承認して

いるが，その他の産業では，正式な調整機関は存しない。しかし，その場合でも，非公式な合同委員会が明示・黙示に合意されていることがある（なお，ショップ・スチュワードとは，組合の職場の非専従組合代表者のことであり，これについては後に詳述する）。企業レベルに関しては，異なった組合のショップ・スチュワードの合同会議は伝統的に組合に受け入れられず，組合専従役員の公式的会議は，合同交渉を前提にする場合のほかは，開催されることはほとんどない。もっとも，このことは，後述するように多くの産業において団体交渉が主に企業別で行われていることを否定するものではない。

(7) 労働組合と労働党の関係

労働党は，1900年に労働者代表委員会という名称で結成され，1906年に現在の名前に改称された政党である。この労働者代表委員会は，1893年にケア・ハーディ（1892年の総選挙で自民党と無関係に労働組合の推薦だけで当選した議員）等を中心にして設立された独立労働党（社会主義団体）と労働組合との連合組織であった。因みに，結成の過程からみると，初めの段階では，独立労働党と労働組合会議との関係は必ずしも緊密ではなかったようである。1900年までは，労働組合会議が社会主義を知識階級の空想と考えていたことのみならず，当時，実質職能別組合の連合としての性格を持っていたため，労働者階級の連帯感が弱く，他組合を代表する者の政治資金援助を行うより既成政党（自由党）を利用する方が良いとの打算があった。しかし，その後，独立労働党は1895年の総選挙での完敗の後幅広く労働者の利益を代表しようとする政策に転じ，他方，労働組合会議は資本家の組合弱体化や法律による組合活動制限の動きに対抗して政治活動の強化を必要としたことから，労働組合会議の加盟組合と独立労働党との連合体として労働者代表委員会，つまり労働党が結成された[10]。いずれにせよ，このように労働党は，その起源から労働組合との関係が強かった。したがって，労働組合会議自体は労働党に加盟しているわけではないが，労働組合会議の主要な労働組合は今日でも労働党に加盟している。そして，それらの組

---

[10] 関・前掲書42〜64頁。

合は，労働党所属の特定の庶民院議員と特別の関係にある（そのほとんどが組合員としてその組合に所属していた者である）。より具体的には，大規模組合，例えば，製造科学金融組合（MSF）と合同機械電気労働組合（AEEU）は，それぞれの出身議員81名と24名を庶民院に有している。それでも，ブレア党首は労働党と組合との関係を是正するため組合と協議して労働党議員の組合出身者の比率を50％まで引き下げたのだといわれる。また，労働党の党首および副党首の選挙の投票比重は，庶民院議員・欧州議会議員，労働党の個人組合員および労働党加盟機関（加盟労働組合）にそれぞれ30％，30％，40％ずつとされていたが，3分の1ずつに変更された[11]。加盟労働組合に対する投票比重はブレア党首になってから大幅に縮減されたとはいえ，労働組合と特別の関係にある議員の存在を考慮に入れると，今日でも，労働組合の声が無視できないものであることは明らかである。

(8) 組合の組織率

労働組合員の数は，1892年には157万6,000名に過ぎなかったが，その後，多少の増減を繰り返しながらも，一般的に上昇傾向が続き，サッチャー政権誕生の1979年には，史上最高の1,344万7,000名を記録した。この年は，組合組織率も55.4％で史上最高となった。しかし，サッチャー，メージャーと続く保守党政権の組合政策のもとで，組合員の数および組織率はともに減少を続け[12]，1998年にはそれぞれ725万2,000名および26.9％となった。しかし，労働党のブレア政権が誕生した翌年の1999年には組合員の数が725万7,000名，組織率が27.0％と多少の増加をみている[13]。1892年から1988年までの労働組合の組織率をみると，1891年には，10.6％であったが，その後ほぼ一貫して組織率を伸ばし，1979年には組織率が55.4％になった。しかし，その後は，反対に一貫して組織率は低下し，1988年には，41.6％になった。この組織率の変化については，賃金と物価の関係，景気の変動，失業率，政治環境などいろいろな原因が考えられるが，1979年以降の一貫

---

[11] Labour Party Rules 1999, 3 C5. 3 (C).
[12] Burchill, op. cit., p. 33-34.
[13] Labour Market Trends, July 2000, p. 332.

した組織率の低下については，サッチャー以降の保守党政府の反組合的立法政策によるとの見解が有力である。

1999年秋の労働組合の組織率を，産業別にみると，行政事務（61％），教育（54％），電力・ガス・水道（52％）等が高く，反対にホテル・レストラン（6％），農業等（9％），ビジネス・サービス（11％）等が低い。因みに10年前の1989年においては，炭鉱(90％)，郵便・通信(82％)，電力・水道(71％)等が高く，反対に，ホテル・配膳・修理（11％），ビジネス・サービス（12％），農業等(13％)等が低い。たった10年間で，組織率70％以上の業種が姿を消し，高組織率の上位2業種が完全に入れ替わっていることが分かる。また，男・女，職種，常用・臨時，就労形態等を区別して1999年秋の組織率をみると以下のようになっている。

表1：1989年秋のグレート・ブリテンの組合組織率
（Labour Market Trends, July 2000, pp. 329-338）

男性	31％	フルタイム	33％
女性	28％	パートタイム	22％
マネジャー	26％	職場規模	
職長・監督者	38％	25名未満	15％
非管理職者	29％	25名以上	37％
常用労働者	31％		
臨時労働者	18％		

特定勤務形態にある者

フレックスタイム	41％
ジョブシェアリング	33％
特定期間就労	46％
年単位労働時間契約	47％
1週4日半勤務	42％
ゼロ・アワー契約	14％
原則在宅勤務	7％

第1節 集団的労働関係の実態

[3] 労働組合の財政

　イギリスの組合の平均的な財政状態は，やや資料が古いが，1988年現在で組合1人当り平均約60ポンドである。ほとんどの組合が，組合費として，年25ポンドから50ポンドを各組合員から徴収している。組合費が組合の全収入に占める割合は，約85％弱となっている。組合財政をごく大まかな収入・支出でみると次の表のようになっている。

表2：1988年の労働組合の収入・支出

(A. Marsh, Trade Union Handbook (5th ed.), p. 56.)

組合員の数	8,652,000
組合費（組合員1人当り）	39.64ポンド
投資額（組合員1人当り）	3.01ポンド
その他（組合員1人当り）	1.96ポンド
全収入額	44.81ポンド
サービス・運営費	
（組合員1人当り）	38.25ポンド
諸手当（組合員1人当り）	4.48ポンド
全支出額	42.72ポンド

　一方，1890年代までは，組合は組合員の失業や傷病を保障する諸手当に多くの財源を支出してきたが，保障手当のための支出は，その後，一貫して減少し，現在では全支出の約12％になっている。また，スト手当も1975年から1985年までの期間では，約4％程度であり，組合の支出の多くは，組合幹部・職員給料（40％），管理・運営（25％），会議・上部団体加盟費などに費やされている。組合財政は近年とりわけ厳しい状態になってきており，組合の準備金総額は，1950年には支出総額の約4.5倍であったのに1988年には1.23倍にまで減少している。

　組合の政治基金に関する法的規制については，後述するが，多くの組合が政治基金を維持し，組合員の約85％が拠出している。これらの組合のすべてが労働党に連携し，組合の基金が労働党の議員を支持・後援するため

に使用されることができる程度について労働党と協定を締結している。
　次に，組合員総数約90万人を擁するある大規模な組合の1999年の収支報告についてより詳しく記しておく。

収入（組合員からの収入）	68,196,000ポンド	
支出合計	68,334,000ポンド	
給付金	12,012,000ポンド	
争議および義捐金		365,000ポンド
労働不能		1,186,000ポンド
事故		103,000ポンド
運転手ケア		3,371,000ポンド
法律医療費		4,605,000ポンド
組合員弁護費		223,000ポンド
教育助成金		954,000ポンド
その他		（省略）
助成金	1,008,000ポンド	
支部戻し金	65,000ポンド	
宿舎	65,000ポンド	
ホリデーセンター	249,000ポンド	
派遣・委員会費用	2,463,000ポンド	
隔年大会	1,153,000ポンド	
特別組織化・キャンペーン	2,062,000ポンド	
合同労使協議会	28,000ポンド	
加盟費	2,118,000ポンド	
労働組合会議		1,518,000ポンド
国際金属労連		120,000ポンド
国際食品労働者組合		74,000ポンド
その他		（省略）
政治的加盟費・助成金	1,057,000ポンド	
労働党加盟費		562,000ポンド
労働党助成金等		339,000ポンド
その他助成金		156,000ポンド
管理費	42,419,000ポンド	

職員給与　　　　　　　　　　　9,656,000ポンド
国民年金拠出　　　　　　　　　12,732,000ポンド
年金　　　　　　　　　　　　　1,185,000ポンド
賃料・電熱費　　　　　　　　　1,762,000ポンド
機械補修費　　　　　　　　　　1,809,000ポンド
使用者に支払うチェックオフ費　　789,000ポンド
その他　　　　　　　　　　　　（省略）
　組合報印刷・配布　　　　　　304,000ポンド
　コンピューター　　　　　　　644,000ポンド
　減価償却費　　　　　　　　　2,280,000ポンド
　投票費　　　　　　　　　　　402,000ポンド
　税金　　　　　　　　　　　　2,000ポンド

　組合費以外の収入　　　　　　3,735,000ポンド
　　投資・販売利益　　　　　　2,285,000ポンド
　　賃貸料　　　　　　　　　　468,000ポンド
　　バッジ・手帳販売　　　　　57,000ポンド
　　資産売却利益　　　　　　　925,000ポンド

［4］　労働組合の機構
⑴　組合支部

　組合支部は，組織の基本的単位とされる。組合支部は，通常，事業場単位ではなく地域単位に置かれている。組合支部は，従来，一般組合員の直接的な参加を保障する唯一の組織単位としてもっとも重要なものとされてきた。しかし，最近では，各企業の職場における組合・組合員の非専従代表者であるショップ・スチュワード（shop steward）の役割の増加，およびチェック・オフによる組合費の賃金からの控除等により，その重要性が減少してきている。むしろ，現在では，組合支部は，単に組合の内部統制に関心を抱くのみで，組合の地域的な方針や行動の決定においてはほとんどその重要性を失っていると考えられているといわれる。

(2) 地方組織

組合支部の上には，地方組織がある。この地方組織は，主にその担当地域の広さにより，エアリア，ディストリクト，ディヴィジョン，あるいはリージョンなどと呼ばれる。地方組織は，単なる組合運営の便宜のためのものであったり，あるいは，全国執行委員の権力を規制するものであったり，その期待されている役割は，組合により様々であるといわれる。この地方組織の役員は，各支部がその役員を選ぶ場合と，各地方組織の担当地域全体における選挙の候補者を立てることしかできない場合とがある。なお，運輸一般のように合併を繰り返した大規模組合では，それ自体かなり独立した全国および地方ごとの組合員組織が形成されている。

(3) 組合本部

組合の権力構造の中枢。しかし，地方組織が相当に独立性を有し，強い権限を維持している組合もある。全国炭鉱労働組合や合同機械電気労働組合などはその例である。

(4) 組合大会

支部および地方組織を通過した決議が年1～3回の大会で議論される。また，前年度の組合幹部の業績評価も重要な大会事項である。支部は，その組合員の数に応じた人数の代議員を大会に派遣する。支部代表は，その支部組合員の過半数の見解に従って大会の議決に参加することを義務づけられている場合が多い。運輸一般などの組合は，何百人という代議員の参加する大規模な大会を開催している。しかし，多くの組合によっては，全国執行委員会などに団体交渉などの広範な事項の政策決定権を委ねている。

(5) 全国執行委員会（National Executive Council）

大会から大会までの期間に，大会で決定された政策方針に従い，組合を有効かつ効率的に運営するための機関。しかし，実際には，組合の方針決定を実質的に行っている場合が多いといわれる。

第1節　集団的労働関係の実態

(6) 組合専従幹部

　イギリスの組合専従幹部は，その組合員全体に占める割合が他国に比して極めて小さいといわれる。すなわち，1991年の調査によると，組合員3,229名に対して，専従幹部1名の割合であったとされる[14]。組合の書記局職員は雇い入れられるが，組合専従幹部の任命は，選挙による場合と指名に基づく場合がある。例えば，運輸一般労働組合の場合，全国執行委員会の執行委員長，副執行委員長，書記長以下の執行委員は選挙により選出され任期は5年とされるが，その他の組合幹部は全国執行委員会の氏名により任命され常用とされている[15]。

(7) ショップ・スチュワード

　すでに述べたように，ショップ・スチュワードは，職場の組合員により選出された非専従の組合代表であり，職場において，使用者に対し組合および組合員を代表し，組合に対してその職場の組合員を代表する立場にある。1990年の調査では，1人のショップ・スチュワードが約20名の組合員を代表し，1週間に6時間ぐらい組合業務を行っているとされた[16]。ショップ・スチュワードの活動は時代と共に変化してきた。職場ないし事業場においては，上記の通り，ショップ・スチュワードが合同委員会を設立して，使用者側との団体交渉を行っている場合がある。今日では，団体交渉のレベルが全国から職場に移行してきたこと，経営者側が労働慣行や賃金制度の弾力化戦略を取り，また職場における組合の役割を制限しようとしているため，組合専従役員の仕事が増大しつつある[17]。このような状況の中で，職場から選出されたのではない専従組合幹部が職場から選任されたショップ・スチュワードとの関係を重視せざるを得なくなっている。その意味で，組合におけるショップ・スチュワードの役割はますます重要

---

[14] M. Salamon, op. cit., p. 134.

[15] Transport & General Workers' Union, T&G Rule Book, rules 15-19.

[16] D. Farnham & J. Pimlott, Understanding Industrial Relations (5th ed.), p. 378 (Cassell, 1995).

[17] M. Salamon, op. cit., pp. 200-201.

となっているといえる。例えば，運輸一般労働組合の2000年の「ショップ・スチュワード・ハンドブック」は，ショップ・スチュワードを要として位置づけた後，次のような点を強調している。すなわち，職場労働者の統一を図るのはショップ・スチュワードの役割であること，ショップ・スチュワードは労働者の苦情を処理することができること，ショップ・スチュワードは将来組合員となる労働者に対する戦略的なアプローチが必要であること，ショップ・スチュワードは安全代表でもなければならないこと，組合はショップ・スチュワードの働きを向上させる正規の訓練課程を運営すること，などである[18]。また，同組合の「職場におけるあなたの組合」というハンドブックは，ショップ・スチュワードの仕事として，組合員の募集・勧誘，組合費の徴収，苦情処理，規律処分に対する組合員の弁護，賃金その他の労働条件に関する交渉，組合員の健康および安全の保護，消極的組合員の活性化があげられている[19]。

[5] 主な労働組合

イギリスの主な労働組合は，1991年と1999年では，以下のようになっていた。しかし，その後，幾つかの組合が更に合併している。国家・地方政府職員組合，全国公共労働者組合および保健労働者連合は，1993年に合併し，新たに組合員約140万人のユニソンという組合が誕生した。また，グラフィック関連労働組合と全国グラフィック組合は，1991年に合併してグラフィカル・ペーパー・メディア組合となり，合同機械工組合は，1993年に労働組合会議不参加の電気電子通信配管組合（EETPU）と合併して100人を超える合同機械電気労働組合となった。

表3：1991年の労働組合会議加盟組合の規模（組合員10万人以上）

（組合名）	（組合員数）
1．運輸一般労働組合（TGWU）	1,224,000
2．ジーエムビー（GMB）	933,000

[18] T & W, Shop Steward's Handbook, 2000.
[19] M. Salamon, op. cit., p. 199.

第1節 集団的労働関係の実態

3．国家・地方政府職員組合（NALGO）	744,000
4．合同機械工組合（AEU）	702,000
5．製造科学金融組合（MSF）	653,000
6．全国公共労働組合（NUPE）	579,000
7．小売流通関連労働組合（USDAW）	362,000
8．建設関連職技術者組合（UCATT）	207,000
9．保健労働者連合（CHSE）	203,000
10．通信労働者組合（UCW）	201,000
11．銀行保険金融組合（BIFU）	171,000
12．全国教員組合（NUT）	169,000
13．グラフィック関連職業組合（SOGAT）	166,000
14．全国報道組合（NCU）	155,000
15．行政公務組合（CPSA）	123,000
16．全国グラフィック組合（NGA）	123,000
17．校長・女子教員組合全国連合（NASUWT）	120,000
18．全国鉄道労働組合（NUR）	118,000
19．全国炭鉱労働組合（NUM）	116,000
20．全国公務公共職員組合（NUCPS）	113,000

資料：D. Farnham and J. Pimlott, Understanding Industrial Relations (5th ed.), p. 123 (1995, Cassell).

表4：1999年の労働組合会議加盟組合の規模（組合員10万人以上）

（組合名）	（組合員数）
1．ユニソン（UNISON）	1,272,330
2．運輸一般労働組合（TGWU）	881,625
3．合同機械電気労働組合（AEEU）	717,874
4．ジーエムビー（GMB）	712,010
5．製造科学金融組合（MSF）	416,000
6．小売流通関連労働組合（USDAW）	303,060
7．通信労働者組合（CWU）	287,732
8．公共・商業組合（PCS）	254,350
9．グラフィカル・ペーパー・メディア組合（GPMYU）	
	203,229

10. 全国教員組合（NUT）	194,259
11. ユニフィ（UNIFI）	179,544
12. 校長・女子教員組合全国連合（NASUWT）	178,518
13. 教諭講師組合（ATL）	113,760
14. 建設関連職技術者組合（UCATT）	111,804

資料：TUC Directory 2000, pp. 50-51.

［6］ 団体交渉の形態

イギリスでは，従来，団体交渉が全国・産業レベルで行われることが比較的多かった。この場合，当事者は，全国的または産業規模の使用者団体と労働組合の連合体である。産業によっては，異なった事項の決定は異なったレベルで行われている。また，化学産業などでは，肉体労働者の賃金などの大枠は全国交渉で決められ，一定の事項について行われる企業および事業場交渉で補完される。しかし，団体交渉は次第に分散化してきた。まず，作業方法の変化や労働生産性の向上は，組織的要求の多様化のため全国レベルでは有効にコントロールできなかった。そして，1970年代には，経営者がその支配力を得るために全国ないし多数使用者交渉の役割を制限しようとしてきた。もっとも，1970年代は，産業によりばらつきが大きく，化学および機械産業の肉体および事務労働者に関しては，企業ないし事業所における単一使用者団体交渉が重要であったが，食品，飲料，たばこ，繊維，衣服等の産業では産業レベルと多数使用者交渉が最も重要であったといわれる。ところが，1980年代にはいると，東南アジアのニューエコノミー，不況，技術革新による国際競争力の激化などから，組織再編，弾力的労働編成，ヒューマン・リソース・デベロップメントなどに力を入れ，営業単位の分散化を進め，政府もまた生活コスト，比較賃率ないし現行相場信仰等に基づく全国賃金交渉は時代遅れでインフレ的で，失業につながるので支払能力（利益性）と成果に基づき企業や事業所で決定されるべきだとの考えに基づく市場政策をとった。この結果，1986年から1989年には16の民間の多数使用者交渉協定が解消され，1989年から1993にかけてさらに8つの多数使用者交渉協定が解消された[20]。団体交渉が全国レベルから企業または事業所に下がっている傾向は今日でもみられるが，1990年代には，

同時に，労働組合勢力の低下に伴い団体交渉自体の減少が著しくなっている。これらの2つの現象を示すものとして，2000年に出版された調査報告がある。同調査は，過半数労働者が団体交渉でカバーされていた同一事業所の異なる労働者集団が多数使用者交渉，多数事業場単一使用者交渉，事業場交渉という3つの異なる交渉レベルで合意に達した場合は，一番上位のレベルで交渉がなされたというかたちで数量化したものである。これによれば，賃金に関する団体交渉が行われたのは，1984年で60％，1990で42％，1998年では29％となった。そして，合意に達した交渉レベルとして，多数使用者交渉をあげた集団は，1984年が41％，1990年が23％，1998年が13％であった。また，多数事業場単一使用者交渉をあげた集団は，それぞれ，12％，14％，12％であり，事業場交渉をあげた集団は，それぞれ，5％，4％，3％であった[21]。

次に，同報告書は，団体交渉がなされた事業場で団体交渉によりカバーされた被用者の比率がどの程度であったかを調査している。これによると，それらのすべての事業場で1984年で70％，1990年で54％，1998年で40％となっており，民間製造業の事業場では，それぞれ，64％，51％，46％，公的部門では，それぞれ，95％，78％，62％であった。なお，イギリスで特徴的なのは，同一事業場に組合が複数存在する場合が多いということである。この状態は，最近の組合合併により多少変化したとはいえ依然として顕著である。前記の報告書によれば，前記の事業場で，組合が1つしかない場合は43％，2つの場合は19％，3つの場合は15％，4つ以上の場合は23％となっている[22]。なお，労働力調査によれば，1999年に賃金が労働協約の影響を受けている被用者の割合は，全被用者の35.8％である[23]。

最後に，イギリスの団体交渉に関する専門用語について若干触れておきたい。まず，「交渉単位 (bargaining unit)」とは，1つまたは複数の協約の適用される労働者の集団を意味する。この概念は，交渉レベルが使用者側

---

[20] Ibid., pp. 332-337.

[21] N. Millward et al., op. cit., pp. 185-187.

[22] Ibid., pp. 199-200.

[23] Labour Market Trends, op. cit., p. 336.

を基準としたものであるのに対し，組合側を基準としたものといえる。組合ないし組合の合同団体は，一定の交渉単位内の被用者の交渉代表（bargaining agent or agents）として行動する。この交渉単位は広い場合と狭い場合があり，また交渉団体が少ない場合と多い場合とがある。例えば，化学産業では，比較的広い交渉単位が全国的な比較的少ない交渉団体によって代表されている。国民保健局（National Health Service）においては，8つの比較的狭い交渉単位が多くの交渉団体に代表されている。とりわけ，専門技術職員は，約40の交渉団体により代表されている。交渉単位は，ことに民間部門では，交渉レベルによっても異なる。企業レベルでは，交渉は多くの異なった交渉単位で行われることが多い。すなわち，熟練工，単純作業工，管理職，ホワイト・カラーといったように別々の組合により代表される別々の協約が締結される。そしてさらに，これらの協約は，労働時間や年次休暇のような事項に関しては，その企業の被用者全員に適用されるという意味で，交渉単位は企業規模である場合もあるが，例えば，出来高賃金制をとっている場合には，その出来高賃金の単位賃金の決定につき企業内の異なった交渉単位が形成されることもある。「交渉形式(bargaining form)」とは，協約が書面で公式の署名があるか，無書面の非公式のものか，といった協約締結の形式を示す用語である。また，「交渉範囲(bargaining scope)」とは，協約が特定の交渉単位において適用対象としている事項の範囲を指す用語である。一般に，交渉レベルが高くなると，協約はより公式化する。交渉範囲内にない事項は，使用者の経営特権の範囲となり，使用者が自由に決定できることになる。

[7] 争議行為の規模・頻度

過去の記憶からイギリスは争議行為の特に多い国であるように考えがちであるが，実際は，今日，国際的にみて，イギリスは決して争議行為の特に多い国とはいえない。例えば，1997年の統計比較によれば，イギリスの争議件数は216件であり，日本，アメリカ，ドイツおよびフランスがそれぞれ，178件，29件，144件および1,608件であった。また，損失労働日数についてみると，イギリスが235,000日であったのに対し，日本110,000日，アメリカ4,497,000日，ドイツ53,000日，フランス448,000日であった。さら

に，争議参加人数は，イギリスが129,000人であったのに対し，日本47,000人，アメリカ339,000人，ドイツ13,000人，フランス146,000人であり[24]，イギリスの人口規模を考慮しても規模および頻度からいって必ずしも争議行為の特に多い国とはいえないのである。因みに，1999年の争議件数は205件，損失労働日数は241,800日，争議参加人数は140,900人であった[25]。

第2節　労働組合

[1]　労働組合の定義

(1)　1992年労働組合労働関係（統合）法（Trade Union and Labour Relations (Consolidation) Act 1992）第1条は，次のように定義している。「労働組合とは次のような組織（一時的か恒常的かを問わない）をいう。(a)もっぱらまたは主に1ないし複数の種類の労働者により構成され，その主な目的が労働者と使用者または使用者団体との間の関係を規制することにある組織，または(b)もっぱらまたは主に(i)上記(a)号の条件を満たす構成組織ないし加盟組織（あるいはそれ自体がもっぱらまたは主に同号の条件を満たす構成組織ないし加盟組織から構成されている構成組織ないし加盟組織）から構成されるか，あるいは，(ii)そのような構成組織ないし加盟組織の代表者により構成されている組織であり，かつ，その主な目的が労働者と使用者または労働者と使用者団体の間の関係を規制し，または，構成組織間ないし加盟組織間の関係を規制することにある組織」。要するに，主に労働者により構成され，労使関係を規制することを主な目的とする組織，および，その上部組織か，その下部組織の代表者からなる組織で労使関係または下部組織間関係を規制することを主な目的とするものが労働組合とされるのである。ここでは，労働組合の自主性（これは多くの権利・救済に必要とされるが）や労働者の経済的地位の向上は要件とはされておらず，下部組織間関係を規制することを目的とする組織も労働組合とされるのである。

---

(24)　平成11年度版海外労働白書，付26〜付28。

(25)　Labour Market Trends, June 2000, p. 259.

(2) したがって，労使関係を規制する目的が副次的でしかない組織は，労働組合とはいえない。Middland Cold Storage v. Turner [1972] ICR 230 (NIRC)では，いろいろな組合から集まったショップ・スチュワードの委員会は，その目的が争議行為をなすべきかを協議することであり，使用者との交渉を行うことではなかったので，労働組合ではないと判示された。しかし，当該目的は，組合規約に定められている必要はなく，その実態から判断できればよいとされる。British Association of Advisers and Lecturers in Physical Education v. NUT [1986] IRLR 497 (CA)では，規約は，会員の職業的利益に関するものとしか定めていなかったが，その交渉機構により会員の労働条件を決定していたという実態があったため労働組合とされた。また，上記のような目的を有する限り，その組織が組合の一部門，組合の支部の労働者委員会，ショップ・スチュワード（非専従の組合役員）の委員会あるいは一定地域の調整委員会（coordinating committee）であっても，また，一時的な組織であっても労働組合として認められ得る。組織の規模や力量は組合該当性に関係なく，支部の組織員が主要な組合の組織員であることは支部の組合該当性を否定するものではないとされている[26]。News Group Newspapers Ltd. v. Society of Graphical and Allied Trades (SOGAT) [1986] IRLR 227 (CA)で，控訴院判事 Glidewellは，次のように述べている。「組合員が全国に広がる大きな組合は，しばしば，地方または地域の組織を持とうとする。そのような組織はいろいろな形態をとる。1つは各地域または地方の組織がそれぞれ独立の組合である連合組合（federal union）であり，その場合，その全国組織は地方組合の連合体でありかつ労働組合である。全国炭坑労働組合はその例である。もう1つのタイプは，中央集権的なものであり，地方支部は全国組合の目的を実行し，その財産を占有し，その基金を運用する代理組織（agency）に過ぎないものである。」因みに，本件のSOGAT（グラフィック関連職業組合）の支部の場合のように，その支部がそれ自体組合といえなくとも，財産の帰属に

---

[26] News Group Newspapers Ltd. v. Society of Graphical and Allied Trades (No.2) [1986] IRLR 337 (HC); Midland Cold Storage v. Turner [1972] ICR 230 (NIRC).

ついては，全国組合とは別にその支部の組織員のためだけに使用されると考えられる場合がある。すなわち，「各支部の組織員の権利能力なき社団（unincorporated associations）であり，その（全部ではないが）いくつかはそれ自体が基金や財産を有している。権利能力がないため，その基金や財産は支部の受託者(trustee)に帰属し，受託者が支部の組織員全員の利益のためにそれを維持するのである。……この意味で，その支部はメンバーズクラブの性格を有しているのである。」このため，News Group Newspapers Ltd. v. SOGATでは，SOGATの事務管理職ロンドン支部の基金は，同組合の財産として差押えの対象とならないとされたのである。

(3) ところで，同法1条(a)号にいう「労働者」の意味については，296条が明確な定義を定めている。それによれば，労働者とは，(a)雇用契約または(b)その職業的顧客ではない契約の相手方当事者に個人的に労働またはサービスをなしまたは遂行することを約するその他の契約に基づいて，あるいは，(c)当該雇用が(a)または(b)に該当しない場合，政府の省によるまたはための（国王の陸海空軍の隊員以外の）雇用において，労働し，または通常，労働あるいは労働しようとする個人であると定義している。この定義は，集団的労働関係の法規制が雇用契約により雇用された被用者でない労務契約の当事者にも適用され，また，いわゆる公務員などにも適用されるように定められている。またこの定義から，Carter v. Law Society [1973] ICR 113 (NIRC)では，ソリシター協会は，労働組合ではないとされた。

(4) 以上の1992年労働組合労働関係統合法第1条の定義から，(i)地域組合の連合体(例えば，全国炭鉱労働組合)，(ii)合併後も独立性を維持する組合（例えば，保健官組合を内部に有する製造科学金融組合 (MSF)），(iii)労働組合会議 (TUC) および(iv)国際的な労働組合の連合体等（例えば，国際運輸労組連盟 (ITWF)）の組織も「労働組合」に該当する[27]。

---

[27] J. Bowers, Bowers on Employment Law (5th ed.), p. 404 (Blackstone, 2000).

[2] 労働組合の法的地位

すでに第1章第2節[4]でみたように、労働組合は、法人ではないが、タフヴェール判決により、1871年労働組合法により登録された組合は、その名前で訴えられ、それ以外の組合も執行委員または受託者の名前で訴えられ得ると判示した。したがって、また、労働組合は自ら、その名前で訴訟を提起することもできるとされた[28]。要するに、組合は法人の地位を有しないとしても社団としての性格は有しているということができる。現在、1992年労働組合労働関係（統合）法10条は、労働組合は法人ではないが、契約を締結し、その名前で訴えまたは訴えられ、刑事上の訴追を受ける能力があると規定されている。同法12条は、組合が受託者をもって財産を所有することを認め、組合に対してなされた判決や裁定は、法人に対してなされるのと同様な仕方で組合財産に対して強制執行されると定めている。さらに、23条は、組合員および受託者の私的財産は、会社の株主が有限責任の概念により保護されるのと同様な仕方で保護されると規定している。しかし、同法は、法人と同一であるとはしていないのであり、例えば、組合は名誉毀損の法的保護を受けることのできる法的人格を有しないとされた[29]。かつて、1971年労使関係法は、これを一歩進めて登録した組合には、特定の争議行為免責特権を与えると同時に、法人の地位を付与しようとしたが、組合の登録拒否運動により実現できず、第1章第3節(3)でみたように、1974年労働組合労働関係法によりこの新たな登録制度は廃止された。

[3] 任意登録

任意登録制度は、1871年労働組合法によって導入されたものであり、上記の1971年法の変革の試みの後、1974年法が、1871年労働組合法と同様の任意登録制度を復活させた。現在、1992年法第2条ないし4条は、次のように定めている。すなわち、認証官（Certification Officer）が任意的登録簿を管理する。ある組織の申請に基づき、認証官が前記1条の「労働組合」

---

[28] NUGMW v. Gilian [1946] KB 81 (CA).

[29] EETPU v. Times Newspapers Ltd. [1980] 1 All ER 1097 (QB).

の要件を満足すると認めた場合，その組織名は組合として登録簿に掲載される。また，登録された組合が同法の要件を満たさなくなった場合には，認証官はその登録を取り消すことができる。登録組合の申請に基づき，認証官はその組合が登録組合であることの証拠としての効果を有する証明書を発行する。登録に関し異議を有する組合は，雇用控訴審判所に申立てをなすことができる（同法9条）。登録組合のみが次に述べる自主的労働組合として「自主性（independence）」の認証を受けることができる（同法6条）。

［4］　自主的労働組合

　第1章第3節(3)でみたように1971年法導入した強制的組合承認手続は，結局，実質的に機能しないまま廃止された。その後，1975年雇用保護法は自主的労働組合が助言斡旋仲裁局に申し立てることのできる法定組合承認手続を導入した。この制度のもとでは，使用者がある自主的労働組合（independent trade union, この意味については後述する）を任意的に承認しない場合，その組合が同局に申し立てると，同局はまず調停による解決を試み，それが失敗し，またはその成功を期し得ない場合には，その承認問題に関するあらゆる者の意見を調し，関係ある被用者の意見を確認する。その調査検討を経て，その必要があれば承認勧告を行う旨の報告をする。使用者が右の勧告を遵守しない場合，組合は同局に勧告不遵守の申立てをなす。同局が問題を調停により解決できない場合，組合は中央仲裁委員会（Central Arbitration Committee）に申請をなし，その承認勧告の対象となっている個々の被用者の雇用契約に特定の契約条項が含められるべきことを要求することができる。申請に理由ありとする場合，同委員会は，その旨を宣言し，使用者が雇用契約の内容とすべき契約条項を明らかにする。この裁定により，右条項は，個々の被用者の雇用契約に編入されるほか，組合は承認されたものと同一に扱われるとされていた。しかし，この制度も1980年雇用法（Employment Act 1980）により廃止された。その後，保守党政権のもとで，長い間，組合承認は労使の任意的問題に過ぎないとされてきた。すなわち，使用者は，職場の力関係に服しつつ，自由に組合を承認したり，その承認を解消したりすることができるということを意味した。ところが，

1997年の総選挙で労働党は制定法による組合承認権の導入の意図を示し，1999年雇用関係法によって，極めて念の入った詳細な組合承認手続を制定した。その理由は，1975年法の承認手続の失敗は，助言斡旋仲裁局と中央仲裁委員会のとった措置が不服の対象とされ司法審査に持ち込まれたことにあるとの反省から，承認手続は詳細かつ明確なものでなければならないと考えられたためである[30]。いずれにせよ，組合が「自主性」を有しているか，「承認」されているかということは，イギリスの組合に関する多くの法律上の権利に重要性を有する[31]。そこで，ここではまず，「自主性」について説明することにする。1992年法6条ないし9条は，認証官は，登録簿に登録されている組合に「自主性」の認証を与えることができ，また，当該組合が「自主性」を失ったと判断するときはその認証を取り消すことができるとしている。そして，認証に関し異議を有する組合は，雇用控訴審判所に申立てをなすことができる。この認証は当該組合が自主的労働組合であることの確定的な証拠となる。認証に関する争いは自主的労働組合とは，使用者に支配(control)されず，資金，物資，その他の便宜による使用者介入 (interference) の恐れのない組合をいう，としている。Blue Circle Staff Association v. Certification Officer [1977] ICR 224 (EAT)で，雇用控訴審判所が支持した1976年の認証官の認証基準は次の通りである。(i)資金——使用者からの直接的資金援助がある場合は認証しない。(ii)その他の援助——組合が使用者から得ている無料の事務所，役員のタイム・オフ，組合事務設備などの物質的援助を調査する。(iii)使用者の介入——組合が零細弱小で，使用者の援助を受けている場合，自主性は危うい。(iv)歴史——その組合の起こりが使用者が創った職員団体であるような場合，自主性が疑われる。(v)組合規約——組合員資格が限定されているとか，会社のトップ

---

[30] N. Randall & Ian Smith, A Guide to the Employment Relations Act 1999, p. 5 (Butterworths, 1999).

[31] 「自主性」および「承認」の意義についての本格的研究に，藤川久昭『現代イギリスの労使関係法』（労働問題リサーチセンター，1994年）がある。同書は，認証官による「自主性」の認証実務，「自主性」と「承認」の法的効果，およびその労使関係上の意義について，優れた考察を行っている。

に近い者が組合運営に従事している場合，自主性が疑われる。(vi)企業別組合——使用者の介入の可能性が大きい。(vii)組織——規模，組合員オルグ能力，組合が有能かつ経験豊富な幹部により運営されているか，組合の財政状態，組合の支部や委員会の組織の構造などを検討する。組合が会社の上級管理職により運営されている場合は，自主性は危うい。(viii)姿勢——確固たる交渉姿勢は真の自主性の証拠となる。

[5] 労働組合の承認
(1) 承認の目的

1992年法178条によれば，「承認とは……団体交渉を目的とする使用者の一定程度の組合の承認」であるとし，「団体交渉」とは，雇用条件，労働の物理的な条件，募集，解雇と休職，労働配置，規律問題，組合員資格，労働組合幹部のための便宜，団体交渉の機構と手続に関する交渉を意味するとしている。したがって，イギリスにおける組合承認とは，団体交渉の当事者としての労働組合の包括的承認を必ずしも意味するものではなく，個別的な交渉事項ないし一定の範囲の交渉事項に限定した部分的承認をも意味するものである[32]。労働組合の承認の目的は，基本的には，労働組合と使用者の関係の規律にあるが，承認を受けた自主的労働組合とその組合員のみが一定の権利を得ることができるという意味でも重要である。第3章第3節[4]でみたように，組合活動のタイム・オフは，承認を受けた自主的労働組合の組合員にしか認められない。また，後述する団交上の情報開示請求権は，承認を受けた自主的労働組合に限定される。もっとも，後述するように，欧州裁判所の判決に基づいて制定された1999年集団的剰員整理・営業譲渡（被用者保護）（改正）規則により，従来，「承認」を要件としていた剰員整理および営業譲渡に関する使用者の協議義務に関しては，その重要性は失われたといえる。

---

[32] National Union of Gold, Silver and Allied Trade v. Albury Brothers Ltd. [1978] IRLR 504 (CA).

(2) 法定承認手続

現在，1999年雇用関係法1条によって付加された1992年法70A条および付則A1が新たな法定承認制度を定めているが，その概容は以下の通りである。

(a) 本制度による強制承認は，「賃金，労働時間および休暇」に関する交渉に限り適用されることは注意しなければならない（付則A1の2条）。もっとも，両当事者（組合と使用者）は合意によりこの交渉事項を拡大できるとしており，両当事者が法定承認手続の範囲を拡張することは可能である（3条）。承認申請は，自主的労働組合が，まず，書面で，当該1ないし複数の組合および交渉単位を明記して，同付則に基づく申請であることを記して，使用者（その「関連使用者」の雇う被用者を含めて，その労働者が21名未満の場合は法定承認手続の対象から除外されている）に対して行う（4条および7条）。

(b) もし，第1期間（承認申請の翌日から10労働日の期間）内に，両当事者が交渉単位およびそれに関する団体交渉の権利に合意すればまず，手続はその時点で終了する。もし，使用者が申請を拒否するが，交渉する意思はある旨を通知する場合は，両当事者は交渉単位につき合意する観点から交渉し，当該組合は，その単位に関し，団体交渉する権利のある組合として承認され得る(10条)。この期間内に，使用者が申請に応えず，または，交渉意思も示さない場合，組合は中央仲裁委員会に申し立てて，提案した交渉単位が適切か否か，適切な交渉単位の過半数の労働者の支持を得ているか否かを決定するよう求めることができる(11条)。もし，第2期間（両当事者の延長の合意がない限り，第1期間終了の翌日から20労働日の期間）内にその交渉単位の合意が成立しない場合には，同規則に基づく承認手続が続行する(10条)。また，第1期間内に使用者が申請を拒否するが交渉する意思がある旨通知したが，第2期間内に合意がない場合も，組合は中央仲裁委員会に申立てて，提案した交渉単位が適切か否か，適切な交渉単位の過半数の労働者の支持を得ているか否かを決定するよう求めることができる。また，使用者が申請を拒否するが交渉する意思がある旨通知した後，第2期間内に交渉単位には合意するがその団体交渉をする権利のある組合とは認めない場合，組合は同委員会に申し立てて当該交渉単位を構成する労働者の過

第 2 節 労働組合

半数の支持を得ているか否かを決するよう求めることができる（12条）。

(c) 上記(b)の申立てがあった場合で，その申立てが複数であるか，当該交渉単位の労働者が他の交渉単位にも該当するか，または中央仲裁委員会がいずれの申立ても受理しない場合，次のように取り扱われる。すなわち，同委員会は，受理期間（申立受理の翌日から10労働日の期間もしくは同委員会の期間延長通知に明記された期間）内に10％要件（当該組合の組合員が当該交渉単位の労働者の10％以上を構成していること）が満たされているか否かを決定する。同委員会が申立てを受理しなければ，付則の手続は続行されない。同委員会が複数の申立てが10％要件を満足し，または，いずれの申立ても右要件を満足しない場合には，その申立てを受理しない。反対に，申立ての1つだけが右要件を満足する場合には，その申立てのみ手続を継続させ，他の申立ては受理しない（14条）。

(d) 上記(c)の決定がなされず，または(c)の手続により手続継続がなされなければならない場合，中央仲裁委員会は当該申立てに関する承認申請が適法でかつ当該申立てが規定を遵守し，かつ付則の諸規定により是認できるか否かを決定する。これらの要件を満足する場合には，当該申立てを受理し，その旨を当事者に通知する。反対に，要件を満足しない場合には，その趣旨を通知し，当該申立てに関する手続を継続しない（15条）。

(e) 中央仲裁委員会が上記(b)の申立てを受理する場合，同委員会は，一定の期間（同委員会が申立受理の通知を与えた日の翌日から20労働日の期間もしくは同委員会の期間延長通知に明記された期間）内に，両当事者が適切な交渉単位に関し合意に達するよう援助する（18条）。両当事者が一定の期間内に適切な交渉単位に同意しない場合，同委員会は前記の期間の終了の翌日から10労働日の期間もしくは同委員会の期間延長通知に明記された期間内に適切な交渉単位を決定する。その決定に関しては，同委員会は当該単位が有効な経営と両立する必要性およびその必要性と矛盾しない限度で，使用者および組合の意見，既存の全国および地方の団体交渉の取決め，1事業場内の小さな断片的な交渉単位を回避する要請，提案された交渉単位内の労働者と同委員会が適当と考える当該使用者の他の被用者の特性および労働者の配置を考慮しなければならない（19条）。

(f)(i)中央仲裁委員会が上記(b)の申立てを受理し，(ii)両当事者が前記の一

定期間に適切な交渉単位に合意しまたは同委員会が適切な交渉単位を決定し，かつ(iii)その交渉単位が提案された交渉単位と異なる場合，決定期間(適切な交渉単位が合意または決定された日の翌日から10労働日もしくは同委員会の期間延長通知に明記された期間)内に，同委員会は，使用者または組合により提出された証拠に基づき，申立てが不適法かどうかを決定しなければならない。この場合，不適法とするなら，同委員会はその決定を両当事者に通知し，当該申立ての手続を継続しない。不適法でないとするなら，その申立ての手続を継続し，その旨を両当事者に通知する (20条)。(i)中央仲裁委員会が上記(b)の申立てを受理し，(ii)両当事者が前記の一定期間に適切な交渉単位に合意しまたは同委員会が適切な交渉単位を決定し，かつ(iii)その交渉単位が提案された交渉単位と同一の場合，同委員会はその申立ての手続を継続する (21条)。

(g) 中央仲裁委員会が上記(f)に従って，申立ての手続を継続し，当該交渉単位を構成する労働者の過半数が当該組合の組合員であると確信する場合，当該組合がその交渉単位を構成する労働者のために団体交渉を行う権利があると認められる旨を宣言しなければならない。しかし，下記の3つの資格条件のいずれかが満足された場合，同委員会は右宣言ではなく，当該交渉単位を構成する労働者が当該組合が団体交渉を行うことを欲するか否かを問うための秘密投票を行う旨を両当事者に通知しなければならない。その3条件とは，(i)同委員会が良好な労使関係の利益のため投票が行われるべきであると確信すること，(ii)当該交渉単位内の相当数の組合員が同委員会に対し当該組合に団体交渉を行わすことを欲しない旨を伝えること，または(iii)委員会が右と同一の結論に至る組合員の証拠が提出されること，である (22条)。また，中央仲裁委員会が上記(f)に従って，申立ての手続を継続し，当該交渉単位を構成する労働者の過半数が当該組合の組合員であると確信しない場合，同委員会は当該交渉単位を構成する労働者が当該組合が団体交渉を行うことを欲するか否かを問うための秘密投票を行う意思を両当事者に通知しなければならない (23条)。

(h) 上記(g)のように，中央仲裁委員会が秘密投票を行う意思を通知した場合，その通知期間 (組合または使用者が通知を受領した日から10労働日) 内に，組合または使用者と組合は，同委員会に対して，その投票を行って欲

しい旨を通知することができる。その場合，同委員会は投票を行わず，両当事者にその理由を伝え，その結果，同規則の手続を継続しない。同委員会が投票をしてほしくない旨の通知を受けない場合には，投票を行わなければならない（24条）。

（i）中央仲裁委員会が投票を行う場合には，投票は，同委員会が任命する資格ある独立の立合人（qualified independent person）によって，その任命の翌日から20労働日もしくは同委員会が決定するより長い期間に，行われなければならない。この投票は同委員会が決定した事業場，郵送またはその2つの組み合わせで行われなければならず，その投票方法は，不公正または不正行為による影響の可能性，費用および実行可能性，その他同委員会の適当と思料する事項を考慮して決定される。同委員会は，投票を行うことになったら合理的にできるだけ早く，両当事者に対し，その旨，立合人の氏名およびその任命日，投票期間，投票方法，および（投票が事業場で行われる場合は）当該事業場を知らせなければならない（25条）。

（j）中央仲裁委員会によって通知された使用者は次の3つの義務を履行しなければならない。(i)投票に関して組合および立会人と協力すること，(ii)組合が，合理的にみて，その交渉単位を構成する労働者に投票の目的を伝え，その支持と見解を求めることができるような労働者へのアクセスを与える義務および(iii)使用者がそうすることを期待できる限り，①同委員会が投票の期間や方法について通知した翌日から10労働日の間に，同委員会に対し，交渉単位を構成する労働者の名前と自宅住所を知らせ，②その知らせをした後に当該交渉単位に加わった労働者の名前と自宅住所をできるだけ早く知らせ，③すでに知らせた後に当該交渉単位から離脱した労働者の名前をできるだけ早く知らせること，である（26条）。同委員会は，使用者が上記の義務のいずれかを履行せず，かつ投票が行われなかったと確信する場合は，使用者に対し，期間を特定してその義務違反を是正する措置を講ずるよう命じる。右の措置が講ぜられず，かつ投票が行われなかったと確信する場合には，当該組合が当該交渉単位のために団体交渉をする権利を有する組合として承認される旨を宣言する（27条）。

（k）投票が行われた場合には，その投票が取り消されるか否かに関係なく，当該使用者と組合は，その総費用を半分ずつ負担しなければならない。

組合が複数ある場合には，投票のため任命された立会人に共同して提示した割合または提示がなければ同一の割合で前記2分の1を負担しなければならない。この費用とは，立会人がもっぱら，排他的かつ必要的に投票に関して被った費用，立会人がその労務の対価として請求するのが妥当な額および当該使用者と組合が同意するその他の費用である（28条）。

(1) 中央仲裁委員会は，立会人から知らされた後できるだけ早く，当該使用者と組合に投票結果を知らせ，その結果が当該組合が過半数の労働者に支持され，当該交渉単位を構成する労働者の最低40％により支持された場合，当該組合が当該交渉単位のために団体交渉をする権利を有する組合として承認される旨を宣言しなければならない。結果がそうでなければ，当該組合は承認される権利がない旨の宣言をしなければならない（29条）。

(3) 承認宣言の効果

以上の承認手続により，組合がある交渉単位のために団体交渉する権利を有する組合として承認された場合，交渉期間（承認宣言を受けた翌日から30労働日もしくは両当事者が合意できるそれ以上の期間）において，両当事者は団体交渉を行う方法について合意するため交渉することができる。この期間内に合意が成立しなければ，当該使用者または組合は中央仲裁委員会の援助を求めることができる（30条）。これに対し，同委員会は合意期間（援助申請の翌日から20労働日もしくは両当事者の同意を得て同委員会の決定するそれ以上の期間）内に両当事者が合意できるよう援助する。しかし，右期間内に合意が成立しない場合，同委員会は，両当事者に対して，団体交渉の方法を特定しなければならない。そして，特定された方法は，両当事者の合意した法的に強制可能な契約に含まれるものとみなされる。しかし，なお，両当事者が，書面をもって，特定された方法の全部または一部にはその効果を持たないこと，あるいは，その方法を変更または置き換えることに合意する場合には，その書面の合意が法的に強制可能な契約としての効果を有する。この契約の違反に関する救済としては特定履行が唯一のものである。また，右の方法の特定がなされる前に両当事者が共同して団体交渉の方法を特定する措置を止めるよう求める場合には，同委員会はその要

第2節 労働組合

求に応えなければならない（31条）。

(4) 「法定の任意的承認」と「純粋に任意的な承認」

1999年法により1992年法に付加された組合の法定承認に関する付則1Aは，使用者による組合の任意的承認についても詳細な規定を置いているが（同規則52項から63項），紙面の都合上，ここでは要点のみ記しておきたい。まず，自主性を有し，明確な交渉単位を示し，21名以上の労働者を雇う使用者に書面の申請を行い，使用者が承認に合意した場合，または，最初は拒否したが中央仲裁委員会への申立て後に使用者が合意した場合には，使用者による任意的承認があったとされる。任意的承認の合意は，組合の同意がない限り，3年間は解除できない。使用者と組合が団体交渉の方法に合意できない場合，あるいは一方がその方法に違反した場合，同委員会は団体交渉に関する合意が成立するように援助し，それが失敗した場合には，適切な方法を決定する。この決定は両当事者の合意とみなされ，その救済手段としては特定履行だけが認められる。

注意を要するのは，ここでいう任意的承認とは，いわば半ば任意的承認ともいうべきで，使用者による純粋に任意的な承認のことではないということである。すなわち，使用者が中央仲裁委員会の手続と無関係に，明示的または黙示的に特定の組合を純粋に任意的に承認することができるのは当然である。この場合には，3年の解除禁止と団体交渉の特定履行は適用にならない。純粋に任意的な承認の場合，黙示的な承認がなされたか否かが組合と使用者の間で争われる場合がある。判例は，使用者の黙示的な承認を推認するためには，そのような使用者の明白かつ疑う余地のない（clear and unequivocal）行為が存在する必要があるとしている[33]。例えば，Joshua Wilson & Brothers Ltd. v. USDAWで，雇用控訴審判所は，次のような組合と使用者の1年以上の接触の事実を総合すると組合承認の

---

[33] TGWU v. Andrew Dyer [1977] IRLR 93 (EAT); National Union of Gold, Silver and Alied Trade v. Albury Brothers Ltd. [1978] IRLR 504 (CA); Joshua Wilson & Brothers Ltd. v. USDAW [1978] IRLR 120 (EAT).

明白かつ疑う余地のない証拠となると判示した。(i)その産業の合同労使委員会により合意された賃上げを公表する掲示を出すことを当該組合の地方代表に許可していたこと，(ii)職務配分の変更につき同代表に相談していたこと，(iii)同代表が会社構内で組合費徴収を行うことを認めていたこと，(iv)同組合の地域組織員と安全と規律に関し協議していたこと，である。

(5) 交渉単位の変更

付則1Aは，さらに交渉単位の変更手続(64条から95条)，承認解消手続(96条から121条)，自動承認解消手続(122条から133条)，非自主的組合の承認解消手続(134条から148条)，自主性喪失(149条から155条)について詳細な規定を置いている。交渉単位の変更手続の規定は，任意的承認および法定承認手続による承認の後に生じた交渉単位に影響を与える事項を取り扱っている。解消手続についていえば，労働者の数が21名未満となった使用者は，組合に承認解消を通知し，その写しを中央仲裁委員会に提出し，これが解消の条件を満たせば，承認は解消される。そうでなければ，承認解消の投票の実施を申し立てる。21名以上の労働者を有する使用者の場合は，使用者はまず組合の同意を得るよう努力し，これが失敗した場合に，同委員会の承認解消投票の実施を申し立てる。交渉単位を構成する1名ないし複数の労働者も当該交渉単位の交渉にはもはや過半数労働者の支持がないことを理由に承認解消を申し立てることができる。自動承認解消手続とは，前記(2)(g)の交渉単位構成労働者の過半数が申立組合の組合員であるとしてなされた組合承認の解消手続である。この場合，同委員会が使用者の承認解消の申立てに理由があると判断するなら，秘密投票が行えるようにしなければならない。非自主的組合の承認解消手続の規定は，極めて特殊なものである。なぜなら，上記(4)で述べたように，本来，法定承認手続が対象としていない「純粋に任意的な承認」の合意に付則1Aが介入するものだからである。この規定によると，1ないし複数の労働者が自己の属する交渉単位に関してある自主性を有しない組合の使用者による純粋に自主的な承認を終了させることを中央仲裁委員会に求めることが認められる。この手続は，最終的には当該交渉単位内の労働者の秘密投票の実施を含むもので，ほぼ通常の承認解消手続と同様である。自主性喪失に関しては，認証官が

自主性の認証を取り消した場合には，それが組合承認宣言および団体交渉の取決めの効力を停止し，両当事者が合意により承認しているものとみなされると規定している。

(6) 労働者に対する不利益取扱い

1992年法付則1Aは，以上のほか，組合承認に関連してなされた労働者に対する解雇その他の報復的な不利益取扱いを規制している（156条から165条）。すなわち，付則1A156条1項は，「労働者は，使用者の何らかの作為または不作為が（以下の）理由によって生じたときは，その作為または不作為による如何なる不利益にも服せしめられない権利を有する」と規定している。その理由とは，(i)労働者が同規則に基づく使用者の組合承認を得または承認を阻止しようとしたこと，(ii)労働者が同規則に基づく使用者の組合承認を支持しまたは支持しないとの意思を示したこと，(iii)労働者が交渉取決めの同規則に基づく終了を確保または阻止する目的で行動したこと，(iv)労働者が交渉取決めの同規則に基づく終了を支持しまたは支持しないとの意思を示したこと，(v)労働者が同規則に基づいて行われた投票において他の労働者によりどのような投票が行われるかに影響を与えまたは与えようとしたこと，(vi)労働者が他の労働者が投票しまたは投票を控えるような影響を与えまたは与えようとしたこと，(vii)労働者が投票したこと，(viii)労働者が上記の事項のいずれかをなす提案をし，なすことをせず，または，なさないことを提案したこと，である（156条2項）。

この場合，労働者の作為または不作為が不当であったと認められる場合にはその不利益につき使用者は責任を負わない（156条3項）。上記の理由により不利益を受けた場合は，労働者はその使用者の行為または不作為のときから3カ月以内に雇用審判所に申立てを提起することができる。雇用審判所がこの期間内に申立てを提起することが合理的にみて実行可能でなかったと思料する場合には，合理的にみて申立てを提起できたと認められる期間延長することができる（157条）。使用者の作為または不作為の理由の証明は使用者側に負わされている（158条）。審判所による救済は，使用者が組合承認に関わる不当な理由により不利益を与えたことの確認と労働者に対する補償金の裁定である。補償金の額は，当該違反行為とその行為によっ

て被った損害(違反行為の結果，労働者が被った支出およびその行為がなければ得られたであろう得べかりし利益を含む)に鑑みて，審判所が正義と衡平と思料する額である。この裁定には，損害緩和の原則が適用され，また，労働者が使用者の違反行為に寄与していると思料する場合はその寄与分を控除しなければならない(159条)。また，審判所は，労働者の不利益がその契約の終了であり，かつその契約が労働契約（contract of employment）でない場合には，不公正解雇の基礎裁定および補償裁定の合計額を超えない補償金の裁定を行わなければならない(160条)。なお，上記の違法な理由により被用者が解雇された場合には，その解雇は不公正解雇とみなされ，1996年雇用権法の不公正解雇の救済に関する規定が適用される(161条)。また，剰員整理解雇としてなされたり，その選抜理由が上記の違法な理由にある場合も同様である(162条)。ただし，1996年法の197条1項の有期契約に関する規定は不公正解雇の申立てを排除せず，また，資格期間および上限年齢も不公正解雇の申立てを排除しない（163条および164条）。

[6] 政治基金（political fund）

(1) 政治基金については，第1章第2節(5)でみたように，オスボーン判決の後に制定された1913年労働組合法で一応の解決がなされた。その後，1984年労働組合法がこれに大きな修正を加えた。すなわち，10年ごとの組合員の投票により，政治基金が維持されるべきか否かが決定されるとしたのである。現在，1992年法71条は，直接的か間接的かを問わず政治目的の金銭の支出は，独立の政治基金からのみなし得ると規定している。すなわち，政治目的の推進のために（in the furtherance of the political objects）組合の基金を用いることは，当該目的の推進を組合の目的とする政治決議（political resolution）とその支出が独立の基金からなし反対する組合員からの拠出を免除する認証官に承認された組合規約がある場合にのみなし得る。そして，政治目的の金銭の支払いとは，以下のような金銭の支出をいう。すなわち，「(a)政党の基金への献金または政党が直接間接に被った経費の支出，(b)政党によりまたは政党のために用いられる役務または財産供与のための支出，(c)候補者の登録，ある者を候補者とすること，候補者の選出，議員選挙に関する組合投票の開催に関する支出，(d)議員の事務所の維

持，(e)政党によるまたは政党のための会議，または，政党に関係する事業取引を主たる目的とするその他の会議を開催するための支出，(f)政党または候補者に投票するように，または，しないように人々を説得することを主な目的とする文献，文書，映画，録音，または，広告の作成，出版または流通のための支出」である（72条1項）。71条の規定に違反して，組合が基金を適用したと主張する当該組合の組合員は，認証官に対し，その違反があったことの宣言を求める申立てを提起することができる。認証官が宣言(declaration)を行う場合，その宣言の中で違反した規定と違反して使用された基金の額を特定する。もし，認証官が違反の宣言を行うが，組合がその違反を是正し(remedying)，かつ，将来において同種の違反を起こさないことを保証する措置を講じ，または，講じることに合意すると思料する場合は，その宣言に当該措置を明記する。宣言をなす場合には，認証官は正当と考えるような違反の是正を命じる。認証官の宣言は，裁判所がなした宣言と同一の効力を有し，その命令は，不遵守を裁判所の命令と同一の方法で執行される。組合員または当時の組合員は，当該命令の履行を強制する権利がある。違反について認証官に申し立てをした者は，同一の違反に関し裁判所に訴えることはできず，裁判所に訴えた者は，同一の違反に関し認証官に申し立てることはできない（1999年雇用関係法によって1992年法に付加された72A条）。

(2) 上記のように，右の政治目的の推進を承認する有効な政治決議が必要であり，その決議は認証官により承認されてきた組合の政治投票規則 (political ballot rules) に従って行われる最低10年ごとの投票で支持されていなければならない（73条）。認証官はその規約が独立監視人 (independent scrutineer)，組合員全員の投票権を含み，郵便による秘密投票，投票監視人の報告等を定めていない限り，認証官は組合の政治投票規則の承認を行わない（74条から78条）。組合が政治決議に関する投票を認証官の認めた政治投票規則に従わない方法で行ったこと，または政治決議に関して提案された投票に関して認められた政治投票規則に従わなかったことを主張する十分な利益を有する者(すなわち，当該組合の組合員であり，かつ，投票時に組合員であった者)は，組合が投票結果を公表した日から1年以内に認証官または

裁判所にその旨の宣言を請求することができる（79条）。請求が認証官に対してなされた場合，認証官は，可能な限り，請求後6カ月以内に，請求された宣言を行いまたはそれを拒否する。宣言を行う場合，その宣言において違反した規定を特定する。認証官が違反の宣言を行うが，組合がその違反を是正し，かつ，将来において同種の違反を起こさないことを保証する措置を講じ，または，講じることに合意すると思料する場合には，その宣告に当該措置を明記する。認証官が宣言を行う場合，不当でないと思料する限り，同時に，次の義務の幾つかを組合に課す履行命令（enforcement order）を行う。その義務とは，当該命令に従って選挙を行うことを保証すること，当該命令に特定された違反を是正するその他の措置を講じること，および，将来同種の違反が起こらないようにするために特定された行為を行わないことである。もし，前記の「十分な利益を有する者」が認証官ではなく裁判所に宣言を請求し，他の者が同一の問題に関して，認証官に請求した場合は，認証官は，当該問題に関して裁判所によって与えられ，自身が知ることとなった宣言，命令，見解または理由を考慮に入れなければならない（80条）。宣言の請求が裁判所になされた場合，裁判所は上記の認証官の場合と同様なかたちで宣言および履行命令を行うことができる。ただし，裁判所は，それが適当と思料するときは，仮救済命令をなすこともできる（81条）。

(3) 組合員は，政治基金への拠出に反対する旨の通知を行えば，その拠出を免れることができる。組合員はそのことを理由として，不利益を受けまたは組合から除名されない。組合員は，この違反につき，認証官に対して申立てをなした場合には，認証官は諸般の事情に照らして正当と考える救済命令を発することができる（82条）。政治決議がなされるとき，組合員は，反対する権利があることを知らされ，かつ，組合事務所または認証官から除外通知様式を入手する機会が与えられなければならない（84条）。組合員が使用者に対して政治基金の拠出を免除されている旨証明した場合は，使用者は賃金（emoluments）からの控除が行われないようにしなければならない。他の組合員の賃金からの組合費の控除を継続している場合，使用者が前記証明を行った者の賃金からの組合費の控除を拒否することは，そ

れが拠出免除の証明その他の控除禁止義務に基づくものでない限り許されない (86条)。これに違反して，使用者によって賃金から控除または控除することを拒否された者は，その賃金の支払日 (支払いが複数の場合は最後の支払日) から3カ月以内 (それが実行不可能である場合は，合理的と考えられる期間内) に雇用審判所に訴えを提起することができる。訴えに理由ありとする場合，審判所は，その旨宣言し，使用者に対し，賃金の差額の支払いを命じるほか，一定の期間内に使用者が特定の処置を講じるよう命ずることができる。この命令の不履行があったと主張する者は，命令後4週間経過した日から6カ月以内に不履行の訴えをなすことができる。この場合，不履行に合理的な理由がなければ使用者に対し2週給分の金額の支払いを命じる (87条)。

[7] 労働組合の会計

(1) 1988年以前，組合員は組合の会計を監査する制定法上の権利を有しなかった。ただ，組合規約が組合員にそうした権利を与えている場合があり，その場合には組合員は会計士を用いる権利があるとされた[34]。しかし，1988年雇用法は，会計記録 (accounting records) 作成後6年間は当該会計記録を監査させる義務を組合に課し，監査に当たって公認会計士を用いる権利を組合員に与えた。現在，組合の会計に関する規定は，1992年労働組合労働関係 (統合) 法に受け継がれているが，その会計規制は，1993年労働組合改革労働関係法により強化されている。以下，その規定の内容を略述する。1992年法は，まず，28条で，組合に適切な会計記録を作成保管し，かつ，その適切な保管制度を確立維持する義務を課した。会計記録作成後6年間は会計記録が監査できるようにし (29条)，その記録対象期間に組合員であった者には，その要求後28日以内に，会計記録を監査する権利を与えた (30条)。この監査につき，組合員は会計士を用い，また，写しをとることができるとした。組合がその要求に従わない場合，当該組合員は裁判所または認証官に対し，その履行命令を求めることができる。また，裁判所に対しては仮救済命令を求めることもできる。ただ，裁判所に訴え

---

[34] Taylor v. NUM (Derbyshire Area (No. 2) [1985] IRLR 65 (Ch. D).

た場合は，重ねて認証官に申立てをなすことはできない。なお，認証官の命令は裁判所の命令と同様な仕方で執行され得る（31条）。

(2) 組合は，組合の収支，貸借対照表その他の会計，組合の執行委員，委員長および書記長の報酬等の詳細，組合の監査人（auditor）の作成した報告書の写し，組合の関連規則，登録されている組合員の人数とその中で住所不明の者の人数などを含む年次報告書（annual return）を，毎年，認証官に送付しなければならないとする（32条）。さらに，32A条は，その年次報告書送付の8週間以内に，当該年度の組合収支，組合費収入，政治基金の収支，組合の執行委員，委員長および書記長の報酬，年次報告書に含まれる会計に関する監査人の報告を含む書面をすべての組合員に与えなければならない。そして，その書面には，組合会計の不信部分につき，各組合員がとり得る手段に関する法定の文言を挿入しなければならないとした。認証官は，理由があると思料する場合にはいつでも，組合またはその支部に適切な書類の提出を求める権限を有し，その職員その他の者に同様の権限を付与することができるほか（37A），その職員その他の者を組合の財政問題を検査する検査官（inspector）に任命することができる（37B）。38条は，組合が組合員または元組合員に対して年金として支払う手当の制度（これは独立の基金を設けることによってのみ可能）に関しては，5年に一度の公認保険数理士による検査を要求し，その検査報告の写しが認証官に送付されることを義務づけた（38条ないし42条）。そして，組合の会計記録監査，年次報告および年金制度に関する各義務の違反を刑事犯罪として処罰することとした（45条）。この結果，組合員の組合会計に対する権利は，株主の会社に対する権利に匹敵するものとなったばかりか，組合会計に関する情報は，株主のそれより大きいものとなったとの見解がある[35]。

[8] 組合規約（rule-book）
(1) 組合規約は，通常，組合と組合員との契約条件を構成すると考えられている。もっとも，組合規約の解釈は労働協約や労働契約の解釈と同様

---

[35] Lockton, Employment Law, at p. 259 (Macmillan 1994).

に必ずしも容易でない場合が多い。その解釈基準については，裁判所の見解は必ずしも一致していない。例えば，Heaton's Transport v. TGWU [1973] AC 15 (HL)において，Wilberforce 卿判事は，「労働組合規約は国会の起草者により起草されたものではない。裁判所は，そのようなものとして解釈する誘惑に抗しなければならない。なぜなら，そのような解釈は，その合意の当事者である組合員が規約に定められた全部または幾つかの条項を理解する仕方ではないからである」と述べたが，British Actors' Equity Association v. Goring [1978] ICR 791 (HL)で，子爵 Dilhorne 判事は，他の文書と同様に「われわれの責務は，われわれからみて何が意図されていたかということに一致する合理的な意味を与えるように解釈することである」と述べている。むしろ，その後の判例に影響を与えているのはJacques v. AUEW (Engineering Section) [1986] ICR 683のWagner判事の見解であるといわれる(36)。同判事は「労働組合の規約は文理的にまたは制定法のように解釈されるべきではない。それは，その起案者，目的およびそれが名宛人としている読者を念頭に置きつつ，裁判所からみて何を意図されていたのかということに一致する合理的な意味を与えるよう解釈されるべきである」と述べている。

(2) こうした組合規約も制定法の規定に違反する場合には無効となる。例えば，1992年法69条は，組合員契約には，組合との関係の終了には合理的な予告期間と条件とを与えられる権利が黙示的に含まれると規定している。1975年性差別禁止法12条および1976年人種関係法11条は，性別や人種を理由として，組合員資格や組合員に与えられるべき便宜を差別し，または不利益を与えることを禁止している。また，コモン・ローに違反する規約は効力がない。Drake v. Morgan [1978] ICR (HL)では，組合員が違法なピケッティングを行った後に，その組合員の罰金を肩代わりする組合の決議に対する差止命令の申請が拒否された。しかし，組合が組合員の将来の違法行為について罰金を補償する旨の決議は，組合員の犯罪行為を助

---

(36) S. Deakin & G.S. Morris, Labour Law (2nd ed.), p. 823 (Butterworths, 1998).

長するもので違法であると判断された。その後，1988年法は，違法行為の補償は，それが過去の行為に対するものか将来の行為に対するものであるかを問わず違法とした（現在，1992年法15条）。

(3) 組合規約は明示の契約条項であるから，組合と組合員の契約(組合員契約)の内容が，黙示条項や慣行により補充されることもあり得る。Heaton's Transport v. TGWU [1973] AC 15 (HL)において，貴族院は，組合規約に明示の規定が無くとも，ショップ・スチュワードは，争議行為を呼びかける慣行上の権利を有していたと判示した。また，MacLelland v. NUJ [1975] ICR 116 (EAT)では，重要な組合会議の前には適切な予告が与えられるとの黙示的条項が組合規約に含まれていたと判示した。

(4) また，組合規約に反する組合の行為は違法ないし無効となる。したがって，規約に反する除名処分などの統制処分は無効となるし，組合規約に反する争議行為は違法とされる。前者に関しては，例えば，Bonsor v. Musicians Union [1956] AC 110 (HL)で，組合規約で除名権限を与えられていなかった組合支部書記長が組合規約に反して6カ月以上組合費を滞納した者に対して行った除名処分が無効とされた。また，後者については，例えば，Taylor v. NUM (Derbyshire Area) (No. 1) [1985] IRLR 440 (Ch. D)では，争議行為が正式なものとされるには組合規約により当該地域の55％を得票しなければならないとされ，Taylor v. NUM (Yorkshire Area) [1984] IRLR 445 (Ch. D)では，1年半ないし2年前に当該地域で行われた投票は規約に基づくスト指令を正当化し得ないとされた。また，組合員に対する規約違反の統制処分は差し止められ[37]，ストのための組合費徴収決議は無効とされた[38]。

なお，組合規約と組合員の関係については，第3節の[１]で再度言及する。

---

[37] Clark v. Chadburn [1984] IRLR 350 (Ch. D).
[38] Hopkins v. NUS [1985] IRLR (Ch. D).

第2節　労働組合

[9]　組合選挙

(1)　組合幹部に関する選挙制度を導入した最初の法律は，1984年労働組合法である。同法は，本部執行委員会の決議権を有する執行委員全員の5年ごとの選挙を義務づけた。これは，従来，イギリスでは，終身の組合委員長などがおり，特に1984年中頃から1985年3月まで激しい争議行為を行った全国炭鉱労働組合のスカーギル委員長等はその典型であった。もっとも，それらの組合委員長は，自らその地位を降りたため，同法の適用を受けた例はないといわれる。その後，1988年法がいわゆるスカーギル条項と呼ばれるものによって，1984年法を修正した。これは，執行委員の決議権を外すことにより，1984年法を免れることを阻止しようとしたものといわれる。この結果，現在では，1992年法により，組合委員長，書記長および執行委員はすべて，5年ごとに選挙で再選されなければならないとされる。執行委員とは，組合の規約または慣行により，執行委員会の会議に参加しかつ発言できる者をいうとされる。ただし，その会議において，執行委員に技術的，専門的助言や事実的情報を与えるだけの者は除く(46条)。

(2)　すべての組合員は選挙に立候補することを妨げられないこと，および，すべての候補者は如何なる政党の党員であることも要求されない(47条)。現に失業中の者，組合費の支払いを遅滞している者，徒弟，訓練生，学生または新規加入者たる者を除く，すべての組合員は，投票権を有する(50条)。投票は郵送で行われることの他，投票用紙に記載されるべき内容まで1992年法に規定している(51条)。この選挙に際しては，前もって組合は独立の監視人(independent scrutineer)を任命しなければならない(49条)。監視人は，投票用紙返還最終日の後合理的にみて可能な限り早い時期，返還された用紙の数，有効投票数，法律違反がないことなどを記した選挙報告書を作成しなければならない(52条)。組合は，組合員の名簿を監視人に調査させ，監視人はその結果を選挙報告書に記載しなければならない(49条)。また，組合は投票の票読みを独立性を有する者にさせなければならず，もしそれが監視人でない場合は，監視人は読まれた投票用紙を受け取り，独立の票読み人が誰であり，その任務の遂行が満足のいくものであった旨を報告書に記載しなければならない(51A条)。

(3) 以上の選挙に関する規定につき違反があった場合，その違反を主張することに「十分な利益を有する者」は，組合が選挙結果を公表した日から1年以内に，認証官にその旨の宣言を請求することができる (55条)。その「十分な利益を有する者」とは，(i)組合員（ただし，選挙が行われた場合は，当時すでに組合員であった者。）または(ii)選挙時に候補者または候補者であった者をいう。認証官は，可能な限り，請求後6カ月以内に，請求された宣言を行いまたはそれを拒否する。宣言を行う場合，その宣言において違反した規定を特定する。認証官が違反の宣言を行うが，組合がその違反を是正し，かつ，将来において同種の違反を起こさないことを保証する措置を講じ，または，講じることに合意すると思料する場合には，その宣告に当該措置を明記する。認証官が宣言を行う場合，不当でないと思料する限り，同時に，次の義務の幾つかを組合に課す履行命令 (enforcement order) を行う。その義務とは，当該命令に従って選挙を行うことを保証すること，当該命令に特定された違反を是正するその他の措置を講じること，および，将来同種の違反が起こらないようにするために特定された行為を行わないことである。前記の「十分な利益を有する者」は誰でも，その請求をなした当事者であるかのように，履行命令の遵守を強制する権利を有する。認証官の宣言は裁判所が行ったものと同一の効力を有し，履行命令は裁判の命令と同一の仕方で執行される (55条)。組合の違反を主張するに「十分な利益を有する者」が裁判所に対して宣言を請求した場合，裁判所は上記の認証官の場合と同様なかたちで宣言および履行命令を行うことができる。ただし，裁判所は，それが適当と思料するときは，仮救済命令をなすこともできる (56条)。

[10] 組合間紛争
(1) イギリスの事業場には同種労働者を組織する複数組合が存在する。例えば，1969年においてフォードに15の組合が，1985年においてはオースティン・ローバーに8つの組合が存在したといわれる。もっとも，イギリスに進出した外国企業（特に日本企業）の中には，単一組合政策を展開し，単一の組合との交渉を行っている例が多くみられる。このように，複数組合の存在は，当然のこととして，組合員の引抜きを原因とする紛争を引き

起こす。この問題に関する国家介入を防ぐため，労働組合会議がブリドリントン協定を起草したことはすでに本章第1節［2］(5)で述べた。この協定はその後何度か修正されたが，その基本的内容は，協定違反は，労働組合会議紛争処理委員会がこの処理に当たり，違反組合を最終的には労働組合会議から追放するというものである。組合員の組合間移動に関しては，原則2，3および4（第1節［2］(5)参照）が次のような制度を確立している。B組合は，A組合の元あるいは現組合員の組合加入許可の決定にあたっては，その組合員がA組合に脱退届を提出したか，組合費を完納しているか，制裁処分されているか，その他その組合員を受け入れてはならない理由がないか否かを調査しなければならない。A組合がその組合員の移動に反対している場合には，B組合はその加入を許可してはならない。B組合がA組合の反対理由を不当と判断する場合，当該問題が合意によって解決されるか，または，紛争処理委員会よって処理されるまで，B組合はその加入を許可してはならない。クローズド・ショップ協定が制定法により違法とされる以前は，この原則は，A組合所属の組合員が他の職場に配転された場合，その職場にB組合のクローズド・ショップが存在するというような事例が多く紛争処理委員会に持ち込まれたといわれる。また，ブリドリントン協定の原則5は，組合員資格および組合承認に関して，複数組合が同一職場で競争することを防止しようとしている。同原則は，他の組合がその職場の過半数の労働者を組織し，労働条件について交渉している場合は，その組合の合意なく，同職場を組織することは許されないとしている。

(2)　ブリドリントン協定は，組合の任意的自主規制に過ぎないが，裁判所は，紛争処理委員会の事件処理に法的規制を及ぼしている。例えば，Spring v. NASDS [1956] 2 All ER 221 (Ch. D)では，全国港湾労働組合がブリドリントン協定に反して，ある組合員を加入させたため，紛争処理委員会がその組合に当該組合員を除名するよう命じた。しかし，全国港湾組合の組合規約にはそのような除名権限が規定されていなかった。このため，裁判所は，この除名を無効とする判決を下した。この判決の結果，労働組合会議は加盟組合に対して紛争委員会の決定に従って除名する旨のモデル規定を組合規約に挿入するよう指導した。また，Rothwell v. APEX

[1976] ICR 211 (Ch. D)では，職員組合SAGAの組合員が専門管理電算機職員組合（APEX）との合併に賛成投票したが，科学技術管理職組合（ASTMS）が合併に異議を申し立てた。紛争処理委員会は，当該労働者らに妥当な組合はASTMSであるとし，労働組合会議の総評議会はAPEXに対しすでに同組合に加入した者を除名するように求めた。しかし，この除名は，次の理由で無効とされた。ブリドリントン協定に基づけば，APEXが合併を進める権利がある。合併は適切な制定法の規定に基づいている。総評議会は，適法に行われたことを合併を覆す権限を持たない。したがって，APEXは，その労働者らを除名できないというものであった。なお，Cheall v. APEX [1983] 2 AC 180 (HL)で，貴族院は，当該紛争解決につき，個々の労働組合員が紛争処理委員会で直接事情を聞いてもらう権利はないと判示した。また，貴族院は，組合が，組合員の利益を考えて，労使関係の秩序を促進し，組合員の使用者と交渉力を強化する相互協定を締結することはなんら公序に反しないとして，ブリドリントン協定の適法性を認めている。しかし，本章第2節[2](5)でみるように，1993年労働組合改革雇用権法により修正された1992年法174条は，個人は他の組合資格の故に組合を除名されまたは排除されない権利を有すると規定するに至ったので，ブリドリントン協定により総評議会が組合員の除名を命ずることはできなくなった[39]。

[11] 組合の合同

1992年法97条は，2つの組合の合同の仕方，すなわち，合併(amalgamation)と業務譲渡（transfer of engagements）を定めている。そして，同法98条ないし108条は，これらに関する詳細な規定を置いている。業務譲渡とは，ある組合が他の組合にその業務を譲渡し，後者がその業務を履行する

---

[39] ブリドリントン協定および1992年174条についての詳細かつ有意義な考察は，鈴木隆「団結権の保障と団結選択の自由——イギリスの事例」島大法学33巻4号33頁（1990年）および同「イギリスにおける団結権の保障——1993年労働組合改革・雇用権利法の14条を中心として」島大法学38巻4号1頁（1995年）を参照。

義務を負うとするものである。いずれの場合も，合併または業務譲渡の契約書が認証官に提出され，その承認を受け，かつ，7日間の予告をおいて，その契約書を承認する決議が合併する組合または譲渡組合の組合員による投票の過半数で可決されなければならない。この投票は郵便でなされ，かつ，独立監視人の監視に服せしめられる。この合併または業務譲渡契約書の承認決議に関する独立監視人の報告書を受領後，組合はその結果を公表することができる。この時点で組合は合併または業務譲渡の登録申請をすることができる。そして，合併または業務譲渡承認決議を可決しまたは可決しようとする組合の組合員は，その登録申請から6週間以内に，認証官に対して組合が法定の要件に違反している旨の申立てができる。認証官はこの申立てを処理しまたは申立てが取り下げられない限り，登録することはできない。認証官がこの申立てに理由があると判断するときは，その旨宣言し，組合がとるべき措置を命じる。

第3節　労働組合と組合員

　以上にみてきたように，労働組合に対する規制は相当徹底したものであるが，見方を変えれば，組合民主制が国家の法的介入により推進されてきたということもできる。これに伴い個々の組合員の権限が政策的に強化されてきたのである。本節では，さらに，労働組合と組合員との関係に関する法を説明する。

［1］　組合規約と組合員

　すでに述べたように組合規約は，労働組合と組合員の組合員契約を構成するが，組合員は，どちらかというと，会社の株主と類似の仕方で取り扱われ，組合に対する組合員の救済方法も会社に対する株主の救済方法と類似しているといわれる[40]。制定法に特別の定めがない場合は，規約に基づく組合員の権利は消極的なものであって，組合員は規約違反があったとの宣言的判決を得ることはできても，組合に規約を守るように強制する途は

---

　(40)　D.J. Lockton, Employment Law, at p. 273 (Macmillan 1994).

ない。Taylor v. NUM (Yorkshire Area) [1984] IRLR 445 (Ch. D)では，全国炭鉱労働組合の規約違反が問題とされた。同組合の規約では，全国的ストライキは組合員の55％の賛成投票を必要としていたが，原告はそうした投票は行われていないと主張した。ヨークシャー支部では投票がなされ，賛成85.6％であったが，その投票は1981年に行われたものだった。裁判所は，組合は当該ストは一連の地方的なストにすぎないと主張できたとしても，1年半から2年前のスト投票によって，その有効性を主張することはできないとした。そして，原告の救済としては，当該ストは非公認ストであることの宣言がなされるが，ストの継続を差止めまたは適切な投票の実施を求めることはできないとされた。ニコラス判事は，組合員の規約上の権利は，所定のスト投票なしで行われたストは違法であると主張できるだけであると判示したのである。因みに，現行法上は，スト投票は制定法により厳格に義務づけられている。この違法ストのように組合が後から追認することができないような場合と異なり，追認可能な組合の行為は，その決定に規約違反があっても，組合員は，その決定の効力を争うことができないとされる。これは，会社法上の法理の労働組合への適用であり，多くの批判がある。すなわち，株主が会社自体への損害の救済を求める訴訟を提起する場合，その訴訟の原告は会社自体であり，裁判所は会社が後で追認できるような行為に介入してこれを差し止めることはしないというのである(Foss v. Harbottleの原則)。Cotter v. NUS [1929] 2 Ch. 58 (CA)では，組合が臨時大会により無利子のローンを炭坑夫のある運動団体に与える決議を行ったのに対し，ある幹部がその大会は規約上の正式な手続により召集されていないとしてその効力を争った。しかし，控訴院は，そのローンは追認できるとの理由で訴えを斥けた。

［2］ 加入不許可と除名
(1) コモン・ローの原則
(A) 「労働権」の概念
　組合の加入拒否や統制処分に関するコモン・ロー上の規制は必ずしも容易ではなかった。例えば，組合が組合員の加入を拒否する場合，組合規約がそれを許している場合には，組合規約の適用違法を理由とする裁判所の

介入は困難である。また，組合が組合規約に定める理由と手続を適用して組合員を除名した場合，組合員契約違反を理由とする裁判所の介入は困難である。そこで，この問題を解決するため，裁判所は公序(public policy)に基づく新たなコモン・ロー概念を創造したといわれる。その主なものが1960年代から1970年代にかけて形成された「労働権」の概念である。ことの起こりは，原告である訓練生が競馬に関する独占的管理権を有している英国騎手クラブに訓練生免許の発給を不当に拒否されたことを争って訴訟を提起したNagle v. Fielden [1966] 2 QB 633 (CA)である。同クラブの規則は同クラブに訓練生の免許発給について無制限の裁量権を与えていたが，免許発給拒否の理由は原告が女性であるからというものであった。判決理由で，Denning卿判事は，入会希望者が拒否の結果として特別なものを失わないような社交クラブの場合とは異なり，騎手クラブの免許発給拒否は免許発給希望者の生計を立てる権利を奪うものであるとして，次のように述べて裁判所の介入を正当化した。コモン・ローは「何世紀にもわたり人が不当な介入を受けずにその職業で労働する権利を有することを認めてきた。人はその職業を支配する者達の恣意によってその職業から排除されてはならない。その者達が専断的に，恣意的に，または不当にその者の志願を排除できる規則を作るなら，その規則は不正であり，公序に反するものである」と。この原則は，後の労働組合に関するEdwards v. Society of Graphical and Allied Trades [1971] Ch 354 (CA)において，Denning卿判事によりさらに発展せしめられた。この事件では，クローズド・ショップが敷かれている印刷産業に雇われた原告が6週間組合費を滞納したことを理由に組合規約に基づき除名され，再加入申込みも拒否された後，使用者から解雇された。同判事は雇用の前提条件としての無制約な組合除名権は人の黙示的労働権への干渉であるとし，Sachs卿判事も不当な再加入拒否は公序に反し違法であるとした。さらに，Cheall v. APEX [1982] ICR 543 (CA)で，Denning卿判事は人は合理的理由なく恣意的または不当に除名されず，かつ，自然的正義 (natural justice) に反しては除名されない権利を有するという基本原則があると述べたが，同事件判決は貴族院判決によって取り消された。判決を言い渡したDiplock卿判事は，クローズド・ショップ協定を理由とする組合員の除名の場合には一定の意味を有す

るとしつつ，Denning 卿判事が主張するような広範な権利の形成は妥当ではないとした。Barrow 教授は，次のような理由から，この一時期を風靡した「労働権」概念が今後生き残る余地は存在しないと論じている[41]。(i)この概念は，すべてクローズド・ショップが存した事件の処理にのみ使用されたのであるが，クローズド・ショップはすでに過去のものとなっていること。(ii)組合員契約の内容が規約に定められている場合，組合加入によって組合の権限に服することに同意したのであるから，その規約に基づく統制処分または除名を問題とすることはできないこと。(iii)「労働権」の概念が労働者の職業を追求することの妨害にあるとすると，それは「職業制限 (restraint of trade)」の概念を拡張するものとみることができる。そうであれば，1871年労働組合法（Trade Union Act 1871）3 条を継承する1992年法11条により，「職業制限」の概念は適用の余地はなく，「労働権」の概念も適用できないこと。

(B) 規約違反

コモン・ロー上の裁判所の介入は組合と組合員の組合員契約に基づいて行われるのが一般であり，規約の規定に違反する統制処分や除名処分は違法となる。規約にその規定がない場合，裁判所は，通常，制裁や除名処分の権限を認めない[42]。もっとも，例えば，McVitae v. Unison [1996] IRLR 33 (CD) のように，組合合併に伴い合併前の組合員の行為に関し統制権限を規約上認められていなかった新組合の統制委員会の処分権限を認めた例がある。次に，実体的な問題が争われた事案の中には，規約上の処分事由に該当しないために無効とされたり[43]，組合の処分が処分者に規約上の権限がなく無効とされたり[44]，選択された処分の種類が規約に定められていなかったため無効とされた例などがある[45]。また，手続的な問題が争われ

---

[41] C. Barrow, Industrial Relations Law, pp. 78-80 (Cavendish, 1997).

[42] Spring v. National Amalgamated Stevendors' and Dockers' Society [1956] 2 All ER 221 (CD).

[43] Blackall v. National Union of Foundary Workers [1923] 39 ITR 431.

た例では，組合内の統制委員会が規約どおり設置され開催されたか[46]，同委員会の開催の前に被処分者に規約どおりの通告がなされたか[47]，規約に定められた調査手続が取られたか[48]，などが問われている。また，規約に統制委員会の決定に異議申立てができる旨定めている場合，その異議申立手続を拒否すると同委員会の決定は無効となるとされる[49]。のみならず，裁判上は，統制委員会の判断が合理的な証拠によって裏づけられているか否かという法律問題についても介入できるとされているし[50]，また合理的な証拠があるとした場合でも，その事実が規約所定の処分理由に該当するか否かの解釈についても法律問題として介入できるとされている[51]。Lee v. Showmen's Guild [1952] 2 QB 329 (CA)で，Denning卿判事は「契約の真の解釈は裁判所以外に決定できない」と述べている。なお，裁判所の介入は，原則として，誠実運営される合理的な審問機関であれば，その提出された事実と証拠に基づいて，当該結論に到達することはあり得ないといえるか否かによるとされる。ところが，この原則が十分に厳格に裁判所の介入制限の役割を果しているかは疑問視されている。例えば，Esterman v. NALGO [1974] ICR 625 (CD)では，スト投票で49％を得た組合が出した使用者への非協力指令に反対した組合員の除名処分が争われたが，裁判所は，違法な指令に反対したことは如何なる審問機関がみても「組合員として不適格」とはなし得ないと判示した。この判決については，判決

---

[44] Bosor v. Musicians Union [1956] AC 110 (HL). この事件については，第2節[8](4)を参照。

[45] Burn v. National Amalgamated Laboures' Union [1920] 2 Ch 364 (CD).

[46] Leary v. National Union of Vehicle Builders [1971] Ch 34 (CD).

[47] Lawlor v. Union of Post Office Workers [1965] Ch 712 (CD).

[48] Santer v. National Graphical Association [1973] ICR 60 (CD).

[49] Silvester v. National Union of Printing, Bookbinding and Paper Workers [1966] 1 KIR 679 (CD).

[50] Breen v. EETU [1971] 2 QB 175 (CA).

[51] Lee v. Showmen's Guild [1952] 2 QB 329 (CA).

理由からは右の原則に依拠したことになっているが，その事実が統制処分規定の文言に該当するか否かに関する裁判所の見解によって審問機関の見解に置き換えるものであるとの批判がなされている[52]。

裁判所の介入は，場合によっては，組合の内部手続としての審問が行われる前に仮差止め（interlocutory injunction）を認めるという事態まで生じている。前掲 Esterman 事件は，誠実に運営される合理的な審問機関であれば，その結論に達することはあり得ないとの原則に基づき，審問前に統制処分を差止めた事例でもある。Porter v. NUJ [1980] IRLR 404 (HL)で，貴族院は，組合内異議申立手続の完了前に組合の行った統制処分を取り消す仮差止命令を認めた。

(C) 自然的正義の原則

上記のような組合の手続規定が組合員の権利保護のため不十分なものであったとしても，なお，組合員は自然的正義の原則により保護される可能性がある。したがって，被処分者は，告発通知を与えられ，弁護の機会を与えられ，かつ，偏見なき判定者による公正な審問がなされなければならない。例えば，Taylor v. National Union of Seamen [1967] 1 All ER 767 (CA)では，書記長が命令不服従を理由に組合専従役員を解雇した事案である。同書記長は右役員の執行委員会への不服申立ての審問委員長を務め，その審理において同役員に対する処分理由とは関係のない偏見に満ちた主張をした。控訴院は書記長の出席および右発言は準司法的審理に明らかに重大な影響を与える偏見の証拠であると述べた。被処分対象者は，それに対し弁護ができるように，事前に，通常，書面の告発通知を与えられなければならず，その通知が与えられず，または後に通知なくその内容を変更された場合は，自然的正義に反するとされる[53]。統制処分の審理は原則として口頭審理であるが，その処分事由が単純でかつ処分内容が軽微な場合には，書類審理で足りるとされる[54]。このような自然的正義の原則は組合規約によって排除できない。Lawlor v. Union of Post Office

---

[52] C. Barrow, op. cit., p. 90.

[53] Annamunthodo v. Oil Workers Trade Union [1961] AC 945 (CP).

Workers [1965] Ch 712 (CD) で，Plowman 判事は，告発および審問なしに制裁処分として組合員資格を自動的に終了させるような規約は権限踰越 (ultra vires) で無効であると述べているほか，Russell v. Duke of Norfolk [1949] 1 All ER 109 (CA) で，Denning 卿判事は，裁判所は契約によって自然的正義を排除する権限を否定すると述べている。

(2) 制定法上の規制

以上のコモン・ロー上の規制に加え，1971年労使関係法 (Industrial Relations Act 1971) 以来，制定法上の組合統制処分権への規制がなされるようになった。そのような規定は1971年法65条に置かれていたが，この規定は1974年労働組合労働関係法 (Trade Union and Labour Relations Act 1974) 5条に引き継がれ，1976年労働組合労働関係修正法 (Trade Union and Labour Relations (Amendment) Act 1976) で一度廃止されたが，1980法4条によって，新たに，クローズド・ショップがある場合の労働者の不当な排除と組合員の除名が規制されることになった。1993年労働組合改革雇用権法 (Trade Union Reform and Employment Right Act 1993) がもたらした新たな修正により，今日，1992年法174条は，次の4つの場合にしか組合の加入不許可および除名は認められないこととなった。①その者が組合規約上の有効な組合員要件を満足せずまたは満足しなくなった場合。この場合，組合員要件が有効といえるのは，次の3つの組合員の限定基準を含む場合に限られる。(i)特定の職種，産業および専門。(ii)職務内容。(iii)特定の職種，産業または専門における資格または職歴である。②組合がグレート・ブリティンの一部でしか展開していない場合。③その被用者が組合の規制対象たる労使関係の相手方使用者に雇われていない場合。④その加入不許可および除名がもっぱらその者の行為に起因する場合。この場合，その行為とは，他の組合の組合員資格を得または得ないこと，特定の使用者または雇用場所に雇われたこと，および，不当に統制処分されない権利により保護される行為を含まない。なお，規約所定の特定事由の発生により組合員資

---

(54) Burn v. National Amalgamated Laboures' Union [1920] 2 Ch 364 (CD).

格を失うものとされている場合，それは除名として取り扱われる（177条2項）。

　不当に組合の加入を許可されずまたは組合から除名された者は，実行可能な限り，6カ月以内に雇用審判所に救済を申立てなければならない。実行可能でないと思料するときは，審判所は合理的な期間延長することができる(175条)。審判所は，申立てに理由があると判断する場合は，その旨を宣言する。その場合には，補償金裁定の申立てを行うことができる。ただし，当該宣告から4週またはその宣言から6カ月後には申立てはできない。申立ての時点で申立人が加入または再加入を許可されていた場合，補償金の申立ては審判所，そうでなければ，直接，雇用控訴審判所に対して行うことができる。補償金の裁定額は，審判所または雇用控訴審判所が正義と衡平に沿うと思料する額である。その場合，不公正解雇の基礎裁定のための週給の最高額の30倍と補償裁定の裁定額の最高額の合計額を超えることはできない。雇用控訴審判所の裁定額は5000ポンドを下回ってはならない。しかし，審判所または雇用控訴審判所は，申立人が加入不許可または除名に原因を与えていたものと判断する場合は，その寄与の割合に応じて補償金を減額する（176条）。なお，除名された者には，コモン・ロー上の救済，多くの場合，裁判所によるエクイティー上の救済を求める途があることは，上記の通りである。

(3)　その他の統制処分

　除名以外の統制処分についても，1992年法は，組合により不当に統制処分されない権利を組合員に与えている。同法64条は，統制処分とは，組合規約に基づき，組合幹部または幹部を含む者たちにより次のような内容の決定が下され，または，下されたといわれる場合をいうとする。すなわち，(a)組合，組合の支部またはセクションから排除されるべきであるとの決定，(b)金銭の支払いがなされるべきであるとの決定，(c)組合費が不払いであるとされるか，他の目的のために支払われたものと取り扱われるべきであるとの決定，(d)組合の給付，サービス，施設に対する権利が剥奪されるべきであるとの決定，(e)組合，組合の支部またはセクションがその者を組合員として受け入れないことを奨励すべきであるとの決定，(f)その他の不利益

に服せしめる決定。

　そして，1992年法65条は，次のような行為に対する統制処分を不当なものとしている。①ストその他の争議行為（以下争議行為と略す）へ参加せずまたは支持せず，あるいは，争議行為に反対しまたは支持しないことを示唆したこと。②争議行為に関し，労働契約上の義務に違反しなかったこと。③組合，組合幹部，組合代表または財産の受託者が組合規約その他の合意，または，法令に違反し，または，違反を提案していると主張したこと。④労働契約上の義務の履行を他人に勧奨し，または，その履行を援助したこと。⑤本人または他人に不当に統制処分されない権利を侵害する決定により課せられた条件に違反したこと。⑥チェック・オフに合意せず，または，その合意を取り消したこと。⑦当該組合または他の組合からの脱退，他の組合への加入，他の組合の組合員になること，または他の組合の組合員になることを拒否すること。⑧当該組合の組合員でない者，または，他の組合の組合員または組合員でない者と一緒に労働しまたは労働するよう提案したこと。⑨当該組合の組合員である者またはない者，または，他の組合の組合員である者を雇用しまたは雇用した使用者のために労働しまたは労働するよう提案したこと。⑩1992年法で組合員が要求できるとされている組合の行為を組合に要求したこと。⑪何らかの問題に関し認証官に相談しまたは助言を得たこと，または，前掲③の主張に関する問題について他人から相談を受けまたは助言を与えたこと。⑫右の①から⑪までの行為の準備行為または付随行為を行うことを提案しまたは行ったこと。

　不当に統制処分された者は，3カ月以内に雇用審判所に救済を申し立てなければならない。ただし，審判所がその期間内の申立てが合理的にみて実行可能でないか，または申立ての遅延がもっぱらまたは部分的に使用者の阻止の企てに起因する場合は，雇用控訴審判所の裁定額は5000ポンドを下回ってはならない（66条）。審判所は，申立てに理由があると判断する場合は，その旨を宣言する。その時点で統制処分の決定が取り消され，組合がその決定の効果を払拭するために必要な措置をとっていない場合には，審判所，そうでなければ雇用控訴審判所に対して補償金の裁定を申し立てることができる。補償金の裁定額は，審判所または雇用控訴審判所が正義と衡平に沿うと思料する額である。その場合，不公正解雇の基礎裁定のた

めの週給の最高額の30倍と補償裁定の裁定額の最高額の合計額を超えることはできない。審判所または雇用控訴審判所は，申立人が加入不許可または除名に原因を与えていたものと判断する場合は，補償金を減額することができる。雇用控訴審判所の裁定額は5000ポンドを下回ってはならない（67条）。

第4節　組合員と使用者

[1]　チェック・オフ

1993年労働組合改革雇用権法15条（その結果，1992年法68条が改正され，現在は68条および68A条となっている）は，組合費のチェック・オフができる要件を厳格に定めた。組合と使用者の間にチェック・オフ協定（subscription deduction agreement）がある場合，使用者は，労働者がそのチェック・オフを書面をもって許可し，かつ，その許可を取り消していない場合以外にチェック・オフをしてはならない。ある日に支払われるべき賃金からのチェック・オフに関して，使用者がチェック・オフがなされないようにすることが合理的にみて実行可能な時期に労働者の書面によるチェック・オフ許可取消予告を受理した場合に，労働者はチェック・オフの許可を取り消したものとする。労働者のチェック・オフの許可は，労働者に対しチェック・オフ協定を維持または維持し続ける義務を使用者に課するものではない（68条）。以上の規定に反するチェック・オフについては，労働者は，合理的にみて実行可能な限り，3カ月以内に（申立ての対象が複数の控除にある場合は，その最後の控除のときから）雇用審判所に申立てを行わなければならない。審判所が実行可能でないと思料するときは，審判所は合理的な期間延長することができる。審判所は，申立てに理由があると判断した場合，その旨を宣言し，使用者に不当に控除した額の払戻しを命ずる。使用者がすでに組合に控除額を支払ってしまっている場合には，使用者は，コモン・ロー上，不当利得の返還を請求することができる。使用者の賃金からの控除が，このチェック・オフの規定の違反のみでなく，本書ですでに述べた1996年雇用権法（Employment Rights Act 1996）8条（賃金明細書）および9条（固定的控除の一括明細書の付与義務）違反，13条（賃金控除の要件）違

第4節　組合員と使用者

反、および1992年法86条1項または90条1項(政治基金の拠出免除者の控除禁止)違反が同時に生じる場合がある。この場合、審判所または裁判所によって支払いを命じられる金額の総額は、そのいずれの違反の最高額を超えることはできないとされている(68A条)。なお、第2節(4)ですでに述べたように、組合員がチェック・オフに合意せず、または、その合意を取り消したことを理由する組合の統制処分は不当とされている（65条)。

[2]　クローズド・ショップ

　従来、イギリスでは、被用者の雇入れ前後を問わず、組合員たることを要求するショップ制をクローズド・ショップと呼んでいる。こうしたクローズド・ショップは、コモン・ロー上、不当な営業で制限に該当するとは解されなかった。そして、また、協約そのものが通常、後述するように、法的効果は有するものと考えられないから、その無効を宣言する意味もなかったのである。さらに、組合加入申込者と組合とは契約関係にないから、組合は、理由なく、加入を許可しないこともできると考えられてきた。1971年労使関係法は、団結の自由を実現すべく、被用者に対し、どの労働組合に加入するかの組合選択の権利および組合に加入しない権利を規定した。この規定は、1974年の労働組合労働関係法で廃止されたが、1979年に政権の座に就いた保守党により、次第にクローズド・ショップの適法性の幅は狭められ、1972年法（現行法）は、すべてのクローズド・ショップ制を違法としている。

　1992年法137条1項は、ある者が労働組合の組合員であるかないかにより雇用を拒否することは違法であるとしている。(a)その者が組合員になり、または、組合にとどまる（あるいは、組合員であることを止め、または、組合員にならない)との要求を了承せず、あるいは、(b)組合費を支払いまたはその者が組合員でない場合は組合費を賃金から控除することを了承しないとの理由で雇用を拒否することは違法である。この場合、労働組合の組合員とは、何らかの労働組合、特定の労働組合、特定の労働組合の1つ、ある労働組合の特定の支部または、特定のセクションの組合員を意味する（143条3項)。また「拒否する」とは、広義に定義されており、雇用の申込み・問合わせを取り扱うことの拒否またはその故意的な放置、申込み・問合わ

せを諦めさせること，雇用の提供が分別ある使用者なら行わず，かつ，その者に受け入れられないような条件，いわば見せかけ雇用の提供をすること，雇用を提供し後にそれを取り消しまたはその者が受け入れないようにすること，を含むとしている（137条5項および6項）。また，次の2つの場合，雇用の拒否は組合員資格の有無を理由とするものであるとしている。当該雇用の途が組合員または非組合員にのみ開かれていること，または，当該雇用には137条1項(b)号の条件が課せられること示唆するものと理解するのが合理的であるような広告がなされ，ある者が広告の条件を了承できないために当該雇用を拒否された場合。組合員のみを推奨する組合により推奨された者のみに雇用が提供されるとの取決めまたは慣行があり，そのために非組合員が当該雇用を拒否された場合（137条3条および4条）。

　違法に雇用を拒否された者は，合理的にみて実行可能な場合は，3カ月以内に雇用審判所に救済申立てをなすことができる。審判所が実行可能でないと思料するときは，審判所は合理的な期間延長することができる（139条）。その者の救済は，審判所においてしかなされない（143条4項）。使用者が第三者の圧力でその違法な拒否を行った場合には，その第三者の訴訟参加が義務づけられ，使用者と補償金の裁定額の一部または全部の支払いを命ぜられる（142条）。審判所は，請求に理由があると判断する場合，その旨の宣言をなし，正義と衡平に沿うと思料する次のような裁定を行う。すなわち，使用者に対して，損害賠償と同一の基礎に基づく慰謝料をも含む補償金を支払うよう命じること，および，申立人に与えた悪い影響を取り除きまたは軽減するために実行可能と思料する措置を特定された期間内で講じるよう勧告すること。補償金の最高限度額は，不公正解雇の場合と同一である（140条4項）。また，審判所は，被申立人に対して当該違法行為の申立人に対する有害な効果を防止しまたは減少させるための措置をなすよう勧告することができ，これに従わない場合には補償金の増額を命ずることができる（140条3項）。

[3] 組合員資格・組合活動を理由とする解雇その他の不利益取扱い

(1) 組合資格および組合活動を理由とする不利益取扱いからの保護は，

第4節　組合員と使用者

最初，1971年労使関係法5条によって不公正労働行為制度（unfair labour practice）の一部として導入された。同法の廃止後，1974年労働組合労働関係法あるいは1975年雇用保護法（Employment Protection Act 1975）で修正されたかたちで再制定され，1978年雇用保護統合法（Employment Protection (Consolidation) Act 1978）に統合され，現在では，1992年法146条から167条に規定されている。

(2)　1992年法152条および153条は，使用者が，次のような理由を主な理由として，被用者を解雇しまたは剰員整理解雇の対象者とすることは，不公正解雇制度上，当然に不公正なものとされている。(i)自主的労働組合の組合員になり，または，なることを提案したこと。(ii)「適切な時間(appropriate time)」に自主的労働組合の活動に参加し，または，参加することを提案したこと。または，(iii)なんらかの労働組合，特定の労働組合，または複数の特定の労働組合の1つの組合員ではなかったこと，あるいは，その組合の組合員になること，または，その組合員のままでいることを拒否し，または，拒否することを提案したこと。したがって，クローズド・ショップに基づく解雇は，当然に，不公正解雇となる。また，同法146条は，次のような目的によって，使用者の作為または故意的不作為がなされた場合に個人として如何なる不利益にも服せしめられない権利を定めている。被用者がこのような不利益に服せしめられることを解雇以外の不利益取扱い（detriment short of dismissal）と称する。(i)自主的労働組合への所属を防止または妨害し，あるいは，そのことを理由に制裁することを目的とすること。(ii)「適切な時間に」，自主的労働組合の組合活動に参加することを防止または妨害し，あるいは，そのことを理由に制裁することを目的とすること。(iii)なんらかの労働組合，特定の労働組合，または複数の特定の労働組合の1つの組合員であることまたはなることを強要すること。

(3)　特に微妙なのは，「適切な時間に」組合活動に参加するということの意味である。まず，「適切な時間」に関しては，152条2項が次のような定義を与えている。それは，当該労働者の「勤務時間」（すなわち，労働契約に従って勤務することが要求されている時間(required to be at work)」）外の時

間，または，勤務時間内であれば，使用者の合意した協定または使用者の同意に従って，当該労働者が労働組合の活動に参加することが許される時間，をいう。Post Office v. Union of Post Office Workers [1974] IRLR 22 (HL)で，貴族院は，被用者が会社構内にいても実際に労働するように義務づけられていない時間は，勤務時間には該当しないとした。したがって，昼食時間中の組合勧誘行為を理由とする差別は許されないとした。また，「労働契約に従って」とは，「労働契約に厳格に定められたものに従って」という意味に限定されず，むしろ「慣行として是認しているものに従って」という意味であるとしている。また，雇用控訴審判所は，勤務時間中に機械で作業しながら組合問題に言及し他の被用者の組合勧誘を行った被用者の作業妨害を理由とする解雇に関し，「協定または使用者の同意に従って」というのは，「明示の協定または明示の同意がある場合」のみを指すのではなく，黙示の協定や同意をも意味するのであるとした[55]。次に組合活動の意味であるが，これについては何の定義もなされていない。雇用控訴審判所も，Dixon and Shaw v. West Ella Developments Ltd. [1978] IRLR 151 (EAT)で，「活動」の意味に関して，「1975年雇用保護法53条(現行の1992年法146条)の規定を考慮することによっても一定の理解の助けが得られる。同条は……われわれに次のことを示している。使用者が相当多岐にわたる活動への参加に制裁を加えることを思いとどまらせることを目的としていたのであり，目的としていたはずである。したがって，同規定と1974年労働組合労働関係法付則6条4項(現行の152条)は，合理的に，かつ厳格になりすぎないように解釈されるべきである」と述べることしかできなかったのである。また，労働組合活動のためのタイム・オフに関する規定は，組合活動の中には争議行為(trade dispute)を含まない旨を明示的に定めている(170条2項)のとは対照的に，解雇その他の不利益取扱いの規定にはそのような定めはないので，争議行為が含まれるか否かが問題となる。しかし，Drew v. St. Edmondsbury Borough Council [1980] ICR 513 (EAT)で，slynn判事は，争議行為を理由とした解雇に言及する特定の制定法規を考えれば，立法府が解雇事由として是認されない理由を形成する組

---

[55] Zucker v. Astrid Jewels Ltd. [1978] IRLR 385 (EAT).

合活動に争議行為を含め意図を有していたということはできない，と述べた。結局，組合活動の範囲や判断要素は極めて不明確といわざるを得ないが(56)，判例上，次のような活動が保護の対象とされてきた。組合問題を議論し組合勧誘をすること(57)，労使関係について組合代表から助言を得ること(58)，組合情報を掲示板に貼ること(59)，会社のマネジャー訓練講座で組合の意義を主張すること(60)，組合の承認を求めること(61)，組合の批判をすること(62)等があげられる。従来問題とされてきた事項の1つとして，雇用される前の組合活動が保護の対象となるかという問題がある。判例は従来，一般に，これを否定してきた。例えば，City of Birmingham v. Beyer [1977] IRLR 211 (EAT)で，Kilner Brown 判事は「問題の規定によって予定されている状態は雇用開始後のなんらかの労働組合活動であることは明らかというべきである。同規定が雇用が始まる前の外での活動に言及しているとは考えられないのである」と述べた。しかし，比較的最近，Fitzpatrick v. British Railways Board [1991] IRLR 376 (CA)で，控訴院は，City of Birmingham 事件は経歴詐称を理由として解雇した事件であることを強調して，使用者が被用者を過去の組合活動を理由として解雇する場合，そうすることの唯一の合理的理由が過去の活動は現在の雇用においても繰り返されるという危惧にあるとき，使用者は明らかに1978年雇用保護（統合）法58条1項b号（現行，1972年法152条1項b号）に違反している，と判示した。

---

(56) R.W. Rideout & J. Dyson, Rideout's Principles of Labour Law (4 th ed.), 121 (Sweet & Maxwell, 1983).
(57) Zucker v. Astrid Jewels Ltd. [1978] IRLR 385 (EAT).
(58) Stokes and Roberts v. Wheeler-Green Ltd [1979] IRLR 211 (T).
(59) Post Office v. Union of Post Office Workers [1974] IRLR 22 (HL).
(60) Bass Taverns Ltd. v. Burgess [1995] IRLR 596 (CA).
(61) Taylor v. Butler Machine Tool Ltd. [1976] IRLR 113 (T).
(62) British Airways Engine Overhaul Ltd. v. Francis [1981] IRLR 9 (EAT).

(4) しかし，以上のような解釈によっても，組合員や組合活動家に対する使用者その他の者の雇用妨害を抑制することはできない。この点，注目されるのが1999年雇用関係法（Employment Relations Act 1999）3条で導入されたブラックリストの法規制である。同条は，国務大臣にブラックリストを規制する規則制定権を与えるものである。具体的内容は，規則によって特定されるが，同条1項および2項は，労働組合員および労働組合活動に参加した者の詳細を含み，労働者の採用または取扱いに関する差別を目的使用者または職業紹介所（employment agencies）によって使用される目的で作成されるリストの作成，使用，販売および供給を禁止する規則を制定することができるとしている。また，同条3項は，雇用審判所および雇用控訴審判所への管轄権の付与，審判所および裁判所の特定の救済の権限とその執行，補償金の裁定，組合による組合員のための訴訟手続，解雇規制，投獄を含まない刑罰などを内容とする規則の制定権を与えている。1999年法17条は，労働者が労働協約と違った労働条件を含む契約を締結することを拒否したことを理由として不利益または解雇に服せしめられることを禁止する規則を制定する権限を国務大臣に与えた。しかし，17条4項は，賃金引上げが労働組合の組合員になることを禁じる契約条項と結びつけられておらず，かつ引上げが当該契約に基づいて労働者によってなされた労働に不合理に対応していない場合を除いては，賃金の差別は不利益取扱いを構成しないと定めている。なお，組合の承認または承認取消手続に関与した結果として被った不利益からの保護については，第2節[5](6)を参照。

(5) 組合員資格・組合活動を理由とする解雇は，通常の不公正解雇の場合と異なり，1年間の雇用継続期間の充足していることを申立ての要件とせず（154条），減額を行う前の被用者の基礎裁定に最低限度額を定め（2000年12現在が3,100ポンド）（156条），仮救済の付与が与えられる（161条ないし166条）。また，解雇以外の不利益取扱いに関する救済を求める被用者は，実行可能な限り3カ月以内に労使審判所に救済申立てを行わなければならない。実行可能でないと思料するときは，審判所は合理的な期間延長することができる（147条）。148条は，不利益取扱いの目的の証明責任を使用者に課している。この規定に関しては，多少の変転があった。Wilson Associated

Newspapers Ltd. and Palmer v. Associated Britishi Ports [1993] IRLR 336（CA)で，控訴院は使用者が賃上げを非組合員に限定することは146条に反し違法であると判示した。このため，保守党政権のもとで1993年労働組合改革雇用権法により，1992年法に148条3項から5項を付け加え，使用者が「そのすべてまたはなんらかの種類の被用者との関係の変更を図るために」労働組合員に対して解雇以外の不利益取扱いをなすことを可能にした。これに基づき，Wilson Associated Newspapers Ltd.上告事件で，貴族院は，1999年法の不利益取扱いには賃上げしないという不作為は含まれないとの結論に至った[63]。そこで，1999年法は，組合員になるかならないかは被用者の選択の自由であるとの立場から，その付則2で「使用者によってなされた解雇以外の不利益処分をうけない」という文言を「使用者の作為または故意的不作為がなされた場合に個人としての如何なる不利益に服せしめられない」という文言に置き換えたのである。前記(2)の146条の規定もそれに合わせて変更されたものである。さて，審判所が申立てに理由があると判断したときは，その旨宣言し，補償金の裁定を行う。審判所は，申立人の行為が当該不利益取扱いに寄与するところがあると判断する場合，補償金を減額することができる（149条)。なお，組合が争議行為またはその脅迫をもって当該不利益取扱いを誘致した場合，組合も第三者として訴訟にせしめられ，補償金の一部または全部の支払いを命ぜられる（148条および150条)。

第5節　団体交渉・労働協約

[1]　序

　1971年以前は，使用者は，被用者が労働組合に加入することを認める法的義務も，また労働組合を承認しそれと交渉する義務もなかった。1971年労使関係法は，使用者のそのような義務を定める規定を導入したが，結局，それらの規定は，1974年労働組合労働関係法により廃止された。1974年法

---

[63]　[1995] IRLR 258 (HL).

と1975年雇用保護法は，労働協約の法的効力，労働組合の承認，承認された労働組合に対する使用者の情報開示の規定を置いていた。しかし，組合承認の規定は，1980年法で廃止された。ところが，1999年雇用関係法が，また，新たな組合承認制度を導入した。現在，組合承認手続により承認された組合と使用者の団体交渉に関する労働協約の効力に関する規定および労働協約の法的効力および承認された組合への情報開示の規定が，団体交渉および労働協約に関する主な制定法上の規定であるということになる。

ただ，このほかに，個別的な規定として，剰員整理に関する使用者の協議・予告義務，営業譲渡に関する情報開示・協議義務の各規定，および，営業譲渡の場合の譲渡使用者により承認されていた労働組合の譲受使用者の承認義務の規定がある。以下，これらを中心に説明する。

[2] 団体交渉のための情報開示

(1) 使用者がある自主的労働組合を団体交渉のために承認している場合，その組合の代表者が団体交渉において，口頭で，または，使用者が要求するならば，書面で，次のような情報を要求することができる。(a)労働組合代表がその使用者との団体交渉を遂行することが，それなしでは相当に困難となる情報，および，(b)使用者が団体交渉のためにそれを開示することが良好な労使関係慣行に沿うものであるような情報。因みに，この良好な労使関係慣行に沿う情報として，助言斡旋仲裁局の情報開示に関する行為準則(1977年)は，開示が考慮されるべきであるとする情報として，賃金手当，労働条件，労働者数，実績(例えば，生産性および効率，売上げ，受注状況)，財政(例えば，利益，資産，債務)をあげている。使用者はその情報を(組合の代表者が書面を要求するときは書面で)開示しなければならない(1992年法181条)。ただし，次のような場合は，開示しなくともよい(182条1項)。①国家的安全の利益に反する情報。②法令上の禁止に違反しないで開示することができない情報。③使用者に内密に伝達され，または，使用者が彼を信用した者から得た情報。④特にある個人に関係し，その者が開示に合意しない情報。⑤その開示が団体交渉に対する効果以外の理由で使用者の事業に実質的な損害をもたらす情報。⑥使用者が訴訟を提起し，追行し，または，弁護するために得た情報。

また，使用者の情報開示は，次のような限定に服することとされている。すなわち，使用者は，次のことまで要求されない（182条2項）。(a)書類（情報を伝え，または，確認するために用意された書類を除く書類）を提出し，または，閲覧させること，あるいは，その写しをとり，または，それを抜き書きすること。(b)その蓄積収集が団体交渉における情報の価値に比べて法外の仕事または費用を必要とする情報を蓄積収集すること。また，判例は，次の点を明らかにしている。R.v. Central Arbitration Committee ex parte BTP Tioxide Ltd. [1981] ICR 843 (Ch. D)では，組合は，団体交渉に関する事項に限って情報を要求できるので，組合が一定の被用者を代表する権利を有するとしても，団体交渉の目的で代表する権利を有しない限り，情報開示の権利は行使できないとされた。また，Civil Service Union v. Central Arbitration Committee [1980] IRLR 274 (Ch. D)では，内密の情報は開示される必要がないので，国防大臣は業務請負業者により派遣された清掃労働者の人数と労働時間とに関する情報を開示する義務を負わないとされた。

(2) 情報開示義務の違反に関して，労働組合は，中央仲裁委員会（Central Arbitration Committee）に申立てを行うことができる。同委員会が事件を斡旋で解決できると判断する場合は，助言斡旋委員会に事件を付託する。それが失敗または適切でないと判断するときは，申立てに理由がある旨宣言し，使用者に対し特定の日までに情報を開示するよう命ずる（183条）。使用者がこの宣言を無視した場合，組合はさらに中央仲裁委員会に申立てをなすことができ，委員会は不履行の情報を特定する宣言を行う（184条）。この申立てのとき，または，その後に，労働組合は，特定の種類の労働者に関し，その雇用契約が申立てに特定された労働条件を含むものでなければならないとの請求を書面をもって委員会になすことができる。委員会は，この請求に理由があると判断するときは，使用者はその条件または委員会が適当と思料するその他の労働条件が当該種類の労働者の雇用契約の内容になる旨の裁定を行うことができる（185条）。

この情報の開示義務は団体交渉のために承認された組合に限定されている。このため，法定承認手続がなく承認がまったく使用者の意思に委ねら

れている状態ではこの規定の適用は限定されていた。しかし，1999年雇用関係法1条によって1992年法70A条および付則Aにより，第2節［5］に述べた法定承認手続が導入されたため，この情報開示義務の重要性は増大したということができる。

［3］ 営業譲渡に関する規定
(1) 譲受人の組合承認義務
営業譲渡の関しては，1981年営業譲渡（雇用保護）規則の9条が，譲渡人がその事業に雇われている被用者に関して労働組合を承認していた場合，営業譲渡後においてもその事業の部分が譲受人の事業と区別された同一性を維持している限り，譲受人は組合を承認しなければならないとしている。

(2) 譲渡人および譲受人の情報開示協議義務
従来，同規則の10条が，使用者は，営業譲渡により影響を受ける被用者に関し，自主的承認労働組合の代表に情報を与え，協議しなければならないとしていた。しかし，Commission of the European Communities v. United Kingdom, C-382/92［1994］IRLR 392（ECJ）において，欧州裁判所は，同規則10条は営業譲渡に関する被用者代表に対する使用者の情報開示・協議義務を課する共同体指令77/187号の履行とはならない不十分なものであり，イギリスの法制は承認されていない組合による被用者の保護を拒否するもので右共同体指令に違反するとした。このため，1995年営業譲渡（雇用保護）（改正）規則は，労働組合が承認されているか否かにかかわらず，使用者に情報開示・協議義務を課することになった。その結果，現在，改正された規則10条は，営業譲渡により影響を受ける被用者の使用者は，その被用者のあらゆる「適切な代表者（appropriate representatives）」に協議ができるようにするため当該譲渡より十分前に次の事項に関する情報を与えなければならないと定めている。(i)譲渡が行われる事実，(ii)その時期，(iii)その理由，(iv)影響を受ける被用者らにとっての法的，経済的，社会的意義，(v)当該被用者らに対して使用者がとろうとしている措置（それがない場合は，その事実），(vi)譲渡人たる使用者の場合は，譲受人のところに自動的に移動することになる被用者に関して，当該譲受人がとろうとしている措置

（それがない場合は，その事実）。

「適切な代表者」とは，①被用者に承認された自主的労働組合の代表者，②その他の場合は，(i)本規則に関係なく関係被用者が解雇について情報を受け協議する権限を与えて指名しまたは選挙で選出した「被用者代表（employee representatives）」または(ii)本規則に関して，本規則の定める要件を満足する選挙によって選出された「被用者代表」，いずれかで使用者の選択する者をいう(10条2A項)。いずれの場合も，選出また指名時に当該使用者に現に雇用されていなければならない（規則11A条）。なお，10A条は「被用者代表」の選挙に関する詳細な規定を置いている。この情報開示・協議義務違反に対しては，労働組合，被用者代表，または，影響を受ける被用者は，それが実行可能である限り，3カ月以内に雇用審判所に申し立てなければならない（11条1項および8条）。審判所は，申立てに理由があると判断するときは，その旨宣言し，影響を受ける被用者に最高13週給分の補償金の裁定を行う（11条4項）。

[4] 剰員整理に関する規定

(1) 剰員整理に関しても，情報開示・協議義務の特別規定が1992年法188条ないし198条に置かれている。これに関しては，すでにみた剰員整理解雇手当に関する「剰員」解雇の定義とは異なり，剰員による解雇とは，個人的な理由と関係しない解雇をいうとの極めて包括的な定義を置いている（195条1項）。使用者は，20人以上の被用者を解雇する場合には，その90日以内の一定期間に協議しなければならない（188条1項）。そして，1つの事業場で100人以上の被用者を剰員として解雇する場合は，90日以上前に，その対象となる被用者の「適切な代表者」と協議しなければならない。それ以外の場合には，30日以上前に協議しなければならない，としている（188条1A項）。この義務は，もともとは，承認された自主的労働組合の代表者に対してのみ負うこととされていたのであるが，営業譲渡の場合と同様に1995年営業譲渡（雇用保護）（改正）規則により，その被用者のあらゆる「適切な代表者」に対して，負うものと改正された（188条1B項および196条1項）。したがって，被用者の「適切な代表者」および「被用者代表」の意味は，営業譲渡の場合と同じである（188条1B項および196条1項）。この協議の

ため，使用者は適切な代表者に次の情報を書面で開示しなければならない（188条4項）。①提案理由，②剰員としての解雇を提案する対象被用者の数と種類，③その事業場に雇われている同種の労働者の数，④解雇される被用者の選抜方法，⑤解雇が行われる時期を含む，合意された手続を配慮した解雇実施の方法，⑥制定法上の義務の履行となる額以上の剰員整理手当額の算出方法，である。協議は，解雇される被用者の数を削減し，解雇の効果を緩和する方法を含み，その「適切な代表者」との合意に達することを企図して行われなければならない（188条2項）。

(2) 使用者がこの情報開示・協議義務に違反したとき，労働組合，被用者代表または解雇の対象となる被用者は，実行可能である限り，最後の解雇の日から3カ月以内に，雇用審判所に申立てを行わなければならない（189条1項および5項）。審判所は，申立てに理由があると判断する場合，その旨宣言し，保護裁定（protective award）を行うべきか否かを決定しなければならない。保護裁定とは，当該労働者が協議なしに剰員として解雇された労働者に対する保護されるべき期間に対する賃金補償である。審判所は，使用者の義務不履行の程度に鑑み諸般の事情を考慮して，どのくらいの期間が正義かつ衡平であるかを決定する。ただし，最低90日の予告が与えられるべきであったときは90日まで，それ以外は30日までと上限が決められている（189条4項）。保護裁定が行われると，その裁定の特定した種類の被用者はすべてその期間に対する雇用契約上の賃金を支払われる権利がある（190条1項）。しかし，被用者がその保護裁定の対象期間中に雇用にとどまっており，剰員以外の理由で公正に解雇され，被用者が雇用契約を不当に終了させ，または，保護裁定の前あるいは保護裁定期間中に発効する適切な代替雇用を拒否した場合には，保護裁定に基づく賃金は支払われない（191条1項ないし3項）。

[5] 労働協約の効力

労働協約に関する一応の説明は，すでに第2章第1節[1](5)で行ったが，ここでは，制定法上の規定について，若干の追加説明を行う。まず，1992年法178条は，労働協約を次のように定義している。すなわち，労働協約と

は，例えば，雇用条件，雇用終了，規律処分，労働組合幹部の便益，承認，協議の便宜等の所定事項に関する「1つまたは複数の労働組合と1つまたは複数の使用者または使用者団体により（または，のために）締結された協定または取決め」をいうとしている。そして，179条1項は，労働協約は，①書面化され，かつ，②当事者が当該協約に法的拘束力を与える意思がある旨を（特に明示的に）述べる規定を含んでいない限り，当事者は労働協約に法的な拘束力を与える意思はなかったものと，確定的に推定される，と定められている。NCB v. NUM [1986] IRLR 439 (Ch. D)では，この②の要件は，単に当事者が協約に「拘束される」との協定の記述では足りないとされた。その理由は，道義的に拘束されるとの意味と解釈される余地があるからである。しかし，使用者が前述の法定承認手続によって組合を承認した場合，団体交渉に関してなされた合意は当事者間を法的に拘束するものとされる。ただし，これに違反した場合の救済は特定履行（specific performance）に限定されている。

　さて，第2章第1節[1](5)で述べたように，労働協約の規定は，個別の労働契約の内容になり得るのであるが，協約の「争議行為禁止条項」は，次の要件を満足しない限り，雇用契約の内容とはならない。(i)署名で，(ii)それが雇用契約に読み込まれる旨の規定を含み，(iii)対象労働者の職場で合理的に入手でき，かつ，労働時間中に見ることができ，(iv)当該協約の当事者の各組合が自主的労働組合であり，(v)個々の労働契約がその争議に関する協約条項を明示的または黙示的に呼び込む場合に限られるのである（180条）。この違反に関しては，その性格上，雇用契約の特定履行ないし差止めはできない（236条）。

第6節　従業員参加

[1]　序
　すでに前節で述べた営業譲渡および剰員整理に関する協議義務は，もともとは，労働組合を承認している使用者に関するものであった。しかし，前述のように現在では承認労働組合がない場合でも「被用者代表」と協議する必要がある。これは，欧州司法裁判所がCommission v. UK [1994]

IRLR 392（ECJ）で使用者が労働組合を承認しているか否かを問わず被用者の代表者に情報を与え協議することが必要であるとの判決がなされた結果である。同様のことは，健康安全に関する協議についてもいえるのであり，そこでも組合に代表されていない被用者集団については，その集団に属する被用者よって選ばれた「安全被用者代表」との協議が義務づけられているのである（第3章第6節〔2〕参照）。このように必ずしも労働組合に限定せず，広く被用者の代表に対し情報を与え協議することを要求する制度が欧州共同体法の影響の下で拡大しているのであるが，その代表的なものが欧州労使協議制度であるといってよい。

〔2〕 欧州労使協議会制度

(1) 欧州労使協議会制度とは，1994年の欧州共同体の理事会指令(94/45/EC)，すなわち「共同体規模企業及び共同体規模の企業グループにおける従業員に対する情報提供及び協議を目的とした欧州労使協議会または手続の設置に関する」指令による多国籍企業の労使の情報提供・協議の制度である。イギリスは，保守党政権の下で同指令をオプト・アウトしていたのであるが，ブレア労働党政権の下で同指令の適用を受けることになった[64]。これに基づいて，1999年に制定されたのが，1999年多国間被用者情報協議規則（Transnational Information and Consultation of Employment Regulations 1999）である。右の労使協議会指令は，欧州連合加盟国およびノルウェー，アイスランド，リヒテンシュタインを包含する欧州経済地域（European Economic Area）の2つの国のいずれにおいても最低150名の被用者を有しかつ全体で1,000名以上の被用者を有する企業（または企業集団）に欧州規模の情報・協議義務手続または協議会を設けることを義務づけている。その当初の履行期限（指令13条）は1996年9月22日であったが，イギリスは適用除外されていた。同指令は，企業がその履行期限までに手続協定に合

---

[64] この制度の採択の経緯，概要および意義や問題点については，伊澤章『欧州労使協議会への挑戦』（日本労働研究機構，1996年），濱口桂一郎『EU労働法の形成』（日本労働研究機構，1998年）参照。後者の著書56頁以下がイギリスとの関係について論じており，特に参考になる。

意しない場合，指令所定の要件に従って交渉団体を設置する義務を負い，一定の期限内に合意に至らなければ，同指令の定める補完要件に従って各国が定める要件に基づく欧州労使協議会の設置が義務づけられる。形式に拘束されるとしている（指令7条）。

(2) 指令の当初の履行期限前に任意的手続協定の合意をなした企業およびイギリスの履行期限1999年12月15日（理事会指令97/74/ECの第4条）までに任意的手続協定の合意を行った企業が手続協定に合意した場合には，1999年多国間被用者情報協議規則は適用されない。被用者および被用者代表が当該企業が欧州規模の企業（企業グループ）か否かを決するための情報を求めた場合，イギリスの経営者は過去2年間のイギリスおよび他の加盟国における被用者数の情報を与えなければならない（規則7条）。使用者がこの義務を履行しない場合は，中央仲裁委員会（Central Arbitration Committee）が開示を命じる（8条）。イギリスにある経営中枢（central management＝本社や企業グループの支配企業）は，自らの発意で，あるいは，2つの加盟国以上の100名以上の被用者またはその代表の1つの書面の申請，または被用者の合計が2つ以上の加盟国の2つ以上の事業場の100名以上となる場合で被用者またはその代表から別々の書面の申請がなされたとき，協議会または情報・協議の設立のための交渉を開始しなければならない（9条）。この申請の適法性については中央仲裁委員会が判断する（10条）。この経営中枢の交渉相手となるのが，すべての関係加盟国からの被用者の代表からなる特別交渉団体（special negotiating body）であるが，その割当人数は経営中枢のある加盟国が決定する（指令5条）。イギリスでは，各関係加盟国から1名ずつに加えて，被用者の25から50％までが雇われている国から1名，50から75％までが雇われている国から2名，75％以上が雇われている国から3名とされている（12条）。イギリスの特別交渉団体の構成員はイギリスの被用者による投票で決定される（13条および14条）。投票で選ばれた情報・協議のための既存の協議委員会がある場合は，選挙なしで当該委員会が構成員を指名する（15条）。経営中枢と特別交渉団体が欧州労使協議会の設立に合意する場合には，次の事項を定める。①対象事業場の範囲，②協議会の構成，委員数，議席の配分，任期，③情報・協議の機能と手続，

④会合の場所，回数，時間，⑤協議会への財政的物的援助，⑥協定の有効期間と再交渉手続。同様に，欧州労使協議会ではなく情報・協議手続を設ける場合も一定の要件に服する（17条）。しかし，次の場合には，補完要件を満足する欧州労使協議会を設置しなければならないこととなる（18条）。①当事者が合意した場合，②経営中枢が6カ月間交渉に応じない場合，および③交渉開始後3年経っても合意に達しない場合（ただし，特別交渉団体が交渉を終了した場合はこの限りでない）。こうして設けられる欧州労使協議会は，年に1回，その企業（企業グループ）の経営の進展および見通しに関し，経営中枢の報告書に基づき情報を与えられ・協議をする会合を持つ権利を有する。この会合において，その情報・協議の内容は，特に，次のようなものに関する。企業の構造的，経済的または財政的状況，事業，生産および販売の見込み，雇用，投資の状況およびその見込み，企業組織の実質的変更，新しい生産方法および生産過程の導入，生産の移転，企業，事業場またはその重要な一部の合併，縮小，閉鎖，集団的剰員整理解雇（規則付則7）。

(3) 欧州労使協議会の運営および同協議会の設立義務違反に関する争いについては雇用控訴審判所が取り扱う。申立てに理由があると判断する場合，雇用控訴審判所はその旨宣言し，特定する日までに経営中枢が適切な措置を講じるよう命令することができる。また，場合によっては，経営中枢に対して，最高7万5,000ポンドまでの金額を国務大臣に支払うことを要求する罰金通知（penalty notice）をなすことができる（20条および21条）。また，前述の中央仲裁委員会の決定に関する法的問題に関する控訴も雇用控訴審判所が取り扱う（38条）。

［3］ その他の制度

以上の規定のほか，会社法にも従業員参加に関する規定がある。すなわち，1985年会社法234条は，イギリスに250名以上の被用者を雇用する会社の取締役会報告書（directors' report）は，その会計年度において，次の事柄を目的とする取決めを導入，維持および展開するためにとられた措置の記述を含むものでなくてはならないとしている。①被用者に関する情報を

制度的に被用者に与えること，②被用者の利害に関係する見込みのある決定をなす際に被用者の見解を考慮することができるようにするため，定期的に被用者またはその代表と協議すること，③従業員持ち株制度その他により会社の業績への被用者の関与を勧奨すること，④すべての被用者に会社の業績に影響する財政的，経済的要素に共通の認識を持たせること。

第7節　争議行為

[1]　序

イギリスでは争議行為は，コモン・ロー上違法とされ，制定法がそれに一定範囲免責を与えてきた。争議行為に現行法と類似の免責を与えた最初の法律は，1906年労働争議法であった。その後，その免責の範囲は変転するが，現在では，1993年労働組合改革雇用権法により改正された1992年法が免責に関する細かな規定を置いている。そこで，まず，コモン・ロー上の法理から説明する。

[2]　コモン・ロー上の契約違反の法理

争議行為については，制定法上の定義があるが，厳密な定義に従った考察は後に回し，その主な形態のものにつきコモン・ロー上の契約責任について叙述する。

(1)　怠業 (go-slow)

仕事の処理を遅らせる，いわゆる怠業 (go-slow) は，それを正当化する事由がない限り，合理的な速度で仕事をする雇用契約上の黙示的義務に違反する[65]。

(2)　遵法闘争 (work-to-rule)

遵法闘争は，すでに第3章第1節[4](2)(a)で述べたように雇用契約上の黙示的協力義務に違反する。

(3) 時間外労働拒否闘争 (overtime ban)

時間外労働が明示または黙示に契約上義務づけられている場合には，時間外拒否闘争は雇用契約違反となる。NCB v. Galley [1958] WLR 16 (CA)では，労働協約上労働者は「合理的な」時間外労働を義務づけられていたが，当該労働者らは土曜日の時間外労働を拒否する通告をした。控訴院は，労働者らの行為は契約違反を構成すると判示した。

(4) ブラッキング (blacking)

被用者がその使用者の特定の取引相手に供給される，または，供給する商品等の取扱いを拒否したり，特定の被用者（例えば，非組合員）と一緒に仕事をするのを拒否することをブラッキングと呼ぶ。被用者がその特定商品の取扱いまたはその特定被用者との労働を命じられている場合，ブラッキングは雇用契約上の適法な命令に従う黙示的義務に違反する。

(5) 予告なきストライキ

被用者が雇用契約関係を適法に終了させないで，労働しないことは当然に契約違反，特に，契約の履行拒絶(repudiation)を構成することは明らかであるとされる。

(6) 予告を伴うストライキ

古くは，適正な予告（労働契約上必要とされる長さの）を伴うストライキは，労働契約違反を構成しないと考えられてきた。すなわち，この場合，被用者は自ら適法に辞職した（労働契約を終了させた）と理解されてきた。しかし，ストライキの予告が，被用者の雇用終了の予告と同一視できるか否かにつき疑問が提起された[66]。とりわけ，ストに伴う予告期間が，労働契約上の適正な予告期間より短かったり，その期間が明らかでない場合，どのように捉えられるかが問題とされた。Rookes 判決で，デブリン判事

---

[65] General Engineering Services Ltd. v. Kingston & St. Andrew's Corporation [1989]IRLR 35 (PC).

[66] 例えば，Rookes v. Barnard [1064] AC 1129 (HL).

は，スト予告は契約に違反する旨の予告であり，それは履行期前の契約違反（anticipatory breach）と捉えた。これに対し，Morgan v. Fry [1968] 1 QB 710 (CA)において，デニング判事は，スト予告を契約の一時的停止（suspension）であると捉えた。この見解は，1971年労使関係法で採用されることとなった。同法の廃止後，Simmons v. Hoover Ltd. [1977] QB 284 (EAT)で雇用控訴審判所は，スト予告を被用者による契約の履行拒絶（repudiation）と捉えた。これによれば，履行拒絶の相手方である使用者は，その履行拒絶を受け入れて契約を終了したものと取り扱うか，または，契約は継続するものと取り扱うかの選択権を有することとなる。その後，Miles v. Wakefield Metropolitan District Council [1987] IRLR 193 (HL)で，貴族院は，すべての争議行為は履行拒絶を構成するとの見解を示した。すなわち，争議行為は，使用者の業務阻害を目的とするものであるから，それは，被用者の忠実義務および協力義務に根本的に違反するものであるとしたのである。

[3] コモン・ロー上の不法行為の法理

以上が契約違反の法理であるが，争議行為は，労働組合および組合員の不法行為責任を生じさせる。そこで以下に，どのような場合に，不法行為責任が生じるのかを説明する。

(1) 契約違反の誘致行為

この誘致行為には，直接的なものと間接的なものがある。前者は，すべてのストライキ指令に当然に伴うものといえる。間接的なものは，不法な手段により，契約違反を誘致するものである。例えば，組合がA会社の取引相手（B会社）の被用者のストを誘致したため，B会社がA会社との契約を履行しなかった場合をいう。

(2) 契約の履行不能をもたらす行為

これは，例えば，組合幹部がタクシー運転手の組合員に対し労働しないように説得する（契約違反の誘致行為）のではなく，そのタクシーの鍵をとって，タクシー運転手が実際に労働できなくなるようにしてしまう場合であ

る。つまり，労働者が契約を履行するに必要な手段・用具を取り去る行為をいう。この契約の履行不能をもたらす行為も，間接的なものがある。例えば，組合がA会社の取引相手（B会社）の被用者にA会社への商品供給を拒否するように誘致したため，B会社がA会社との契約を履行できなかった場合である。この場合，B会社は供給契約違反を誘致されたのでなく，その被用者の拒否により事実上履行できなかったのである。

(3) **脅迫** (intimidation)

脅迫とは，違法な手段を実際に用いることなく，それを用いると脅す行為をいう。その典型的なものが，ストライキを行うとの脅しである。

(4) **共謀** (conspiracy)

共謀とは，(a)適法な手段で第三者に損害を与えるための結集，または，(b)違法な手段で第三者に損害を与えるための結集をいう。民事および刑事の共謀は，いわゆる共謀3部作と呼ばれる，1892，1898および1901年の貴族院判決によって確立された[67]。これによると，上記(a)は，自分達の適法な利益の推進ではなく原告に損害を与えることを支配的な目的として，適法な手段を用いて原告に損害を与えるための2人以上の結集である。また，上記(b)は，原告に損害を与える目的で違法な手段により原告に損害を与えるための2人以上の者の結集である。この場合，損害を与える目的は，支配的目的である必要がないとされる[68]。

(5) **違法な手段による営業妨害** (interference with trade or business)

違法な手段による営業妨害は，契約の履行が妨害されてはいるが契約違反が存しない場合をも含む。例えば，Torquay Hotel Co. Ltd. v. Cousins [1969] 2 Ch.106 (CA)では，オイル供給契約に争議を原因とする責任を免

---

[67] Mogul Steamship Company v. McGregor Gow & Co. [1892] AC 25 (HL); Allen v. Flood [1898] AC 1 (HL); Quinn v. Leathem [1901] AC 495 (HL).

[68] Lonrho plc. v. Fayed [1992] 1 AC 448 (HL).

責する不可抗力条項がついていた。そこで，組合は，供給会社の供給を阻止したことにより，供給会社の契約違反を誘致したことにはならないと主張したのである。しかし，デニング判事は，たとえ実際に契約違反を生じさせなくとも，契約を知りつつ故意に行った妨害行為だけで十分であるとした[69]。

[4] 1992年法上の免責

　以上のようなコモン・ロー上の組合および組合員の不法行為責任は，1992年法によって一定程度免責される。同法219条は，次の通り規定している。
　「第1項　労働争議（trade dispute）の企図または推進（contemplation or furtherance）のためにある者により行われた行為は，以下の理由だけで不法行為として訴えられない。(a)それが，他の者の契約違反を誘致し，あるいは，その契約の履行を妨害し，または，他の者によるその妨害を誘致すること。または，(b)それが，ある契約（その者がその当事者か否かを問わない）が破られ，または，その履行が妨害される旨の脅迫，あるいは，他の者が契約を破棄し，または，その履行を妨害する旨の脅迫を構成すること。
　第2項　労働争議の企図または推進のためある行為を行い，または，ある行為を行わせることを目的とする合意または結集（combination）は，その行為が，その合意または結集がなければ不法行為の責任を負わないものであれば，不法行為として訴えられない。」
　しかし，この規定は，不法行為責任の免責規定であり，組合および組合員の刑事責任を免責するものではない。また，この規定から，「労働争議」の「企図または推進」という用語が，免責のキーワードであることは明らかである。そこで，以下にこれらの用語の意味について説明する。

[5] 「労働争議」

　1992年法244条は，「労働争議」を次のように定義している。すなわち，「もっぱら，または，主に，次の1ないし複数の事項に関する労働者とそ

---

[69] この見解は，Merkur Island Shipping corporation v. Laughton [1983] IRLR 218 (HL)で支持された。

第4章　集団的労働関係法

の使用者との紛争をいう。すなわち，(a)雇用条件または労働者条件。(b)1ないし複数の労働者の就労または不就労，雇用の終了または停止，もしくは，雇用の義務。(c)労働者または労働者集団の仕事の配分と雇用の義務。(d)規律の問題。(e)労働者の労働組合員資格の有無。(f)労働組合の組合員のための便宜。および，(g)上記のいずれかの事項に関する交渉または協議の方法，その他の手続。この場合，その交渉または協議，あるいはその手続の実施において労働者を代表する労働組合の権利に関する使用者または使用者団体の承認を含む。」なお，ここでいう「労働者」とは，「(a)当該使用者に雇用される労働者，または，(b)(i)その雇用が当該争議との関係で終了させられ，または，(ii)その雇用の終了が当該争議の原因となった諸事情の1つであった場合は，当該使用者による雇用が終了している者」である(224条5項)。

　労働争議は「もっぱら，または，主に」上記の事項に関するものでなければならないので，雇用条件と関係のない政治目的の争議は労働争議ではないとされる。したがって，組合が人種差別政策のとられている南アフリカにフットボールの放送を流すことを拒否することは，労働争議に該当しない[70]。しかし，「もっぱら，または，主に」の判断が，微妙な場合もある。例えば，Mercury Communication v. Scott-Garner [1983] IRLR 494 (CA)では，英電話公社の職員および組合が民間の電話会社の回線網を英電話公社の回線網に結びつける電話産業の「解放」に協力を拒否したことが労働争議にあたるかが争われた。この場合，それは，剰員整理の不安にも関係しているが，また，民営化政策に対する反対の争議とも捉えられる。控訴院は，当該争議は，剰員整理の脅威というよりは，主に，もっと広い政治問題に関するものであるから，労働争議とはいえないと判断した。また，組合が雇用条件に関する要求達成を真に望んで要求している限り，その要求が現実的なものか否かを問わない[71]。

---

[70] British Broadcasting Corporation v. Hearn [1977] IRLR 273 (CA).
[71] Newham London Borough Council v. NALGO [1993] IRLR 83 (CA).

[6] 「企図または推進」

Conway v. Wade [1909] AC 506 (HL)で，貴族院のロールバーン判事は，「企図または推進」につき，「争議が差し迫っており，当該行為がその予想または考えのもとで行われるか，または，その争議がすでに存し，かつ，その争議の当事者を支持して行われる」ことを意味すると判示した。ある行為が争議行為の企図または推進に該当するか否かは，行為者の主観に従って判断される。すなわち，Express Newspapers Ltd. v. McShane [1980] ICR 42 (HL)で，「貴族院は，ある行為を行っている者がその行為は当該争議行為の一方の当事者がその目的を達成することに役立つものと誠実に信じて行っているならば，その者は同条(219条)により保護される」と判示した。この事件では，地方新聞の争議の過程で，全国新聞記者組合が，当時まだ地方新聞に記事を供給していた新聞協会の記者に対してストライキを呼びかけたが十分な成果が得られなかったため，今度は，全国紙の組合員に対し，新聞協会からの記事を取り扱わないよう呼びかけた。控訴院は，それによって当該労働争議の目的を達成することは合理的にみて不可能であるという理由で，右の行為の差止めを命じた。しかし，貴族院は，前記の理由で組合の上訴を認容したのである。ストライキの目的の1つが労働争議の企図または推進にあれば，その他の目的があっても免責される[72]。

[7] 二次的争議行為 (secondary action) の規制

(1) 前掲219条の免責規定は，責任追及のために依拠する事実が適法でないピケッティングに該当する二次的行為があったというものである場合には適用されない。争議行為に関する二次的争議行為とは，ある者が，(a)他の者に労働契約の破棄を誘致し，または，その履行を妨害し，あるいは，他の者にその履行の妨害を誘致すること，または，(b)自分または他の者の労働契約が破棄され，または，その履行が妨害されること，あるいは，自分が他の者に労働契約の破棄，または，その履行の妨害を誘致すると脅す場合で，しかも，その労働契約上の使用者が当該争議の当事者でない場合，

---

[72] Associated British Ports v. TGWU [1989] IRLR 305 (CA).

争議行為に関する二次的争議行為があったとされる（224条2項）。この場合，労働契約とは，厳密には被用者の地位を有しない者の労務契約も含む（224条6項）。具体的にいえば，争議の当事者である使用者（A会社）の取引相手（B会社）に雇われている被用者らがA会社の製品の取り扱うことを拒否するように誘致する行為は，B会社は争議の当事者でないので，二次的争議行為とされるのである。

(2) 適法なピケッティングとは，同法220条（平和的ピケッティング）により適法と宣言される参集のなかで当該争議の当事者たる使用者に雇われている，または，雇われていた労働者，または，その参集が適法とされる組合幹部によって行われる行為をいう(224条4項)。この結果，例えば，その使用者に対しストライキを行っており，かつ，その職場で適法にピッケを張っている者達（適法なピケッティングについては，後掲[15]を参照）が，トラック運転手にピケラインを渡らないように誘致し，その結果，争議の当事者ではない使用者との間にあるトラック運転手の労働契約の破棄を誘致するような場合に限り，その者達は，不法行為責任を免責される。

[8] 組合員資格または組合承認を押しつける圧力行為

(1) 222条および225条は，組合員資格または組合承認要件を押しつけるために行われた争議行為を違法としている。まず，ある者が他の者（後者）に次のような行為を誘致する，または，しようとする行為は，不法行為の免責を受けないとしている。(a)後者が当事者である契約，または，当事者となるべく提案される契約の中に，その契約の当事者が彼に雇われている労働者のために交渉する1ないし複数の組合を承認すべきこと，または，その当事者が1ないし複数の労働組合の組合幹部と交渉しまたは協議すべきことを要求する条項を含めること。(b)組合排除を理由とする取引を拒否すること，すなわち，供給者または供給者として予定されている者が右の(a)号に規定されたように承認，交渉または協議をしないかまたはその見込みがないとの理由で，(i)商品またはサービスの承認された供給者リストから排除し，または，商品またはサービスの供給の申込みが求められる者達の中からある者を排除すること。(ii)商品またはサービスの供給の申込みが

求められる者のグループからある者を排除すること。(iii)特定の者にそのような申込みを行うことを許可しないこと。(iv)特定の者との商品またはサービスの供給契約を終了させ，または，締結しないことを決定すること（186条，187条および225条）。

(2) 次に，特定の使用者が労働組合または特定の労働組合の組合員でない者を雇用しているか，雇用したかまたは雇用するかも知れないという理由，特定の使用者がそうした者に対する差別を自制しているという理由，あるいは，以上の事実が生じたと信じたという理由で，当該争議行為を行った場合には，その行為は免責されない（222条1項）。さらに，当該争議行為がある者の次の行為を誘致しまたは誘致の試みまたはその一部を構成している場合も免責されない。(a)その者が当事者でありまたは当事者となろうとしている契約の中に，当該契約のためになされる仕事の全部または一部が労働組合または特定の労働組合の組合員または組合員でない者によってのみなされるべきことを要求する条件をふくめること。(b)組合員資格を理由として（すなわち，・・・）(i)商品またはサービスの承認された供給者リストから排除し，または，商品またはサービスの供給の申込みが求められる者達の中からある者を排除すること，(ii)商品またはサービスの供給の申込みが求められる者のグループからある者を排除すること，(iii)特定の者にそのような申込みを行うことを許可しないこと，(iv)特定の者との商品またはサービスの供給契約を締結しないことを決定すること，または，(v)特定の者との商品またはサービスの供給契約を終了させること（144条，145条および222条3項）。

[9] 非公認争議行為参加者の解雇に反対する争議行為
　被用者が不公正解雇の申立てをなす権利がない事情（解雇時に非公認争議行為に参加していた場合）のもとで，使用者が1ないし複数の被用者を解雇したという事実または確信を理由ないし理由の1つとして争議行為を行う場合，その行為は免責されない（223条）。

[10] 争議行為のための投票

争議行為による不法行為責任から免責されるためには，組合は投票により支持されなければならない(226条1項)。この争議行為の前に行われるべき投票の要件は，次の通りである。

(1) 組合が争議行為に参加させられると信じるのが合理的であるすべての組合員のみに投票権が与えられなければならない（227条1項）。ただし，この規定の違反は，それが不測のもので投票結果に影響を与える可能性がない場合には無視される(232B条)。投票時に組合が争議行為に参加させられると信じるのが合理的であった組合員が争議行為に参加させられない場合，その争議行為は投票により支持されなかったとみなされる。組合は，組合員が当該投票の後に組合に加入した場合には，その者が投票させられなかったとしても争議行為に参加させることができる[73]。同様に，組合は，投票していない非組合員を争議に参加させることはできる。投票は原則として各職場ごとに行わなければならない(228条)。穏健な職場と過激な職場の賛成得票を合計して争議行為権を成立させることを避けようとするものである。しかし，当該労働争議が各職場の最低1人の組合員に影響を与え，かつ組合が特定の職種を有すると信じるのが合理的でありかつ組合が争議関係にある特定の1ないし複数の使用者に雇われているすべての組合員に投票が制限されている場合，組合は各職場に共通の投票を実施することができる(228条および228A条)。投票が各職場で行われる必要がない場合，その複数の使用者のうち1人が組合と労働争議を有している限り，複数の使用者の被用者を含めることができる[74]。なお，「職場」とは，人が働く起点としての不動産もなければ，その人の雇用と最も密接な不動産である，と定義されている（228条4項）。

(2) 合理的にみて実行可能である限り，投票用紙は各有権者の自宅(有権

---

[73] London Underground Ltd v. National Union of Rail, Maritime and Transport Workers [1995] IRLR 636 (CA).

[74] University of Central England v NALGO [1993] IRLR 81 (HC).

者がそれ以外の住所を指定する場合はその住所）に郵送されなければならず，かつ，郵送による投票の機会が与えられなければならない(230条2項)。ただし，この規定の違反も，それが不測のもので投票結果に影響を与える可能性がない場合には無視される（232B条）。

　(3)　投票用紙には，スト参加またはその継続に対し「賛成」または「反対」と答えることを求める質問，または，スト以外の争議行為参加またはその継続に対し「賛成」または「反対」と答えることを求める質問を記載していなければならない(229条2項)。したがって，ストライキとその他の争議行為は別々の投票事項ということになる[75]。投票用紙には，「あなたがストライキその他の争議行為に参加することは，多分，雇用契約に違反します。しかし，あなたが公認されるなど適法なストライキその他の争議行為に参加したことを理由に解雇される場合，その解雇が右の行為に参加したときから8週以内になされた場合には不公正とされ，また，解雇がそれ以降になされた場合でも事情によっては不公正となり得ます」との文言を記載しなければならない(229条4項)。投票用紙には，返送の住所と返送日および用紙番号を記載しなければならない(229条1A項)。また，争議行為に賛成する場合，争議行為の指令を出す権限のある者を明示しなければならない（229条3項）。

　(4)　合理的にみて実行可能な限り，投票は，秘密で（230条4項），また，投票者に直接の出費をさせることなく（230条1項）行われなければならない。票読みは，公正かつ的確になされなければならず(230条4項)，争議投票が成立するためには，「賛成」記載が過半数に達しなければならない(226条2項)。有権者が50名を超える場合には，資格を有する争議行為の監視人が任命されなければならない。監視人は，投票終了後4週間以内のできるだけ早い時期にその投票に関する報告書を作成しなければならず，有権者およびその使用者は，その請求に基づき，報告書の写しを得ることができる（226B条，226C条および231B条）。

---

[75]　Post Office v. UCW [1990] ICR 258 (CA).

(5) 労働組合は，合理的にみて，有権者の使用者となると考えるすべての者に対し，投票実施の予告およびその投票用紙のサンプルを得ることができるための必要な措置を講じなければならない。この場合，予告は投票の7日以上前に与えられなければならず，投票日の特定および当該使用者が準備をなすに役立つであろう組合の所有する情報の記述がなければならない。また，サンプルは投票日の3日以上前に与えられなければならない（226A条）。投票実施後できるだけ早く，有権者およびその使用者に，得票数，賛否得票数，無効票数を通知しなければならない（231条および231A条）。各職場で別個の投票が行われた場合，その職場ごとに，以上の(1)から(4)までの要件によって被用者の不法行為責任が判断される(226条3項)。組合は，争議投票前に争議指令を出すことはできない(233条3項)。投票から4週間以内に争議指令が発せられ，争議が開始されなければならない（233条および234条1項）。ただし，組合は，裁判所に最高12週間までその期間を延長する許可を求めることができる（234条2項および6項）。組合は，争議行為に参加させ，または，参加させるであろうと思われる被用者の使用者に対して，その被用者の種類およびその行為の継続あるいは非継続に関する予告を与えるために必要な措置をとらなければならない。この予告は投票結果の通知の日に始まり，その予告に特定された最初の日の7日前に終了する日までに与えなければならない（234A条）。

[11] 使用者の救済

すでに本節[2](6)で述べたように，ストライキは通常個々の労働者の契約違反を構成する。これは，予告のあるストライキでも，同様であると解される。また，スローダウンや遵法闘争などについても同様である。そこで，使用者は，そうした争議行為の参加者に関しては，賃金を控除する権利がある。また，労働争議の企図または推進に当たらない行為，保護されない二次的争議行為など制定法上免責のない行為，および適法な争議投票により支持されていない行為に関しては，使用者は，その行為を行う個人，その組合，またはその両者を被告として，高等法院にその行為の差止めを求めることができる。なお，労働争議の企図または推進を主張し，または，主張すると思われる者に当該申立ての通知がなされ，かつそれに対する弁

護の機会を与えるためのすべての合理的な措置がなされたと判断しない限り，裁判所は差止命令を発しない（221条1項）。この差止命令に従わない組合または個人は，裁判所侮辱罪に問われ[76]，罰金，財産没収または拘禁を命ぜられる。使用者は，また，不法行為に基づく損害賠償を求めることもできる。しかも，制定法上の免責は，不法行為に限定されているため，使用者は，個々の被用者に対して，雇用契約違反を理由とする損害賠償を求めることもできる。しかし，その場合には，その個人が生じしめた実損害，あるいは，その者の代替労働者の雇用費用に限定されるため実益に乏しい上，実損害の立証は極めて困難である。

[12] 争議行為と不公正解雇

違法な争議行為がなされた場合，使用者としては被用者に対して余り実益のない労働契約違反を理由とする損害賠償を求めるより，使用者としては当該争議行為に参加し重要な役割を果たした労働者を解雇する途を選ぶであろう。そこで実際に重要となるのは，争議行為と不公正解雇の関係である。この関係はやや複雑であるから，ここで特に概略をまとめておくことにする。

(1) 非公認争議行為と不公正解雇

解雇のとき，非公認のストライキその他の争議行為に参加していた被用者は不公正解雇の訴えを提起する権利を有しない。非公認ストライキとは，①当該被用者が労働組合の組合員でありかつ当該ストライキその他の争議行為が労働組合により承認されたものであるか，または②当該被用者は労働組合の組合員ではないが，当該ストライキその他の争議行為を承認した組合の組合員も当該争議行為に参加していたもの以外のストライキをいう（1992年法237条）。使用者は，また，争議行為に参加した者の解雇を考えることができる。この場合には，使用者が参加者全員を解雇しなければ不公正解雇となる。ただし，非公認の争議行為の場合には，全員を解雇せず選択的に解雇することができる（237条および238条）。

---

[76] Kent Free Press v. NGA and others [1987] IRLR 267 (HC).

(2) 公認争議行為と不公正解雇

被用者が公認争議行為に参加しまたは使用者がロックアウトを行っているときに被用者が不公正に解雇されたとの訴えを起こしても，審判所は，①1ないし複数の「関係被用者」が解雇されなかったか，または②解雇されたが3カ月以内に再雇用されたが当該被用者は再雇用されなかった場合でなければ，解雇の公正・不公正の決定をなし得ない。ここでロックアウトとは，被用者に一定の労働条件を受け入れることを強制しまたは雇用に影響を与える目的でなされた雇用場所の閉鎖，その仕事の停止または雇用継続の拒否をいう(1996年雇用権法235条条項)。ちなみに，ロックアウトは必ずしも労働契約違反を構成しないとされている[77]。「関係被用者」とは，ロックアウトの生じている争議の企図または推進に直接的利害を有する者または訴えを提起した者がそこで働きまたは働く起点としていた使用者の事業場に，その解雇の日に争議行為に参加していた者をいう(1992年法238条3項)。しかし，審判所が公正・不公正の決定をしないとするこの規定は，次の場合には適用されない。まず，解雇の主な理由または剰員整理解雇の場合はその解雇選抜理由が家庭上の理由による休暇に関する理由(1996年雇用権法90条)，健康または安全の管理活動などを理由とする(同法100条)など解雇を当然に不公正とする理由に該当する場合である(1992年法238条2A項)。もう1つは，(c)に掲げる場合，すなわち，当該被用者が「保護される争議行為（protected industrial action)」に参加していた場合でかつ一定の要件を満たす場合である(238A条)。

(3) 保護される争議行為

「保護される争議行為」とは1992年法219条で労働組合が不法行為責任を免責される争議行為のことをいう(238A条1項)。したがって，組合員資格を強要する争議(222条)，非公認争議行為(223条)，二次的争議行為(224条)，組合承認強要争議行為(225条)，争議行為支持投票違反争議行為(226条ないし234条)，争議予告を与えない争議行為(234A条)は，保護される争議行為とはならない。この保護される争議行為に参加したことを理由に解

---

[77] Express and Star Ltd. v. Bunday [1987] ILRL 422 (CA).

雇された被用者は，次のいずれかの要件を満足すれば，当然に不公正に解雇されたものとして取り扱われ，不公正解雇の救済を受けることができる。①保護される争議行為の開始から8週間以内に解雇されたこと，②当該争議行為の後8週間を超えてから解雇され，かつ，当該被用者が8週間以内に当該争議行為への参加を停止したこと，または③当該争議行為の後8週間を超えてから解雇され，8週以内に当該争議行為への参加を停止してもいなかったが，使用者が当該争議を解決するための合理的な手続的措置を講じていなかったこと，である。

[13] 組合員の争議投票の権利

1992年法62条は，争議投票の支持なく，組合員が争議行為への参加を求められた場合の救済手段を規定している。すなわち，その者が次のことを証明できるときには，高等法院（スコットランドの場合は，執行官裁判所）に救済を申し立てることができる。(a)投票の支持なく，組合が争議行為を公認しまたは支持したこと，および(b)申立人を含む組合員が組合によりその行為に参加しまたは参加し続けることを誘致され，または，その恐れがあること。裁判所は，申立てに理由があると判断する場合は，その行為への組合員の参加の誘致がなされず，それ以前の誘致行為に起因する参加行為に従事しないようにするために妥当と考えられる措置をとることを組合に対して命ずる（62条3項）。

[14] 第三者に対する救済

コモン・ロー上，違法な争議行為により妨害された契約当事者は，法的因果関係と予見可能性が否定されない限り，高等法院に対して，差止命令または損害賠償の請求をなすことができる。例えば，列車の切符保持者は，鉄道労働組合が英国鉄に対して行った違法な争議行為につき，損害賠償を請求することができるとされた[78]。しかし，1992年法235A条は，制定法上の救済権を創設している。ある者（申立人）が，労働組合その他のものが違法にある者の争議行為への参加またはその継続を誘致する行為を行いまた

---

[78] Falconer v. ASLEF and NUR [1986] IRLR 331 (Ch. D).

は行う恐れがあると主張し，もしその争議行為のあり得べき効果がその申立人に対する商品またはサービスの供給の妨害しまたは遅滞させ，あるいは，その商品またはサービスの質を低下させることにある場合には，高等法院に救済の申立てをなすことができる（235A条1項）。裁判所は，申立てに理由があると判断する場合は，誘致行為を行わず，それ以前の誘致行為に起因する行為に従事しないようにするために妥当と考えられる措置をとることを，その誘致行為を行いまたは行う恐れがある者に対して命ずる（62条3項）。

[15] ピケッティング
(1) **不法行為責任からの免責**
　ピケッティングは，コモン・ロー上，不法行為を構成する。その理由は，ピケッティングが成功するためには，契約破棄の誘致または違法手段による営業妨害が必要だからである[79]。また，ピケッティングは，不法妨害（nuisance），脅迫，または，不法侵害（trespass）の各不法行為に該当する場合がある[80]。しかし，1992年法220条は，次の場合には，ピケッティングを不法行為責任から免責している。ある者が，(a)労働争議の企図または推進のため，(b)特定の場所，すなわち，(i)その者の職場またはその付近，(ii)その者が失業しており，かつその最後雇用が争議行為に関連して終了せしめられ，または，その終了が争議行為の原因の1つとなった場合には，その元の職場またはその付近，(iii)その者がある一定の場所で労働しないか，または，その場所で通常は労働しない場合，または，その者が通常労働している場所がピケッティングの参加が不可能な場所である場合には，その者がそこを起点として労働している，あるいは，その者の労働を管理しているなんらかの使用者の不動産において，または，(iv)その者が労働組合の幹部である場合は，その者が付き添いかつ代表している組合員の職場または元の職場またはその付近で，(c)平和的に情報を得または伝えあるいは平和的に他人に労働するようまたは労働しないように説得するだけの目的で

---

(79) Union Traffic Ltd. v. TGWU [1989] ICR 98 (CA).
(80) News Group Newspaper v. SOGAT [1987] ICR 181 (QB).

(2) ピケッティングと二次的争議行為

以上のように，220条の免責は，ピケライン参集行為自体が不法行為に当たる場合の免責であり，ピケライン参集者がピケラインを渡らないように説得している相手の契約違反を誘致する等の行為をした場合には，それが前述の119条の免責を受けるものでない限り，そのピケライン参集者は不法行為の免責を受けられない。しかし，ほとんどのピケッティングは違法になってしまう。なぜなら，ほとんどの場合は，第三者の被用者への契約破棄の誘致が行為に伴うからである。そこで，224条1項が適法なピケッティングの場合の二次的争議行為を除外したのである（前掲(7)参照）。

(3) ピケッティングに関する行為準則

ピケッティングに関する行為準則は，1980年に初めて導入されたが，現在は，1992年法201条および202条に基づいて雇用大臣により起草され両院の決議を経て1992年3月から実施されている。行為準則はそれ自体法的拘束力はないが，訴訟手続上考慮されるのであり，特に，ピケッティングの場合は，重要な意味を有するに至っている。すなわち，Thomas v. NUM (South Wales Area) [1985] ICR 886 (Ch. D)では，行為準則に定められている人数より多いピケットを組織することの差止命令が認められたのである。因みに，行為準則の該当部分は，一般に1つの出入口に6人以上のピケットを置くべきではないと定めている。

(4) 使用者の救済

使用者が違法なピケッティングがその不動産の外側で行われたと確信する場合，その行為が1992年法119条および120条の範囲外の場合には，高等法院に差止めを求めるか，選択的または一緒に，損害賠償請求を行うことができ，さらに，選択的または一緒に公道を妨害し，人身または財産の危険を生じしめるときには，警察に訴えることができる。ピケッティングは，場合によれば刑事責任を生じさせる(241条)。1980年公道法の違反として処罰されることもある。

参考文献

　イギリスの労使関係および労働法に関する文献は，邦文のものだけでも夥しい数に上る。さらに深く学びたい読者のため，以下に比較的最近の邦文文献（主に1980年以降の文献）をあげることとする。重複を避けるため，各文献は，最も関係のある章にのみ掲げる。

《第1章関係》
〔著　書〕
飯田鼎『労働運動の展開と労使関係』1987年・未来社
石田眞『近代雇用契約法の形成』1994年・日本評論社
稲上毅『現代英国労働事情』1990年・東京大学出版会
岩出博『英国労務管理』1991年・有斐閣
川北稔（編）『イギリス史』1998年・山川出版社
小笠原浩一『「新自由主義」労使関係の原像』1996年・木鐸社
岡田与好『イギリス初期労働立法の歴史的展開』1961年・御茶の水書房
片岡昇『英国労働法理論史』1956年・有斐閣
吉瀬征輔『英国労働法』1997年・窓社
戸塚秀夫『イギリス工場法成立史』1966年・未来社
森健資『雇用関係の生成──イギリス労働政策史序説』1988年・木鐸社
ウエッブ（荒畑寒村監訳）『労働組合運動の歴史（上・下）』1973年・日本労働協会
サミュエルズ（石川吉右衞門他訳）『英国労働組合法』1958年・有斐閣
ハチンス／ハチソン（大前朔郎他訳）『イギリス工場法の歴史』1976年・新評社
フランダース（西岡孝男訳）『労働組合論』1974年・未来社
マサイアス（小松芳喬訳）『最初の工業国家』1972年・日本評論社
〔論　文〕
菊池光造「EC市場統合を迎えるイギリス労使関係」日本労働研究雑誌400号（1993年）

参考文献

大森真紀「イギリス工場法・工場監督官制度研究の歩み（上）（下）」早稲田社会科学研究57号，58号（1999年）
小笠原浩一「イギリスにおける'団結法認'政策の歴史的特質（一）（二）（三）」山形大学紀要（社会科学）19巻2号（1989年），21巻2号（1990年），22巻1号（1991年），3号，「『伝統的』イギリス労使関係像とは何か」大原社問研雑誌432号（1994年）
小島弘信「イギリスにおける雇用政策のゆくえ──1994年競争力白書より」レファレンス平成7年5月号（1995年）
小西康生「イギリスの1990年代の雇用──新職業訓練計画の再検討」労働経営アナウンスメント254号（1989年）
杉本稔「J・ケア＝ハーディと労働同盟の形成(1)（2・完）」政経研究（日大）35巻1号，3号（1998年）
鈴木隆「イギリス労働法改革の課題と展望」島大法学42巻4号（1999年）
鈴木光重「1868年の総選挙とイギリス労働者：労働者の自由主義」関東学院法学7巻2号（1998年）
田口典男「1980年代労使関係の変化」大原社問研雑誌420号（1993年），「90年代前半のイギリス労働政策」同437号（1995年），「イギリス団体交渉の変化と衰退」明治大学経営学研究所紀要43巻3＝4号（1996年）
中田浩一郎「英国の雇用法の最近の動向：1999年雇用関係法を中心として」桐蔭論叢7号（2000年）
林和彦「イギリス労使関係法の始末と新法の生成──所得政策と労働法」労働法律旬報168＝9号（1974年）
藤森克彦「英国はなぜ『柔軟な労働市場』を規制するのか：英国の労働規制強化の背景」法律時報1677号（1998年）
古川陽二「翻訳：英政府緑書『1990年代の労使関係』（一）（二）」沖縄法学22号（1993年），23号（1994年）
本田尊正「イギリス労使関係法の改正」労働法学会誌45号（1975年）
安枝英訷「ブラックストーンにおける『マスターとサーバントの関係』について」『近代思想の展開』1981年・有斐閣
矢野達雄「職工・徒弟条例制定問題の歴史的意味」阪大法学112号（1980年）
山田省三「イギリスにおける1982年雇用法（Employment Act 1982）の成

立」法学新報90巻11＝12号（1984年），「サッチャー政権による労使関係改革」日本労働協会雑誌345号（1988年）
ユーイング「イギリスにおける労働法の展望」労旬1427号（1998年）
渡辺章「イギリスの労働法制とその変遷」中労時報804号（1990年）

《第2章関連》
〔著　書〕
新井正男『イギリス法の基礎』1974年・文久書林
伊藤正己・田島裕『英米法』1985年・筑摩書房
高窪貞人『イギリス法入門（三訂）』1990年・中央大学出版部
中村民雄『イギリス憲法とEC法』1993年・東京大学出版会
濱口桂一郎『EU労働法の形成』1984年・日本労働研究機構
ベイカー（小山貞夫訳）『イングランド法制史概説』1975年・創文社
山根裕子『新版EU/EC法』1995年・有信堂
〔論　文〕
小宮文人「イギリスにおける労使関係行為準則（一）（二）（三）」労働協会雑誌270号，271号，272号(1981年)，「イギリスの労使関係行為準則に関する一考察——規律処分に関する規定を中心として」北海学園法学研究18巻2号（1983年）
高木龍一郎「イギリスの労働審判所——その性格と審理手続」東北学院大学法学研究年誌3号（1986年），「イギリスにおける労働審判所の自立性——ガイドラインをめぐる雇用上訴審判所と控訴院の対立を中心として」東北学院大学論集法律学34号（1989年）
野瀬正治「代替的紛争処理（ADR）と労使紛争：英米からの示唆」国際公共政策研究（阪大）4巻1号（2000年）
表田充生「イギリスにおける労働審判所」同志社法学47巻6号（1996年）
ロベール＆ニール（表田充生訳）「イギリスにおける雇用紛争の解決」日本労働研究機構雑誌442号（1997年）

参考文献

《第3章関連》
〔著　書〕
秋田成就（編）『労働契約の法理論──イギリスと日本』1993年・総合労働研究所
浅倉むつ子『男女雇用平等法論』1991年・ドメス出版
小宮文人『英米解雇法制の研究』1992年・信山社
田作朋雄『イギリスのワークアウト』1998年・近代文芸社

〔論　文〕
相澤美智子「性差別禁止法の間接差別と『正当性』の抗弁」労働法律旬報1498＝90号（2000年）
浅倉むつ子「雇用契約上の間接差別禁止立法の意義」『労働基準法の課題と展望』1984年・法律文化社，「男女同一賃金原則における同一「価値」労働評価について（上）（下）」都立大法学35巻1号（1994年），35巻2号（1995年），「間接差別の立証における集団的比較の方法」労働法律旬報1498＝90号（2000年）
荒木尚志「EUにおける企業の合併・譲渡と労働法上の諸問題」北村一郎編『現代ヨーロッパ法の展望』1998年・東京大学出版会
有田謙司「イギリスにおける違法解雇の差止と雇用契約」九大法学62号（1991年），「イギリスにおける黙示条項と雇用契約観」九大法学64号（1992年），「イギリスにおける解雇と労働訴訟──通常裁判所における公判前・中間手続を中心として」山口経済学雑誌43巻6号（1995年），「イギリス民営職業紹介法制」山口経済学雑誌44巻3・4号（1996年），「イギリス雇用契約法における信頼関係維持義務の展開と雇用契約観」山口経済学雑誌46巻3号（1998年）
家田愛子「ヨーロッパ連合（EU）とイギリス労働法の変容（一）（二）（三・完）」法政論集165号，166号（1996年），167号（1997年），「個別労働者の権利保障」労旬1427号（1998年）
石橋洋「労働契約と競業避止義務」『労働契約の法理──イギリスと日本』1993年・総合労働研究所
上田達子「イギリスにおける業務上災害の概念（一）（二完）」同志社法学229号，230号（1993年）

参考文献

上村雄一「最低賃金制度の『復活』」労旬1427号（1998年）
片桐由喜「イギリス」保原喜志夫編『産業医制度の研究』1998年・北大図書刊行会
黒岩容子「パートタイム労働と間接差別」労働法律旬報1498＝90号（2000年）
小畑史子「労働安全衛生法規の法的性質（一）（二）（三完）」法学協会雑誌112巻2号，3号，5号（1993年）
木下正義「イギリスにおける多国籍企業の工場閉鎖と剰員整理」拓殖大学論集199号（1992年）
唐津博「イギリス雇用契約法における労働者の義務」同志社法学170号（1981年），「イギリス雇用保護法における産休手当（Maternity Pay）」同志社法学175号（1982年），「イギリス雇用契約における労働義務（Obligation to Work）」同志社法学183号（1983年），「イギリスにおける使用者の労働付与義務（Duty to provide work）」同志社法学191号（1985年）
小島弘信「イギリスにおける"労働の弾力化"と労働時間」レファレンス平成8年1月号（1996年）
後藤勝喜「イギリス労働法における"Law against Unfair Dismissal"の展開についての一考察（一）（二）（三完）」八幡大学論集34巻2号（1983年），35巻1号（1984年），35巻4号（1985年）
小宮文人「イギリスの不公正解雇制度における『解雇（Dismissal）』概念の考察――みなし解雇（Constructive Dismissal）を中心として」北海学園法学研究18巻1号（1982年），「イギリスにおける組合活動等を理由とする解雇その他の不利益取扱いからの救済（一）（二）」北海学園法学研究19巻1号，19巻2号（1983年），「英米の解雇規制と就業規則」日本労働協会雑誌335号（1986年），「英国における労働条件の一方的変更」『労働保護法の研究』1994年・有斐閣，「不公正解雇法政の改革」労旬1427号（1998年）
近藤享一「イギリスにおける不当解雇制度について」専修大学社会科学年報11号（1977年）
斉藤純子「イギリスにおける障害者雇用法制の改革」レファレンス平成7年5月号（1995年）

参考文献

柴山恵美子「イギリスのパート労働新事情（特集）」賃金と社会保障1280号（2000年）

鈴木隆「イギリス1995年障害者差別禁止法の成立と障害者雇用（一），（二完）」島根法学40巻4号，同2号（1997年）

高木龍一郎「コモン・ロー解雇法理と不当解雇制度——不当解雇概念形成過程を中心として」東北学院大学法学研究年誌2号（1984年），「イギリスにおける不当解雇救済上の問題点（一）（二完）」東北学院論集法律学30号（1987年），31＝32号（1988年），「イギリスにおける賃金保護：減給に対する法的規制と問題点」東北学院大学論集法律学53・54号（1999年），「イギリスにおける出勤停止：コモン・ローにみる機能と法的性質」東北学院大学論集法律学55＝56号（2000年）

高島道枝「イギリスにおける雇用平等への道（上）（下）」日本労働協会雑誌298号，299号（1984年）

寺井基博「イギリスにおける職業紹介システム」同志社法学252号（1997年）

内藤忍「イギリスにおける間接性差別をめぐる判例（紹介）」労働法律旬報1498＝90号（2000年）

内藤則邦「イギリスの最低賃金制」日本労働協会雑誌289号（1983年）

藤本茂「イギリス雇用契約における契約違反の法的救済について」法学志林89巻3＝4号（1992年）

丸谷浩介「イギリス社会保障給付とワークインセンティブ」九大法学74号（1997年）

三井正信「イギリス雇用契約論におけるcontractとstatus：フランス法との比較の視点から(1)(2)」広島法学23巻1号，同2号（1999年）

宮崎由佳「性差別禁止法で間接差別とされる『要件または条件』」労働法律旬報1489＝90号（2000年）

森猛「英国国家公務員の任用制度」季刊行政管理研究43号（1988年）

山下幸司「イギリスにおける有期雇用労働者の法的問題」関東学院法学1巻2号(1992年)，「EC指令とイギリスにおける労働時間規制：労働者の集団的ないし個別的合意によるEC指令への対応の可能性」関東学院法学7巻1号（1997年）

山田省三「イギリス労働法におけるセクシャル・ハラスメントの法理（一）

(二完)」中央学院大学法学論叢3巻1号，3巻2号 (1990年)，「イギリスにおけるパートタイム労働論争（一）（二）」中央学院大学法学論叢4巻1号 (1990年)，同2号 (1991年)，「労働争議を理由とする社会保障給付欠格の法理（一）（二）（三）」比較法雑誌24巻2号，3号，4号 (1990年)

《第4章関連》
〔著　書〕
間宏『イギリスの社会と労使関係』1974年・日本労働協会
藤川久昭『現代イギリスの労使関係法』1994年・労働問題リサーチセンター
〔論　文〕
家田愛子「ワッピング争議と法的諸問題の検討（一）」法政論争168号 (1997年)
上村雄一「組合内部問題と司法介入の根拠（上）（下）」九大法学55号 (1988年)，56号 (1989年)
香川孝三「イギリスの唯一交渉団体条項と被ストライキ条項・振子式仲裁制度」労働協会雑誌352号 (1989年)
唐津博「イギリス雇用契約におけるノーワーク・ノーペイの原則」富大経済論集36巻2号109頁 (1990年)
近藤享一「イギリスにおけるクローズド・ショップ規制について」専修法学論集29号 (1979年)
鈴木隆「イギリスにおける労働組合の統制処分と組合員の救済(一)(二完)」島大法学33巻1号，33巻2号 (1989年)，「イギリスにおけるクローズドショップと団結の自由」都立大学法学会雑誌25巻2号 (1984年)，「イギリス1984年労働組合法と組合民主主義（一）（二）」島大法学31巻2号，31巻3号 (1988年)，「イギリスにおける組合の統制処権の法規制」島大法学32巻1号 (1988年)，「団結権の保障と団結選択の自由――イギリスの事例」島大法学33巻4号 (1990年)，「イギリス1993年労働組合改革・雇用権利法（一）（二）（三完）」島大法学37巻4号，38巻1号，38巻2号 (1994年)，「イギリスにおける団結権の保障」島大法学38巻4号 (1995

年)、「イギリスにおけるチェック・オフ制度とその法的規制」島大法学39巻1号(1995年)、「労働組合・労働争議法の改革」労旬1427号(1998年)

中村和夫「イギリスにおけるクローズド・ショップの軌跡と現状」横井芳弘編『現代労使関係と法の変容』1988年・勁草書房

林和彦「職場労使関係とショップ・スチュワード」蓼沼謙一編『企業レベルの労使関係と法』1986年・勁草書房

バンパー／スネープ(林和彦訳)「イギリスの労使関係」桑原靖夫他編『新版・先進諸国の労使関係』1994年・日本労働研究機構

藤川久昭「イギリスにおける組合承認法制」日本労働研究雑誌407号(1993年)

古川陽二「ストライキに至らない争議行為と賃金請求(一)(二)」沖縄法学18号(1989年)、同21号(1992年)、「イギリス争議行為法の展開——労働組合の不法行為責任と組合基金の保護」ジュリスト1049号(1994年)、「組合承認制度の復活と従業員代表委員会制度の改革」労旬1427号(1998年)

本田尊正「イギリスにおける企業内団交制度の改革と問題点」蓼沼謙一編『企業レベルの労使関係と法』1986年・勁草書房

安枝英訷「イギリスにおける就業時間中の組合活動」『労働組合法の理論課題法』1980年・世界思想社、「イギリスにおける団体交渉のための情報公開制(上)(下)」日本労働協会雑誌256号、258号(1980年)、「イギリス1980年雇用法案」季刊労働法117号(1980年)、「イギリスの企業内組合活動」季刊労働法115号(1980年)、「イギリスにおける労働組合の政治基金制度」同志社法学159号(1980年)、「イギリスにおける労働協約と雇用契約の関係」学会誌労働法61号(1983年)

山下幸司「企業内団交促進政策と組合承認問題」蓼沼謙一編『企業レベルの労使関係と法』1986年・勁草書房

事項索引

あ 行

アムステルダム条約(1997年)………28,124
安全衛生委員会……………39,40,53,135
安全衛生(被用者協議)規則（1996年）
　………………………………………133
安全衛生執行局……………………135,136
安全衛生審問調査(手続)規則（1975年）
　………………………………………135
安全代表安全委員会 ………………136
安全代表安全委員会規則（1977年）
　……………………………………100,132
安全注意義務（使用者の）…………75,138
安全被用者代表 ……………………133,262
育児休暇 …………………97,99,148,161
医事上訴審判所 ……………………144
違法争議行為被害者援助委員………52
医療報告書アクセス法（1988年）
　……………………………………127,130
運輸一般労働組合 …………………206-209
ACAS　→助言斡旋仲裁局
営業譲渡 ………152,174-179,219,258,259
営業譲渡(雇用保護)規則（1981年）
　…37,148,152,163,167,169,174,175,
　178,258,259
営業制限約款 ………………………179-184
営業秘密 ………………………70-72,181
エクイティー　→衡平法
黄金律 ………………………………36
欧州共同体 …………………………24,25
欧州共同体加盟法（1972年）………37
欧州共同体指令
　営業譲渡………………………24,174

欧州労使協議会 ……………………262
個人情報保護 ………………………126
雇用条件の通知 ……………………41
職場における年少者の保護 ………58,90
人種または民族的出身にとらわれな
　い個人間の均等待遇………………31
賃金債権支払保障 …………………187
妊娠労働者 …………………………97
パートタイム労働者 ……………61,124
平等賃金 ……………………24,102,103
平等取扱い …………………………113
労働時間 ……………………………27,90
欧州共同体設立条約(ローマ条約)
　（1957年）……28,44,102,106,113,124
欧州経済共同体 ……………………19
欧州司法裁判所 ……………24,27,44,45,261
欧州社会憲章 ………………………27
欧州人権裁判所 ……………………30,126
欧州人権条約（1950年）…30,46,126,127
欧州労使協議会 ………149,161,262-264
オズボーン判決（1909年）…………11,228
オビタ・ディクタム…………………33
オフィス・ホルダー…………………64,159

か 行

海軍規律法（1957年）………………63
解　雇
　違法解雇 ……………………………155-160
　解雇予告 …………………………5-6,155-157
　　慣行的予告期間 …………………5,155
　　合理的予告期間 ………………6,155,156
　　最低予告期間 …………………155,156
　解雇理由書 ………………………163,164

291

事項索引

　　規律処分としての—— ……………146
　　——の定義 ……………………160,161
　　不公正解雇 ………19,20,87,88,97,106,
　　　125,133,146,147,153,154,160-170,
　　　172,228,251,254,277-279
　　みなし解雇…………35,155,160,161,179
会社法（1985年） ……………………264
借出し被用者 ……………………60,61
家内労働者 ………………………58,59
仮救済 ……………………147,169,254
間接差別 ………………114-116,119,122
機会平等委員会……38,39,53,118,119,121
規制緩和契約除外法（1994年）…………96
規　則 ………………………………37
基礎裁定（不公正解雇の）…167,168,254
休憩時間 ……………………………93
求職者手当法（1995年）…………189,191
救貧法 …………………………………5
競業避止義務………………72,181-184
強制解散（会社の）…………………151
共　謀 ………………………………268
業務請負人 ……………………………58
業務災害 ……………………139,141
拠出制求職者手当 ……………………190
銀行金融取引法（1971年）……………93
禁止通告（職場安全衛生上の）………137
組合活動 ……………148,161,251-255
クラフト ……………………194,195,197
クローズド・ショップ …………16,19,22,
　　25,29,158,245,249
軍　人 …………………………61,63
軍隊法（1966年，1991年および1996年）
　　　………………………63,102,103
訓練企業委員会…………………………24
警察官 …………………………61,63,64
経歴詐称 ……………………………162

健康記録アクセス法（1990年）…127,130
健康診断……………………………92
減　給 ……………………………144,145
権利章典（1688年）……………………63
行為準則 ………………………38-40
公益情報開示法（1998年）…………29,149
降　格 ……………………………145,146
鉱山採石場法（1954年）………　89,131
工場法
　　（1802年）…………………………7
　　（1833年）………………………7-8
　　（1961年）…………………7,89,131
更生管財人 ……………………177,185-187
更生手続 …………………………185
更生保全管理人 ………………184-187
更生命令 ……………………185,188
公的機密法（1989年）…………………63
公的休暇日 …………………………93
合同機械電気労働組合……………194,201,
　　206,208,209
衡平法 ……………………32,35,36,158,246
国民保険基金 ……………………187,188
国民保険（業務災害)法（1946年）……138
国民保険法（1948年）…………………88
個人情報 ……………………127-130
個人情報管理者 ………………127-129
個人情報対象者 ………………127-129
個人情報保護委員 ………………128,129
個人情報保護審判所 …………………129
個人情報保護法
　　（1984年）…………………………126
　　（1998年）……………………29,126,128
国会職員 ……………………………61,63
国家公務員 ……………………………61,62
国家公務員管理準則………………………62
国家公務員審査委員会 ………………159

事項索引

コモン・ロー …………………………32-36
　判例法 …………………………………32-36
　正法 ………………………………32,35,36
雇用関係法（1999年）…………29,51,146,
　160,220,225,254
雇用継続命令 ……………………………169
雇用契約
　当事者の変更・消滅 …………………151
　――と労働契約 ……………………54-57
　――と派遣労働者 …………………59,60
　――の合意解約 ………………………154
　――の黙示的契約条項 ………66-79,138
雇用権（紛争解決）法（1998年）
　……………………………29,46,169,170
雇用権法（1996年）……57,79,80,81,86,
　87,96,100,147,151,160,164,169,171,
　184,187,228,248
雇用控訴審判所……………34,48,49,264
雇用時間（条約）法（1938年）……………89
雇用紹介所および雇用事業の行為規
　則（1976年）………………………59,60
雇用職業訓練法（1973年および1981年）
　………………………………………………23
雇用審判局…………………………………48
雇用審判所……………………32,38,46-49,
　82,86,87,96,106,117,123,125,133,136,
　147,149,163-170,246,248-250,255,259,
　260
雇用審判所事務所…………………………48
雇用審判所長官……………………………47
雇用法
　（1980年）………………22,57,245,256
　（1982年）……………………………………22
　（1988年）……………………………22,24,52
　（1989年）……………………………………25,89
　（1990年）……………………………………25,26

雇用保護（統合）法（1978年）
　………………………………21,79,97,169
雇用保護（パートタイム被用者）規則
　（1995年）………………………………61
雇用保護法（1975年）……………20,38,86,
　97,146,173,187,256
コレクティヴ・レッセフェール…15-19,32

さ　行

再雇用 …………………………………166-169
財産保全管理人 …………151,177,184,185
最低賃金委員会…………………………83
サッチャー（首相）…21,22,27,29,30,201
差別禁止通告（機会平等委員会の）…118
産業委員会法
　（1909年）………………………………12,82
　（1918年）……………………………………12
産業訓練法（1964年）……………17,24,46
自営業者 ……………………………58,59,134
仕事評価研究 ……………………………103
辞　職 ……………………………151,154,155
児　童………………………………………57
児童年少者法（1933年および1963年）…58
児童雇用法（1973年）……………………58
支払不能者法（1986年）…………184,187
事務所商店鉄道構内法（1963年）……131
社会契約……………………………………21
社会保障家族給付法（1982年）…………88
社会保障管理運営法（1992年）………138
社会保障基金………………………………88
社会保障拠出給付法（1992年）
　……………………………………87,88,138
社会保障上訴審判所……………………144
社会保障審判所……………………………88
社会保障法（1975年）…………………138
若年者訓練制度…………………………23

293

事項索引

就業規則 …………………………42,43
修正刑法（1871年）………………9,10
修正労働組合法（1876年）……………10
主従法 ……………………………3-6
　（1720年）………………………………3
　（1867年）………………………………4,9
集団的解雇・営業譲渡（雇用保護）（改
　正）規則（1999年）………………30,219
遵法闘争 …………………………265
使用者
　——の雇用契約上の義務 …………73-79
　——の代位責任…………………54,78,79
使用者責任（欠陥用具）法（1969年）……77
使用者責任（強制保険）法（1969年）……77
剰員整理（解雇）…………154,161,162,
　167,171,219,259,260
剰員整理基金 ……………………188
剰員整理手当 …………………171-173
剰員整理手当法（1965年）…………17,171
障　害 ……………………………120-123
障害者 ……………………………121-123
障害者権利委員会 …………39,53,121,123
障害者権利委員会法（1999年）
　……………………………30,53,121,123
障害者雇用法（1944年）……………120
障害者差別禁止法………39,56,57,101,120
商店法（1950年）……………………89
ショート・タイム …………………173
傷病休職手当 ……………………86,87
傷病手当 ……………………………88,89
情報開示
　保護される——………149,150,161,169
　団体交渉・協議のための——…255-260
職業訓練委員会………………………24
職業病 ……………………………140,143
職人規制法 …………………………2-6

職場安全衛生法（1974年）
　……………………………7,53,87,130-137
助言斡旋仲裁局 …………20,22,38,39,49,
　50,51,146,170,217,218
ショップ・スチュワード ……17,200,205,
　207,208,214,236
ショップ・スチュワード委員会……12,199
所得調査制求職者手当 ……………190
人権法(1998年)………………30,46,126
人種関係法（1976年）…53,56,63,119,120
人種関係（雇用審判所の訴訟）（軍人）規則
　（1997年）………………………………63
人種平等委員会…………38,39,53,119-121
真正職業資格 ……………108,116,117,120
真正な実質的要因 …………………105
審問同伴権……………………30,147,148,161
審問前審査………………………………47
深夜労働……………………………92
スカーギル（炭労委員長）………20,22,235
性差別禁止平等賃金（救済）規則
　（1993年）………………………………118
性差別禁止法
　（1975年）…24,56,101,102,111,119,120
　（1986年）………………………………25,89
清算人 …………………………177,185-187
清算命令 ……………………………186,188
性的嫌がらせ ………………………112,113
性的傾向 ……………………………113
性別欠格（除去）法（1919年）……108
正　法　→コモン・ロー
石炭産業法（1991年）………………90
是正通告（職場安全衛生法上の）
　……………………………………136,137
ゼネラル・ストライキ（1926年）………13
全国最低賃金法（1998年）…………29,57,
　82-85,148,161

事項索引

全国炭鉱労働組合 …………………20, 209, 235
全国鉄道労働組合 ………………………20, 209
全国労働裁判所 ……………………………34
全国障害者審議会 …………………………121
センシティブな個人情報 ……………………128
選択的雇用税法（1964年）…………………17
先例拘束性の原則 …………………………33
争議行為 ……86, 191, 192, 212, 213, 265-282
損害緩和の原則 ……………………118, 158, 168

た 行

大法官 ……………………………35, 47, 48
タイム・オフ（手当）……99, 100, 147-149
　　161, 186, 189, 218, 219
多国間被用者情報協議規則（1999年）
　　…………………………30, 100, 262, 263
タフヴェール判決(1901年) …………11, 16
単一欧州議定書（1985年）……………25, 44
団結禁止法 …………………………………8, 9
団体交渉
　　——単位 …………………………226, 227
　　——の形態 ……………………………210-212
チェック・オフ ………………26, 205, 248, 249
地方雇用法（1960年）………………………17
中央仲裁委員会 ………………50, 51, 217,
　　218, 220-226, 263, 264
直接差別 …………………………110-114, 119
著作意匠特許権法（1988年）………………72
賃　金
　　最低賃金 ……………………………82-85
　　——の控除 ……………………………80-82
　　雇用権法上の——の定義 ………………81
　　平等賃金指令上の——の定義 ………107
　　賃金債権の優先順位 …………………184-187
　　未払賃金立替制度 ……………………187-189
　　賃金明細書 …………………………79, 80

賃金審議会法
　　（1945年）……………………………14
　　（1979年）………………………82, 89, 93
賃金法（1986年）………………57, 80, 82, 93
定住法 ………………………………………5
停　職 …………………………………144
TUC
　　——と加盟組合 ……………………193
　　——と組合間紛争 …………………197
　　——と労使関係法……………………20
　　——の結成 …………………………9
同等の価値 …………………………103
特許法（1977年）……………………72
徒弟契約 ……………………………54, 57
ドノヴァン委員会……………17, 18, 82
トラック法……………………………80

な 行

二次的争議行為………22, 271-273, 279, 281
日曜営業法（1994年）……………………89
日曜労働…………………………89, 96, 97, 161
任意清算決議 ……………………185, 188
認証官 ……52, 216-218, 228-232, 236, 239
ネグリジェンス（使用者の）…75, 138, 178
年間雇用の推定 ……………………………5
年金法(1995年)…………………100, 102, 110
年次休暇 ………………………………93, 94

は 行

派遣労働者 ………………………59, 60
罰金通知 ……………………………264
パートタイム労働(不利益取扱防止)
　　規則(2000年) ………30, 57, 124, 148, 149
犯罪人更生法（1974年）…………………101
パン産業(労働時間)法（1954年）…25, 89
ピケッティング……10, 20, 29, 272, 280-282

事項索引

不法な―― ……………………22,272
フライング・―― …………………20
平和的―― ……………………10,272
マス・―― …………………………29
被用者
　――と労働者 ………………56,57
　――の雇用契約上の義務 ……58-73
被用者代表（営業譲渡（雇用保護）規則
　上の）………………………148,167,169
平等条項 …………………………103
平等賃金（改正）規則（1983年）
　…………………………24,37,102,103
平等賃金法（1970年） …………101-105
付加裁定（不公正解雇の）……167,168
復　職 ……………………………166-169
不公正解雇　→解雇制度
不公正契約条項法（1977年）……67
不公正労働行為……………………19
浮動担保 ……………………185,188
浮動担保権者 ………………185,186
不法共謀・財産保護法（1875年）…10,11
フラストレーション ………151-153
ブラッキング ……………………266
ブラックリスト………………30,254
不利益取扱い ………110-114,121,124,
　125,133,147-149,223,228,251-255
ブリドリントン原則 ……197-199,237,238
ブレア首相（政権）…28,29,90,97,126,201
文理律……………………………36
弊害律……………………………37
ホイットレー委員会（1917年） ……12,13
補償金裁定
　性差別の―― …………………117,118
　障害者差別の―― ……………123
補償裁定（不公正解雇の）……167,168
保障手当（法定の）………85,86,173

補充的裁定（不公正解雇の）…………168
母性および育児休暇等規則（1999年）
　…………………………………30,97,98
母性休暇 ……………………97,98,148
母性休職手当………………………87
法定傷病手当法（1994年）…………88
法定母性手当………………………87,89

ま　行

マーストリヒト条約（1991年）…25,28,44
命　令………………………………37
メージャー首相……………26-28,30,201

や　行

友愛協会登録官………………………9
有期契約の期間満了 ………151,160
有期被用者…………………………61
要件ないし条件（間接差別の）……114-116
呼出待機時間………………………91

ら　行

ラダイト騒動…………………………7
陸軍法(1955年)……………………63
履行拒絶（法理）………35,151,156,180
履行通知（情報保護委員の）…………129
立証責任
　違法解雇の―― ………………156
　剰員整理解雇の―― …………171
　不公正解雇の―― ……………162-165
ルークス判決（1963年）……………17
レイ・オフ ……………………74,86,173
レイシオ・デシデンダイ………………33
労使関係行為準則（1972年）…………38
労使関係法（1971年）…18-20,38,216,245
労使協定……………………………91
労使審判所…………………………46

労働協約 …………………40,41,42,91,261
労働組合
　──の活動　→組合活動
　──の規約 ………232-236,239-243,245
　──の承認……………………148,161,169,
　　219-228,272,273
　──の職場組織 …………………199,200
　──の定義 …………………………213-215
　──の法的地位 ……………………………216
　自主的── …………………………217-219
労働組合員資格……………………148,161,
　251-255,272,273
労働組合員権利促進委員…………………52
労働組合改革雇用権法（1993年）
　………27,46,52,89,97,245,248,255,265
労働組合会議　→TUC
労働組合法
　（1871年） …………………9,10,216,242
　（1913年） …………………11,12,228
　（1984年） ……………………22,235
労働組合労働関係法（1974年）
　………………………20,38,216,245,255
労働組合労働関係(統合)法（1992年）
　…27,100,148,167,169,192,213,215,
　216,220,225-227,235,238,242,245,246,
　247,249,255,259,265,269-272,279-281

労働契約 …………………………54,55,56,57
労働時間
　──規制の歴史 ……………………89,90
　──の基準期間……………………………91
　──の定義 ………………………………91
労働時間規則（1998年）…………29,57,
　90,148,169
労働者の定義(制定法上の) …………57,90
労働者規制法 ………………………1,2,4,6
労働者災害補償法（1897年）…………138
労働者勅令 …………………………………1
労働条件記述書………………………41-43,64
労働争議 ……………………269-271,277
労働争議法
　（1906年） ……………10,11,16,265
　（1965年） ………………………………17
労働争議労働組合法（1946年）…………13
労働党
　──と労働組合 ……………………200,201
　──の誕生………………………………11
労働力委員会 ……………………………23,24
ロック・アウト……………………………86

わ 行

和議手続 ……………………………………185

■著者紹介

小 宮 文 人（こみや・ふみと）

1948年　神奈川県に生まれる。
1972年　北海道大学法学部卒業
現　在　北海学園大学法学部教授
　　　　法学博士（北海道大学）
　　　　PhD（ロンドン大学経済政治学院）
　製鉄会社勤務を経て，1984年カリフォルニア大学大学院で法学修士を取得後，カリフォルニア，ミシガンおよびニューヨーク大学で客員研究員，ペース大学（アメリカ）およびルーヴァン大学（ベルギー）で客員教授を歴任

■主著

『英米解雇法制の研究』（信山社，1993年，沖永賞受賞）
『イギリス労働法入門』（信山社，1996年）
『雇用をめぐる法律問題』（旬報社，1998年，道幸哲也・島田陽一教授との共著）
A Comparative Analysis of the Law of Dismissal in Great Britain, Japan and the USA (ST/ICERA, London School of Economics, 1986)
Labour Law and Industrial Relations in Japan (Kluwer Law International, 1999, with Professor T. Hanami)

イギリス労働法　　　　　　　　　　　　　　　〈法律学の森〉

2001年（平成13年）8月20日　初版第1刷発行		
著　者	小　宮　文　人	
発行者	今　井　　　貴	
	渡　辺　左　近	
発行所	信山社出版株式会社	
〔〒113-0033〕東京都文京区本郷6-2-9-102		
電　話　03（3818）1019		
FAX　03（3818）0344		

Printed in Japan.

Ⓒ小宮文人，2001．　　印刷・製本／勝美印刷・大三製本

ISBN4-7972-2208-5 C3332

『法律学の森』刊行にあたって

一八八〇年(明治一三年)、西欧列強との不平等条約改正の条件とされた西欧法体制の継受の第一弾として旧刑法・治罪法が制定されて以来、わが国の法律学は一世紀以上の歴史を重ねました。この間、明治期・大正期・第二次大戦後の法体制の変革期を越えたわが国の法律学は、高度経済成長期を迎えて急速にその内容を成熟させるにいたりました。この結果、わが国の法律学は、世界的にみても高度かつ独自の法文化の伝統を形成するにいたり、法律家の国際交流も学術レベル・実務レベルの全般にわたって盛んに行われ、世界各国の法文化の「接触」も深まりつつあります。

さらに近年は、法律学の対象の一層の高度化・複合化・国際化の進展にともない、法律学と法学者に対するニーズが大きく変化して、分極化・専門化と横断化は加速度的に進んでいます。このため、従来の法律学の読み替え、再構成の試みが新しい世代により推し進められているところです。

まもなく二一世紀です。

そこで、私どもは、世界史的な変動のなかで新たな展開を試みつつある法学者の自由な発想と方法論の開発を支援し励まして多くの独創的な法律学の誕生を促し、もって変化の著しい時代への対応を可能ならしめることを希って、本叢書の刊行をいたしました。自由で開放的かつ奥深い「法律学の森」が、研究者の協力と読者の支持によって健やかに成長を遂げて形成されることを念じて、刊行を進めてまいります。

一九九四年三月

『法律学の森』企画委員

信山社

── 法律学の森 ──

債権総論　潮見佳男著　　　Ａ５判上製・カバーつき五九〇頁　本体五、六三二円

債権総論〔第２版〕Ⅰ　潮見佳男著　　Ａ５判上製・カバーつき　本体四、八〇〇円（続刊）

債権総論〔第２版〕Ⅱ保全・回収・保証等　潮見佳男著　Ａ５判上製六六〇頁　本体四、八〇〇円（続刊）

契約各論　潮見佳男著　Ａ５判上製・カバーつき　（続刊）

不法行為法　潮見佳男著　Ａ５判上製・カバーつき五五〇頁　本体四、七〇〇円

不当利得法　藤原正則著　Ａ５判上製・カバーつき四三〇頁　（近刊）

イギリス労働法　小宮文人著　Ａ５判上製・カバーつき三二〇頁　本体三、八〇〇円

信山社

―― 信山社 ――

英米解雇法制の研究　小宮文人著　菊判四七〇頁　本体一三、五九二円

労働契約の変更と解雇　野田 進著　A5判五五〇頁　本体一五、〇〇〇円

労務指揮権の現代的展開　土田道夫著　A5判六九〇頁　本体一八、〇〇〇円

国際社会法の研究　川口美貴著　A5判五六〇頁　本体一五、〇〇〇円

国際労働関係の法理　山川隆一著　A5判二五〇頁　本体七、〇〇〇円

不当労働行為争訟法の研究　山川隆一著　A5判三一〇頁　本体六、六〇二円

不当労働行為の行政救済法理　道幸哲也著　A5判三五〇頁　本体一〇、〇〇〇円

労働安全衛生法論序説　三柴丈典著　A5判五五〇頁　本体一二、〇〇〇円

労働関係法の解釈基準（上）（下）　中嶋士元也著　菊判　本体各九、七〇九円・一二、六二一円

アジアの労働と法　香川孝三著　A5判二六〇頁　本体六、八〇〇円